高职高专思想政治理论课特质与实践征文暨
北京高校思想政治理论课高精尖创新中心第10期青椒论坛文集

高职高专思想政治理论课特质与实践

（2019）

GAOZHI GAOZHUAN SIXINAG ZHENGZHI LILUNKE TEZHI YU SHIJIAN

全国高职高专院校思想政治理论课建设联盟
北京高校思想政治理论课高精尖创新中心北京青年政治学院分中心
北京青年政治学院马克思主义学院
组织编写

知识产权出版社
全国百佳图书出版单位
—北京—

图书在版编目（CIP）数据

高职高专思想政治理论课特质与实践 / 全国高职高专院校思想政治理论课建设联盟，北京高校思想政治理论课高精尖创新中心北京青年政治学院分中心，北京青年政治学院马克思主义学院组织编写．—北京：知识产权出版社，2020.8

ISBN 978-7-5130-7105-5

Ⅰ．①高…　Ⅱ．①全…　②北…　③北…　Ⅲ．①高等职业教育-思想政治教育-教学研究-中国　Ⅳ．①G711

中国版本图书馆CIP数据核字（2020）第145556号

内容提要

本书汇集了全国高校思想政治理论课第10期"青椒论坛"部分主讲嘉宾的宣讲论文和来自16个省、自治区、直辖市高职院校的优秀入选论文。这些成果充分凝聚了广大高职院校思想政治理论课教师的心血和汗水，有对高职院校思想政治理论课教学中普遍、长期、宏观性问题的科学分析，也有对现实教学实践中重大、突出、紧迫性问题的大胆探索；有对理论问题的深度思考，也有对实践问题的探索结晶；有教学理念与方法的发展创新，也有扎实深入的调查和教学积累，具有较强的理论性、实践性、创新性和借鉴性。

责任编辑：李海波　　　　**责任印制**：孙婷婷

高职高专思想政治理论课特质与实践

全国高职高专院校思想政治理论课建设联盟
北京高校思想政治理论课高精尖创新中心北京青年政治学院分中心　组织编写
北京青年政治学院马克思主义学院

出版发行：知识产权出版社有限责任公司	网　　址：http://www.ipph.cn
电　　话：010-82004826	http://www.laichushu.com
社　　址：北京市海淀区气象路50号院	邮　　编：100081
责编电话：010-82000860转8582	责编邮箱：lihaibo@cnipr.com
发行电话：010-82000860转8101	发行传真：010-82000893
印　　刷：北京九州迅驰传媒文化有限公司	经　　销：各大网上书店、新华书店及相关专业书店
开　　本：720mm × 1000mm　1/16	印　　张：20.25
版　　次：2020年8月第1版	印　　次：2020年8月第1次印刷
字　　数：364千字	定　　价：98.00元

ISBN 978-7-5130-7105-5

前　言

2019年3月18日，习近平总书记在学校思想政治理论课教师座谈会上发表重要讲话："思想政治理论课是落实立德树人根本任务的关键课程……发挥着不可替代的作用。"2019年1月24日，国务院印发的《国家职业教育改革实施方案》强调："职业教育与普通教育是两种不同教育类型，具有同等重要地位。"本书的主题"高职高专思想政治理论课特质与实践"就形成于这一时期。这既是我们职业教育者对党和国家政策精神的精准领悟，更是对国家职业教育和思想政治理论课建设发展现实的使命担当。

2018年5月26日，北京高校思想政治理论课高精尖创新中心（以下简称"中心"）北京青年政治学院分中心（以下简称"分中心"）正式挂牌成立。分中心是在中心指导下，面向高职高专思想政治理论课建设和青年马克思主义者培养的研究机构。主要功能是学习贯彻落实习近平新时代中国特色社会主义思想，加强理论研究和创新；服务高职高专思想政治理论课建设；服务培养高职高专思想政治理论课教师、青年马克思主义者和青年政治骨干。在分中心机构定位和功能目标指引下，首先启动的工作，就是承接中心委托的高职思想政治理论课建设重点项目和以高职思想政治理论课为主题的"青椒论坛"项目。

"青椒论坛"是中心最早培育的学术品牌项目之一。2018年12月下旬，分中心经反复论证和准备，向中心申报，中心批复"青椒论坛"第10期（高职高专系列第1期）于2019年3月16日在分中心举办，论坛主题为"高等职业院校思想政治理论课的特质与实践"。筹备期间，2019年1月24日，国务院发布了《国家职业教育改革实施方案》，其中对职业教育的精准定位，德技并修的具体要求，培养高素质劳动者和技术技能人才的总体目标，都为论坛进一步明确了理论方向和目标指引。

2019年3月16日，"青椒论坛"如期召开。经过多重选拔和推荐，来自北京、天津、河北、江苏、广东的8位主讲嘉宾，将发言主题和职业教育改革发展作了充分紧密的结合，并从高职院校思想政治理论课的特质，职业院校立德树人、德技并修的基本任务，提升高职院校思想政治理论课实效性的具体措施及未来思想政治理论课建设等方面进行了探索和交流。论坛特邀北京大学马克思主义学院教授、博士生导师陈占安和清华大学资深教授、博士生导师吴潜涛担任评议专家。两位点评专家特别指出，以高职思想政治理论课为主题的论坛符合大家的需求，论坛的成功不只在于结论而更在于提出问题引发思考。论坛已经在理论和实践上有所预见，有所聚焦，提前作了突破的演示。本次论坛必将为高职思想政治理论课改革起到很大的促进作用和助产作用。来自北京、天津、河北、江苏、湖南等高校的100多位思想政治理论课教师现场参加了本次论坛，同时网络平台的同步直播浏览量达到了3.1万人次的历届最高水平。

显然，这次论坛为“高职高专思想政治理论课特质与实践”的专题研究拉开了序幕，得到了高职院校思想政治理论课教师的积极响应。

创新是时代的呼唤。面对职业教育的迅猛发展态势和更高的方向与目标，面对高职思想政治理论课教学在理论和实践中的经验与困惑，面对广大高职院校思想政治理论课教师强烈的交流意愿，分中心认识到高职思想政治理论课建设需要更多的深入研究与交流，需要更加广阔的研究视野与交流平台。在总结第10期“青椒论坛”成果的同时，为回应广大高职院校思想政治理论课教师的呼声，2019年7月分中心与全国高职高专院校思想政治理论课建设联盟启动了征文活动，为“高职高专思想政治理论课特质与实践”的专题研究作进一步发动。征文共设10个专题，收到来自16个省、自治区、直辖市高职院校的百余篇论文。经过初筛和专家组复审，部分论文经过修改调整，最终确认40余篇论文入选。2019年12月，在征文评选的基础上，分中心与广东轻工职业技术学院联合举办专题研讨会，就“高职高专思想政治理论课特质与实践”的专题研究作深入交流。5位征文作者受邀作研讨会发言交流。

本书就是第10期“青椒论坛”部分主讲嘉宾的宣讲论文和40余篇入选论文的合辑，体现了研究启动、研究交流、研究深化的阶段成果。

这些成果既有对高职院校思想政治理论课教学中普遍、长期、宏观性问题的科学分析，也有对现实教学实践中重大、突出、紧迫性问题的大胆探索；既有对理论问题的深度思考，也有对实践问题的探索结晶；既有教学理念与方法的发展创新，也有扎实深入的调查和教学积累，具有较强的理论性、实践性、创新性和借鉴性。这些成果充分凝聚了广大高职院校思想政治理论课教师的心血和汗水，是高职院校加强和改进思想政治教育过程中重要的学术贡献。

为了扩大成果受益面，推进理论成果向教学实践转化，进一步启发广大同仁不断加强对高职思想政治理论课特质与实践的探索和总结，提高工作的科学化、专业化，我们决定推出相关研究丛书，供全国高职院校思想政治理论课战线的同志们借鉴参考。

筹备出版、撰写前言之际，既是全国抗击新型冠状病毒肺炎疫情渐向好转之时，也恰值全国思想政治理论课教师共庆“3·18”讲话一周年之日。我们感慨于党中央的坚强领导和全国人民的同心同德；更在坚守远程教学的同时，感慨着思想政治理论课建设的发展变化，体会着思想政治理论课实施的深远影响。我们谨以本书的出版作为致敬抗疫英雄和纪念“3·18”讲话一周年的献礼。

本书编写组

2020年3月18日于北京

目 录

让“高大上”的概论课更“接地气”

——以“精准扶贫”问题为例

唐丽华　陈晓燕*

摘　要：基于高职学生实际和课程规律，以“精准扶贫”问题为例，从学情分析、选题依据、教学策略、教学过程等几方面的教学设计，来说明针对“教什么”进行的专题教学内容改革，把立德树人目标和因材施教理念相结合，摒弃照本宣科，突出重点难点，使“高大上”的知识理论“接地气”，以提高教学内容的有用性；针对“怎么教”进行多种手段并用，融入多层次实践教学，加强互动交流的教学方法改革，摒弃“满堂灌”，使学生通过听、说、看、读、写、思参与到教学的全过程，以提高教学过程的有趣性；针对“学得怎样”进行成绩评定，坚持过程参与和结果检验、教师评价和学生互评、知识学习和能力并重、个体学习和团队合作“四个并重”相结合的课程评价改革，摒弃死记硬背，注重能力训练，强化素质养成，较好地实现融知识传授、素质养成和能力培养为一体的思想政治理论课育人目标与高职育人目标的有机统一，以提高课程教学的有效性。积极打造“内容有用、过程有趣、评价有效”的思想政治理论课，用教师的真学、真懂、真信、真用，引领学生的“入耳、入脑、入心”。

关键词：高职院校　教学改革

---

* 唐丽华：北京经济管理职业学院马克思主义学院教师。曾获得北京经济管理职业学院信息化教学比赛“信息化教学设计优秀奖”、第八届北京高校思想政治理论课教学基本功比赛（概论课）二等奖、第八届北京高校思想政治理论课教学基本功比赛优秀奖、北京市高职院校思想政治理论课青年教师教学能手大赛一等奖、全国高职高专院校思想政治理论课青年教师教学能手大赛一等奖、第九届北京高校思想政治理论课教学基本功比赛（概论课）二等奖。2019年3月16日第10期“青椒论坛”主讲嘉宾。

陈晓燕：北京经济管理职业学院马克思主义学院教授、院长，北京高校中国化马克思主义教学研究会理事，北京高校思想政治理论课特级教授。主要研究和教学方向为思想政治教育。发表论文50余篇，承担课题10余项，多项研究成果获优秀和突出科研成果奖。

一、立足高职学生实际，积极进行教学改革的思路与创新

（一）认真分析学情特点，奠定教改基础

在政府推动和市场驱动的作用下，我国高等职业教育的院校数量急剧增加、办学规模迅速扩大，成为占据我国高等教育的“半壁江山”。然而，随着高职院校数量的大幅增加，以及一些人对高等职业教育带有的“没有前途、层次低于普通高等教育”的偏见、人口出生率的降低等，近年来高职院校出现生源趋紧问题。

为此，很多高职院校都会采用分类考试、综合评价、多元录取的招生模式来解决普通高考录取生源不足的问题。从录取学生的情况看，以北京为例，通过高考招收的高中生语数外三科总分达150分即可；单考单招学生在具备某种专业认可的技能证书后，只需要参加报考院校和专业的单独考试，满足条件即可；“2+2”联合培养的职业中专生无须参加考试，即可对口招收；自主招生学生不用参加高考，也基本不用参加其他考试，只需要提前报名某院校的某专业，经过该校一定形式的测试后即可录取。

综上可见，不同生源类别的高职学生不仅文化素质参差不齐，而且与本科院校生源相比，高职学生还具有相关理论知识水平偏低、自主学习能力较弱，且学习情绪化较强，对需要动手的实践教学活动比较感兴趣，而对于内容枯燥的理论内容则缺乏兴趣、注意力不集中、缺乏学习的主动性等特点。

（二）认真研究课程规律，明确教改思路

“毛泽东思想和中国特色社会主义理论体系概论”（以下简称“概论”）是高职院校思想政治理论课的必修课程之一，主要任务是以马克思列宁主义、毛泽东思想和中国特色社会主义理论体系尤其是习近平新时代中国特色社会主义思想为指导，全面贯彻党的教育方针，落实立德树人的根本任务。自思想政治课“05方案”实施以来，各高职院校也纷纷强化对概论课的引导和改革。然而，当前概论课在部分高职院校仍是以传统理论教学为主导，即概论课教学往往只是满足于它的教学形式上的连贯性，它用同质的逻辑分析代替了活生生的系统的、现实的分析，把教育主体的思维活动与教育客体的接受本能进行简单嫁接，当教学实证主义与思辨结构的浸入开始主宰课堂的教育

教学时，不可避免地会陷入教育教学的困境中，严重制约了概论课的实效性。具体表现在以下三个方面。

首先，我们使用的概论教材内容涉及面广，涵盖了政治、经济、文化、社会等多方面内容，教材的理论性、系统性、科学性都很强，且较抽象，高职学生普遍感觉“高、深、难”。其次，在教学方式上，过分强调灌输理论，因此在实际的教学过程中，有意无意之间形成了“一言堂”“满堂灌”的以教师为主体的教学模式。这种教学模式，既不能有效发挥学生的能动性和创造性，也不适应当代大学生思想活跃、获取知识渠道多、信息量大、独立意识较强等特点。因此，从教学效果来看表现为：过程——无趣；结果——无用。最后，考核方式单一，严重制约了学生学习的积极性。传统的考试，期末“一考定乾坤”，但这种考核方式侧重于对知识记忆的考核，局限于教材、教师划定的范围，缺乏对学生创新能力和综合素质的评价。因此，往往不能完整、客观、全面、准确地反映学生学习的过程及学习的效果，严重挫伤了学生学习的积极性，这也是造成学生“知行脱节”的重要原因之一。

为有效解决这些问题，我们明确了教学改革的基本思路：立足高职学生实际，坚持“理论知识目标不能高，价值取向目标不能低”的教学定位，从问题出发，坚持“贴近学生、贴近生活、贴近现实”的原则，积极打造“内容有用、过程有趣、评价有效”的思想政治理论课，用教师的真学、真懂、真信、真用，引领学生的“入耳、入脑、入心”。

二、坚持问题导向，努力提升教学质量的方法和途径

（一）整合教学内容，开展专题式教学

基于以上教改思路，结合学生的思想实际、时政热点、社会现实问题等，对教学内容进行整合和提炼。以“精准扶贫”问题为例，整合教学内容，开展专题式教学。

“精准扶贫”是概论课2018年修订版教材中的第十一章“‘四个全面’战略布局”第一节“全面建成小康社会”中的内容，在教材中的篇幅并不大，为什么会选它作为我们的专题教学主题呢？这是因为：教材中尽管内容不多，但我们认为，首先，从理论上讲，党的十九大报告中明确提出，2020年全面建成小康社会，2020年是全面建成小康社会的收官之年，而精准脱贫又是全面建成小康社会的三大攻坚战之一；其次，从实践上看，“行百里者半九十”，

精准脱贫是全面建成小康社会的“最后一公里”；最后，从学情上分析，北京经济管理职业学院的学生大部分来自北京市，对国家经济社会发展不平衡现状缺乏感性和理性认识，而另外部分来自外地尤其是偏远地区的学生对家乡的变化虽能感知，但仍然存在不少疑惑。通过课前调研发现，学生普遍对这部分内容有几个困惑：①精准脱贫与全面建成小康社会有什么联系？为什么说精准脱贫是全面建成小康社会的“最后一公里”？②精准扶贫与传统扶贫有什么区别和联系？精准扶贫应该怎么扶？③从小生长在北京的同学，通过课前调研，他们认识到，原来在他们身边还有这么多贫困的人，更不用提西部等边远地区了，如何在短时间实现全面建成小康社会的总目标？

“问题是时代的声音，实践的起点。”因此，我们的教学要结合高职学生思想实际、学生困惑，结合中国社会发展进程，结合社会热点难点问题，来遴选教学内容，进行专题式教学。

（二）以问题为导向，丰富教学方式

结合学生疑惑，精心设计专题内容。通过背景讲解、视频回放、项目研讨、案例分析、热点辩论等教学方法，从教学目标要求和学生问题关切出发，既发挥教师的主导作用，又尊重学生的主体地位。教师通过引导学生动脑、动笔、动口，在做中学，学中思，思中疑，疑中问，问中求解，进而实现教学目标。整个教学过程分为七个步骤。

第一步：课前任务驱动。专题教学开始前，教师根据理论学习的逻辑及学生关注和理解的难点、热点问题，在手机班课平台更新“教学资源共享平台”（此共享平台由“知识单元”“延伸阅读”和“课后拓展”三大资源模块组成，知识单元主要包括概念含义、PPT课件、思考题、案例等以教学为目的的资源；延伸阅读主要包括新闻、理论文章、音频、视频等用以延伸学生学习广度和深度的资源；课后拓展主要包括课后作业、社会实践等，以延续课程学习，提高学生解决实际问题的能力），布置预习和实践任务（第一小组：中国的贫困现状；第二小组、第三小组：精准扶贫与传统扶贫的联系和区别），并对学生进行课前指导，根据学生的完成情况进行反馈、评价，从而激发学生的积极性和兴趣，提升学生对教学内容的关注度。

第二步：情景教学。教师根据教学内容，有意识地引入或创设既具有情绪色彩又形象生动的具体情景，以激发学生的情感共鸣和引起学生的态度体验从而帮助学生理解抽象、难懂的理论知识。比如，选取典型案例、历史事件或影视作品，促进学生理解“小康”的历史渊源、深化对“全面建成小康

社会”的内涵诠释、把握“精准扶贫”的时代定位。

第三步：课堂讲授。在上述两个教学环节之后，教师在课堂上要讲解本专题的核心问题，回答学生在课前产生的疑惑。同时，尽可能联系现实，进一步提出问题，引发学生思考。使学生明白，在诸多挑战和困难中，贫困地区和贫困人口是全面建成小康社会最突出的短板。进而帮助学生理解全面建成小康社会与精准扶贫的内在逻辑，化解教学的难点问题。

第四步：实践展示。在各小组分享和展示课前实践任务及调研成果的基础上，教师点评、归纳总结我国传统扶贫模式的利与弊，并选取典型的案例进行讲解，帮助学生加深对中国减贫、脱贫工作所取得的成就和面临的主要问题的理解。进而引出如何通过打好精准脱贫攻坚战，走好决胜全面建成小康社会的最关键的一步。

第五步：组织研讨。教师通过课堂提问、小组辩论、视频连线基层扶贫工作者等方式，不断吸引学生注意力。使学生通过探讨、质疑、反思、感悟，加深学生对精准扶贫的路径选择的理解，以突破本课教学重点问题。

第六步：总结提升。让学生利用手机软件画思维导图来诠释其对课堂的理解，教师在学生学习和交流的基础上归纳总结：一是肯定、鼓励学生积极参与的热情；二是对价值模糊或错误观点进行分析；三是明确观点，引导学生用正确的方法认识和解决问题。

第七步：课后拓展。要求学生结合专业，以小组为单位，设计、制作、完成课外实践活动，并在网络发布，作进一步宣传。引导学生真正参与到精准扶贫、全面建成小康社会的过程中，培养学生从身边发现问题、思考问题和解决问题的能力，达到内化于心、外化于行的效果。

“七步教学法”深入浅出、寓教于乐，较好地实现了教学体系向价值体系的转变。教师变传统教学方式中的“演员”为“导演”，学生则由“观众”变为“演员”，有效解决了学生认为概论课理论学习“过程乏味”的问题。

（三）完善考核方式，提高教学有效性

成绩评定坚持过程参与和结果检验、教师评价和学生互评、知识学习和能力并重、个体学习和团队合作“四个并重”。使思想政治理论课的学习，不再是“结果无用”，而是在增长知识的同时，又锻炼能力，提高学生的综合素质。

三、创新教学模式，让“高大上”的概论课更“接地气”

在充分遵循教材体现的教学思想、培养目标及教学内容逻辑性、系统性基础上，结合学生思想实际、时政热点、社会现实等问题，我们积极创新教学模式，在教学过程中搭建了相辅相成的理论教学、实践教学、新媒体教学和自主学习四个平台，全方位激发学生的学习兴趣。

理论教学平台，摒弃传统“填鸭式”和“满堂灌”。通过提炼核心问题和学生关注点，确立专题授课，整合教学内容，突出了教学重点和难点，提高了教学针对性，完成了教材体系向教学体系的转变，较好地解决了教材内容“多而全”及学生感觉“高、深、难”的问题。

实践教学平台，作为理论教学的拓展和延伸，较好地把理论知识的内化和外化功能相结合，提高了思想政治理论课的思想传播和影响力。学生通过考察参观、调研采访、志愿服务等形式开展社会实践，不仅培养了学生收集资料、分析问题和解决问题的能力，还增强了学生的获得感和参与感。

新媒体教学平台，是指在教学过程中，教师与学生的互动交流除了课上的“面对面”，还有课下的“键对键”。学生完成作业的方式是通过网络进行资料收集、问题查询、问卷调研、数据分析等，把制作的微电影视频、PPT课件等运用新媒体技术进行提交和宣传。该平台为学生获取信息提供了便捷途径和广阔空间，很大程度上调动了学生的参与兴趣，令其感受到思想政治理论课的学习既时尚又接地气。

自主学习平台，是指从理论教学平台的任务驱动到实践教学平台的作业完成，从新媒体平台的工作准备到团队项目的合作过程，自始至终都要求学生亲自动手查阅资料、阅读原著、收集案例、撰写读书笔记等，或者小组合作，分解目标，制作课件、整理素材、拍摄微视频等共同完成一个大作业。该平台较好地实现了化有形为无形、化有限为无限、化知识的被动灌输为自主建构。同时，团队合作也锻炼了学生解决人际沟通、竞争与合作、分工与协作等问题的能力，培养了合作精神和责任意识。

创新的教学模式和方法贯穿生师互动与生生互动，寓教于乐，深入浅出，尽力处理好思想政治教育的“漫灌与滴灌”问题，将知识的“盐”洒在各种“食物”里，让学生自然而然吸收，较好地实现了教学体系向价值体系转变。积极打造“内容有用、过程有趣、评价有效”的思想政治理论课，让“高大上”的概论课更加“接地气”。

参考文献

[1] 习近平. 决胜全面建成小康社会 夺取新时代中国特色社会主义伟大胜利——在中国共产党第十九次全国代表大会上的报告 [N]. 人民日报，2017-10-28（1）.

[2] 张占斌. 坚决打好全面建成小康社会收官战 [N]. 学习时报，2019-03-29（1）.

[3] 胡鞍钢，胡琳琳，常志霄. 中国经济增长与减少贫困（1978—2004）[J]. 清华大学学报（哲学社会科学版），2006（5）：105-115.

[4] 陈晓燕. 高职院校思想政治理论课教学改革探索——以“概论”课“2+2”教学模式为例 [J]. 北京教育，2014（3）：55-58.

[5] 陈晓燕. 高职院校思想政治理论课教学改革的理念创新 [J]. 北京市经济管理干部学院学报，2014（1）：72-76.

[6] 王朝明. 中国农村30年开发式扶贫：政策实践与理论反思 [J]. 贵州财经学院学报，2008（6）：78-84.

“心灵鸡汤”在高职思想政治理论课教学中的价值和应用
——以“思想道德修养与法律基础”课为例

吕晓梅*

摘　要：“心灵鸡汤”的自身特点使其能够在高职“思想道德修养与法律基础”（以下简称“基础”）课的教学中加以使用，并能有效提升基础课的亲和力和针对性。在教学中选用“心灵鸡汤”时，首先，要注意不能选用低俗化的“毒鸡汤”“伪鸡汤”；其次，要坚持政治性、思想性和理论性；最后，要把握“心灵鸡汤”的使用频率，契合教学内容选择恰当的“心灵鸡汤”。在具体选择“心灵鸡汤”作为教学素材时，应从形式和内容上对其进行把握。需要特别关注两类内容：一类是习近平总书记的暖心励志语录和奋斗故事；另一类是中国特色社会主义文化的内容。

关键词：高职思想政治理论课　教学　心灵鸡汤　基础课

一、什么是“心灵鸡汤”？

“心灵鸡汤”最初是指两位美国作家创作的畅销系列读物，其以简短、精练的语言为读者讲述了一个个充满哲理的小故事。后来把有益于精神或心理的哲理故事笼统地称为“心灵鸡汤”。它有如下几个特点：一是以浅显的语言表达真情实感；二是以生动的故事述说多彩人生；三是以至诚的真情温暖内

* 吕晓梅：北京财贸职业学院马克思主义学院讲师，思想道德修养与法律基础教研室主任。曾荣获北京市高职院校思想政治理论课青年教师教学能手大赛一等奖、全国高职高专院校思想政治理论课青年教师教学展示活动一等奖。曾在《北京教育》（德育版）等刊物公开发表论文多篇，主持首都大学生思想政治教育研究支持课题1项，参与多项省部级项目课题。2019年3月16日第10期“青椒论坛”主讲嘉宾。

心并产生共鸣。这种写作风格的小文推出后，大受欢迎，如《读者》《青年文摘》杂志里就有大量的鸡汤小文，随着数字媒体时代的到来，这些鸡汤文并没有消失，而是摇身一变来到电脑、手机终端，继续成为很多人的心头好。鸡汤文的形式也正在多样化，有像《人民日报》微信公众号《夜读》栏目这样的长篇鸡汤文，也有一段话呈现的简明鸡汤文，还有一句话配图的微型鸡汤文，随着新媒体技术的普及，很多鸡汤文还变成了演讲、动画等形式的短视频，方便人们点击观看。为什么鸡汤文有这么强的生命力呢？因为人们需要它。那么，鸡汤文能用于高职思想政治理论课的教学吗？

二、高职基础课教学需要“心灵鸡汤”吗？

习近平总书记在全国高校思想政治工作会议上指出，“要用好课堂教学这个主渠道，思想政治理论课要坚持在改进中加强，提升思想政治教育亲和力和针对性，满足学生成长发展需求和期待”。因此，提升思想政治理论课的亲和力和针对性是教学努力的方向。如何提升亲和力和针对性呢？笔者认为“心灵鸡汤”可以派上用场。“心灵鸡汤”大多短小精悍，内容贴近生活，表达生动有趣，特别符合高职学生的认知特点，也是高职学生日常较为关注的内容。如果对其善加利用，肯定会有效地激发学生的学习热情，提升高职思想政治理论课的教学实效。可以从教学对象、教学目标和教学内容三个维度进行分析。

从教学对象来看，高职学生大都处于18~22岁这个年龄段，正处于世界观、人生观和价值观形成稳定的关键时期。进入大学后他们又接触到许多不同生活背景和成长环境下长大的同学，接触到更多的社会现象，有的学生还会通过老师的讲授和自主学习去思考关于人生的理论问题，这些促使他们不断地对人生进行探索和反思，但同时他们又极易受社会文化条件、家庭教育环境和个人遭遇事件等因素的影响。腾讯正式发布的《00后研究报告》显示，“00后”更渴望被同龄人认同，更懂得在不同场合用不同的人格表达自己。部分高职学生由于在以往的学习经历中受到的负面评价较多，这一点表现得尤为明显，他们往往表现得对一切都满不在乎，但如果和学生们深聊，就会发现他们特别需要关爱，需要正能量，需要正确的世界观、人生观和价值观的引领，而这也正是基础课的教学内容。怎么使“高大上”的教学内容真正地进入学生头脑呢？这就可以借助“心灵鸡汤”温暖励志的功能，引发学生的关注和兴趣，引导他们正确面对得失顺逆，激励他们重新扬起向上的风帆。

在实际课堂教学中，带有图片的微鸡汤、一些富含正能量的短视频，都有助于学生理解相关的理论内容，在课后还可以利用新媒体技术和平台向学生推送一些篇幅较长的鸡汤文方便学生自主阅读。学生爱看这类鸡汤文吗？根据新媒体平台的大数据分析，有两类人非常愿意私下阅读鸡汤文：一类是在课堂上表现高冷的学生，还有一类在日常生活中遭受了小挫折的学生也很愿意去读鸡汤文。可见，学生们是需要正面科学引导的，只是我们要注意方式方法，真正做到“因事而化、因时而进、因势而新”。

从基础课的目标来说，这门课是运用马克思主义的立场、观点和方法，来引导学生树立科学的世界观、人生观、价值观、道德观和法治观。如何让学生认同我们的教学目标，发自内心地愿意学习这门课呢？可以在教学中借助“心灵鸡汤”的语言风格，让高职思想政治理论课课堂“活”起来、“亮”起来，增强课堂教学话语的生动性和感染性。“心灵鸡汤”的语言风格有两种表现形式：一是“心灵鸡汤”故事中本身呈现的浅显易懂、温暖走心的语言；二是“心灵鸡汤”充分关注时下流行的网络语言，用网络语言作为创作载体。第一类语言风格对所有学生都适用，第二类语言风格会特别吸引关注时尚、追求轻松的高职学生眼球，这部分学生往往也是高职思想政治理论课教学中的“痛点”，通过第二类语言的恰当使用可以将这部分对思想政治理论课“不感冒”的学生成功吸引到思想政治理论课的教学过程中。

从课程内容来看，相比其他几门思想政治理论课，基础课更加关注大学生人生发展中的现实问题，应用性较强。而“心灵鸡汤”的大部分内容也是反映人生哲理的，这与基础课教学内容高度契合。在讲授理论问题时，可以借用“心灵鸡汤”贴近生活的叙事内容和风格对理论作一定的解释与扩展，让学生感受到理论不抽象、不空洞，和实际生活紧密相连，并且对实际生活还有借鉴指导意义，就会对理论产生好感，更好地投入基础课的学习中。在教学中可以抓住学生都希望自己越来越好的内在动机，激励并引导学生明白实现理想的过程不能靠闭门造车，而必须把自己放到真实的生活中去，了解我们的国家，认识我们的新时代，关注我们的社会，这样才能形成自己的价值判断，去勇敢追寻自己的梦想。这样从学生的视角对课程内容进行重新解构，会使学生产生强烈的代入感，能使学生对即将展开的课程学习充满期待。

三、在教学中如何选用合适的“心灵鸡汤”？

“心灵鸡汤”可能包括低俗化，但并不必然低俗化，根本在于文化导向。

当前，社会上“心灵鸡汤”的泛滥已经造成了其廉价化倾向，个别网络写手更是利用各种手段炮制内容低俗的伪“心灵鸡汤”，混淆视听，扰乱经常使用网络的大学生的视线。最近，坊间流行的“毒鸡汤”，它和我们谈的“心灵鸡汤”有什么关系呢？毋庸置疑，它们是不一样的，“毒鸡汤”是指那些表面看上去像是鸡汤文，但看后容易让人消极颓废、不思进取或仅是为了吸引眼球、博人一笑。这种“毒鸡汤”迎合了部分现代人缓解压力、喜欢轻松阅读的特点，并借助网络得到迅速传播。比如这样的鸡汤文：“今天有解决不了的事情，不必着急，因为明天还是解决不了。”这样的文字表达和“心灵鸡汤”力图传递的温暖励志的初衷背道而驰。还有一类貌似具有哲理性的“毒鸡汤”，比如《阅读5分钟，可能改变你一生》的文章，声称效果立竿见影，但内容往往是随意复制未经核实的，目的是引导读者去关注里面的营销广告，甚至诈骗信息。因此，在教学中选择“心灵鸡汤”时，这些过度娱乐化和带有“快销”速成性质的“毒鸡汤”“伪鸡汤”就不能使用。那该选择什么样的鸡汤文呢？

首先，要坚持政治性。比如网上有一些所谓“社会名流”创作的“心灵鸡汤”，他们用看似富有逻辑实则带有煽动性甚至片面的历史事实阐述与真实情况相反的观点，具有极大的迷惑性，如果不细加辨别，极易上当受骗，令思想政治理论课的教学效果适得其反。如何避开这些雷区呢？这就要求我们始终牢记思想政治理论课承担着培养社会主义事业的合格建设者和可靠接班人的重要任务，牢记立德树人是教育的根本任务，把坚持政治正确放在首位，守住底线，特别是要防范各种错误的社会思潮披着“心灵鸡汤”的外衣，侵蚀青年学生的思想。这需要思想政治理论课教师进行专门的研究和学习，提高自己的“内功”。在基础课中，坚持政治性体现为要以社会主义核心价值观为导向。思想政治理论课教师在选择“心灵鸡汤”的教学材料时，必须把握一个度，即“心灵鸡汤”体现的价值观是否符合社会主义核心价值观，对于与社会主义核心价值观不符的“心灵鸡汤”，即使语言再优美暖心，也要果断弃用。

其次，选择的鸡汤文还应具有一定思想性和理论性。怎么发掘鸡汤文的思想性和理论性？这需要高职思想政治理论课教师具备一双慧眼。教师要认真分析每篇鸡汤文背后反映的核心思想，看它是否与基础课的教学目标和教学内容相一致。比如这个例子：有个老木匠准备退休，他告诉老板，说要离开建筑行业，回家与妻子儿女享受天伦之乐。老板舍不得自己的好工人走，问他是否能帮忙再建一座房子，老木匠说可以。但是大家后来都看得出来，他的心已不在工作上，他用的是软料，出的是粗活。房子建好的时候，老板把大门的钥匙递给他："这是你的房子，我送给你的礼物。"老木匠震惊得目瞪口呆，羞愧得无地自容。如果他早知道是在给自己建房子，他怎么会这样呢？现在他得住在一幢粗制滥造的房子里！这是一个典型的鸡汤小文。这个故事告诉我们要以认真务实的态度对待每一件事情。这和基础课倡导的人生态度是高度一致的，这就要求高职思想政治理论课教师认真研读教材，把握教材内容的思想性和理论性，有的放矢地选择合适的鸡汤文。

"心灵鸡汤"在教学中该以什么频率使用呢？高职思想政治理论课教师应该认识到，"心灵鸡汤"在思想政治理论课教学中的作用是有限的，它只是助力高校思想政治理论课教学内容的通俗化，提升课程内容的可感度，起到锦上添花的作用，万不可画蛇添足。"心灵鸡汤"的使用易使大学生产生情感的共鸣，但如果一堂课下来猛灌"心灵鸡汤"，学生会产生共鸣疲倦，从而抹杀"心灵鸡汤"的正面效果，甚至会使大学生认为思想政治理论课没什么实际内容。因此，在教学中选用"心灵鸡汤"时要在关键处着眼，要契合教学内容选择恰当的"心灵鸡汤"，发挥"心灵鸡汤"提升高职思想政治理论课亲和力和针对性的最大功效。

四、哪些"心灵鸡汤"能成为基础课的教学素材？

可以从形式和内容上来把握在基础课教学中使用的"心灵鸡汤"。从来源形式上说，不违背底线、具有一定思想性和理论性的名人名言、哲理故事、网络文章、微视频、电影、书籍中的"心灵鸡汤"都可以成为教学的素材来源。从内容上说，高职思想政治理论课教师选择的鸡汤文要能感动自身，能给自身带来一定的触动或震撼，只有这样高职思想政治理论课教师才能真的用心动情地讲好鸡汤文和它背后的思想与理论。

这里有两类内容应当特别关注，对其进行"心灵鸡汤"风格式的转化，成为我们的教学素材。一类是习近平总书记的暖心励志语录和奋斗故事。如"幸福都是奋斗出来的""现在，青春是用来奋斗的；将来，青春是用来回忆的""人生的扣子从一开始就要扣好""心中有阳光，脚下有力量"等都用朴实的语言激励人们奋发向上；还有专门描写习近平总书记青年时期学习成长经历的书籍，如《习近平的七年知青岁月》一书里，记载着很多习近平总书记年轻时的艰苦生活和成长历程，学生读后都颇有感触，纷纷表示要学习习近平总书记的大担当和大智慧。

另一类是中国特色社会主义文化的内容。中国特色社会主义文化至少应包含两个方面的内容：一是中华优秀传统文化；二是革命文化和社会主义先进文化。我国的优秀传统文化中十分重视理想人格的塑造，其中有很多素材可以挖掘。比如在讲授维护法律权威、树立法律信仰时，可以使用子贡赎人和子路受牛的故事，帮助学生理解传统文化中对法律的信仰。中国革命文化和社会主义先进文化中也有很多感人至深的故事，如革命战争时期无数革命先辈为了中华人民共和国的诞生抛头颅洒热血的感人事迹，当代爱岗敬业、甘于奉献的劳模故事等，也都可以转化为鸡汤文的语言风格，成为基础课的教学素材。

需要注意的是，这两类内容很多时候不能生搬硬套、拿来就用，应根据教学的需要，对其进行内容的重新编排和语言的再造，使其符合“心灵鸡汤”的一般特点，最大限度地调动学生的学习兴趣。比如钱学森的故事，大家都非常熟悉，可如果直接讲述他的事迹，学生未必爱听，这时可以借助“心灵鸡汤”的语言风格进行这样的描述：有一个学霸，本来可以在大洋彼岸享受富裕安稳的生活，但他听闻中华人民共和国成立了，不顾一切想要回到祖国。在针对他召开的听证会上，面对严厉的质询，他仍旧宣称效忠中国人民，为此他被人身威胁过，也被软禁数年，但终究冲破层层阻碍拿到了回国的船票。然后，他一头钻进沙漠戈壁，为祖国无怨无悔奉献数十年……这种表述与学生的日常认知有很大的反差，学生会被带入其中，会思考他是谁，学生开动脑筋的过程，基础课的教学内容和教育目标也在一定程度上实现了内化，而这就得益于“心灵鸡汤”这种吸引人的表达方式。

最后，需要强调的是，“心灵鸡汤”的使用是讲好中国故事在教学中的体现，是服务于我们的教学目标的，是为了提升高职学生的获得感，最终是为了实现对学生政治上、思想上和行动上的引领。

参考文献

[1] 习近平. 在全国高校思想政治工作会议上强调：把思想政治工作贯穿教育教学全过程　开创我国高等教育事业发展新局面 [N]. 人民日报，2016-12-09 (1).

打造新时代高职院校“职”的精彩的思想政治理论课的几点思考

——兼论高职院校思想政治理论课的特质与实践

倪志勇*

摘　要：党的十八大以来，我国高等职业教育实现了跨越式发展，已经占据了高等教育的“半壁江山”。高职院校思想政治理论课作为对高职学生进行思想政治教育的主阵地和主渠道，肩负着立德树人的根本任务，在高等职业教育发展过程中也发挥着重大的作用。所以，高职院校思想政治理论课迫切需要能够真正融入高等职业教育，切实提高高职院校思想政治理论课的效果和质量。打造新时代高职院校“职”的精彩的思想政治理论课需要以培养“工匠精神”展示高职思想政治理论课课程定位，以树立“身边榜样”打造高职思想政治理论课魅力课堂，以参与“经验分享”启发高职学生思想认同，以运用“社交平台”增进师生之间和谐沟通。

关键词：高职院校　思想政治理论课　特质　实践

一、以培养“工匠精神”展示高职思想政治理论课课程定位

2019年3月5日，李克强总理在政府工作报告中明确指出：“我们要以现代职业教育的大改革大发展，加快培养国家发展急需的各类技术技能人才，

* 倪志勇：北京电子科技职业学院思想政治理论教研部教师，“中国近现代史纲要”课程团队负责人。先后承担“毛泽东思想和中国特色社会主义理论体系概论”“思想道德修养与法律基础”“中国近现代史纲要”“形势与政策”课程教学。曾获得北京市职业院校信息化教学比赛高职组信息化课堂教学比赛二等奖、北京电子科技职业学院第四届“我心目中的好老师”荣誉称号。2019年3月16日第10期“青椒论坛”主讲嘉宾。

让更多青年凭借一技之长实现人生价值，让三百六十行人才荟萃、繁星璀璨。”这明确指出了现代职业教育改革的基本要求和目标，即培养国家需要的技术技能人才，也就是我们经常提到的“大国工匠”。2019年1月24日，国务院印发的《国家职业教育改革实施方案》也进一步指出：“把发展高等职业教育作为优化高等教育结构和培养大国工匠、能工巧匠的重要方式，使城乡新增劳动力更多接受高等教育。高等职业学校要培养服务区域发展的高素质技术技能人才，重点服务企业特别是中小微企业的技术研发和产品升级。”这更加明确提出了高等职业教育是培养“大国工匠”的重要方式，对高等职业教育培养什么样的人进行了规定和要求。

值得注意的是，《北京职业教育改革发展行动计划（2018—2020年）》中也指出：“强化立德树人导向……探索具有北京职业院校特色的思想政治和德育工作长效机制，巩固拓展……‘未来工匠’等项目建设成果……注重学生人格塑造，将劳模精神和工匠精神融入到人才培养全过程。”这阐述了北京市职业教育改革发展的行动计划，探索打造适合高职院校思想政治教育和人才培养的模式与机制，为“工匠精神”和思想政治理论课相融合提供了更大空间。

由此可以看出，“大国工匠”是高等职业教育、职业院校都在努力追求的目标。而作为高职院校的思想政治理论课也有必要以此为基础，将“工匠精神”融入思想政治理论课的教学之中，让学生在接受专业知识学习的同时从中领悟到“大国工匠”背后的人文情怀。那么，高职院校思想政治理论课与“工匠精神”为什么可以融合呢？

（一）培养“工匠精神”与高职思想政治理论课教学内容相契合

高等职业教育的特点决定了高职思想政治理论课教学要有培养职业精神的内容。笔者认为，“工匠精神”是职业态度、职业品质、职业能力、职业风尚的有机统一体，即“蕴含精益求精的职业态度、恪尽操守的职业品质、守正创新的专业素养、敬业乐业的职业风尚”。

值得一提的是，“工匠精神”所包含的内容与高职思想政治理论课教学内容是相融的。以“思想道德修养与法律基础”为例，“工匠精神”的内容与社会主义核心价值观中的爱国、敬业等内容相融合，也是“弘扬中国精神”中爱国主义、改革创新的生动体现，同时还是“人生的青春之问”中树立正确人生观的主要内容之一，更与职业道德规范中的爱岗敬业具有一致性。

可见，“工匠精神”与高职思想政治理论课教学在内容上不是相互独立的，它们之间的相通相融为“工匠精神”的培育和融入高职思想政治理论课奠定了基础。

（二）培养“工匠精神”与高职思想政治理论课价值追求相契合

“工匠精神”的培育目标是培养职业技能、职业道德和职业品质兼备的人才，即不仅具有较高的专业技能、技术，更注重职业态度和职业品质的养成，比如专心致志、不懈追求、精益求精、守正创新、敬业奉献等。高职思想政治理论课以立德树人为根本任务，关系着培养什么样的人、如何培养人以及为谁培养人这个根本问题。需要注意的是，高职院校思想政治理论课除了培养学生的政治素养之外，还需要促进学生职业能力与职业精神的养成，即培养德、智、体、美、劳全面发展，担当民族复兴大任的时代新人，以及生产、建设、管理和服务一线所需要的技术技能型人才。所以，“将工匠精神融入高职思政课教学中，引导学生养成以工匠精神为核心的职业态度、职业品质、职业素养，是立德树人根本任务的具体落实，也是高职思政课教学的特质与亮点”。

综上可以看出，思想政治理论课应围绕培养“工匠精神”的特色定位展开教学。而其中最有效、最直接的就是在课上结合一些“大国工匠”的案例对学生进行思想启发，比如航天火箭的“心外科医生”高凤林、高铁焊接大师李万君、与“核”共舞“零”失误的核燃料工程师乔素凯等。这些都是在各个领域非常突出的专家和工匠，他们技术精湛、技艺高超，思想政治理论课应该让学生感受到这些“大国工匠”背后所饱含的职业态度、职业素养和职业品质，让思想政治理论课成为“工匠精神”和“人文情怀”的衔接载体。如高凤林说：“为国家做事的自豪感，金钱买不到!”这就体现了爱国主义的人文情怀；李万君说“啥活都得有人干，啥活干精了都会有出息”，展现了爱岗敬业的人文情怀；“工作26年，操作工序近56000步，始终保持零失误，零差错”，证明了乔素凯有精益求精的人文情怀。所以，笔者认为将这些“大国工匠”身上体现出的人文情怀传递给学生才是高职院校思想政治理论课意义所在。

二、以树立“身边榜样”打造高职思想政治理论课魅力课堂

言传不如身教，“榜样的力量”对学生思想认同的影响和激励意义重大，这就需要思想政治理论课教师充分挖掘学生身边的榜样、案例，将这些榜样

与思想政治理论课教学相融合，进一步贴近学生实际，打造适合高职院校的魅力课堂。

（一）树立“身边榜样”有助于激发学生情感共鸣

高职院校思想政治理论课教学中非常普遍的现象就是单一的理论讲授，不能结合学生的实际进行有针对性的教学，不能回应现实的关切，提高学生学习兴趣较难，不容易激发学生的情感共鸣，不能唤起学生的情感体悟。而将在平凡的工作岗位上作出了卓越事迹的身边榜样、案例融入思想政治理论课的课堂能够真正让学生有所感、让学生思想有所获，激发学生心底的触动，获得学生情感的共鸣。

（二）树立“身边榜样”有助于激励和示范学生该如何做人做事

思想政治理论课教学中的身边榜样，都是各行各业作出卓越贡献和具有杰出表现的人物，他们用行动证明了奋斗、努力的意义，他们很多的品质都可以作为教学资源来为思想政治理论课授课服务。教师在上课过程中应该有意识选取学生身边榜样、案例及他们的心得体会介绍运用到课堂上。比如“不会，可以学！”“简单的事情做到极致”“耐心和毫无保留”“谦虚、谨慎”“不断学习、持续改善”“从零开始”等，这些都有助于激励和示范学生成就梦想，能够让学生从榜样的示范作用中学习到新时代的青年该如何做人和做事。

（三）树立“身边榜样”有助于提升思想政治理论课的亲和力和针对性

习近平总书记在全国高校思想政治工作会议上的讲话中指出：“思想政治理论课要坚持在改进中加强，提升思想政治教育亲和力和针对性，满足学生成长发展需求和期待。”所以，在高职院校思想政治理论课教学中树立身边榜样，提升思想政治理论课的亲和力和针对性，最简单的一个方法就是将这些榜样请到课堂上，让他们给学生分享自己学习、参赛的心得和体会，并在分享会的最后传授他们成功的秘诀，真正充分体现职业品质、职业道德等人文情怀。

三、以参与“经验分享”启发高职学生思想认同

经验分享对于启发学生思想认同具有重要的作用。以北京电子科技职业学院为例，2017年学校举办了“不忘初心　牢记使命‘职业路　我的路’优

秀毕业生党员事迹报告会”，邀请到的是北京电子科技职业学院生物工程学院2009届毕业生高源（现就职于北京自然博物馆，主要从事地质古生物和博物馆教育研究与传播，先后获得“全国著名科普教师”“北京市十佳讲解员”“国土部‘五四青年’奖章获得者”等荣誉）。他在报告中提出：“机会是留给有准备的人的，自己要对自己有要求、有规划，坚信梦想的力量是无限的，要多经历，用心做事！不忘初心，方得始终！”在课堂上，可以将高源同学的报告传达给学生，并结合教材内容号召班级同学吸收借鉴经验，树立正确的世界观、人生观和价值观，真正启发高职学生的思想认同。

为满足首都文化创意产业需求，进一步弘扬工匠精神，全国劳动模范、全国技术能手、“北京大工匠”、北京奔驰汽车有限公司首席技师赵郁走进学校与学生进行互动交流。在交流会中赵郁寄语学生：“在学习工作中要有目标，更要有毅力，要求真，要力行，善于思考、敢于创新。我们要有工匠精神，什么是工匠精神？专注和精益求精的态度就是工匠精神最好的体现。”借此机会，可以建议授课班级的同学参加和关注分享交流会，并在班级进行心得体会的分享，不断提高自己的专业知识和思想政治素质。

四、以运用“社交平台”增进师生之间和谐沟通

众所周知，大学校园已经普遍为“00后”，基于这样的情况，如何更好地对“00后”进行更有成效的思想政治教育，是每一位思想政治理论课教师必须要考虑的问题。笔者认为需要做好以下几点。

（一）思想政治理论课教师要了解学生

有观点认为，“80后”是在少年时期率先跨入中国的电视信息时代，“90后”成长在中国电视及PC网络时代，而“00后”成长于中国移动网络时代，他们的物质生活总体更加优越、文化认同更加多元，他们有很多我们很可能“看不懂”的“网络语言”，他们的“娱乐社交方式”也多种多样。所以，作为思想政治理论课教师要了解学生，真正明白学生喜欢什么、关注什么，才可以有针对性地进行教育。

（二）思想政治理论课教师要与时俱进，善于接受新事物

习近平总书记在全国高校思想政治工作会议上的讲话中指出：“做好高校思想政治工作，要因事而化、因时而进、因势而新。要遵循思想政治工作规

律，遵循教书育人规律，遵循学生成长规律，不断提高工作能力和水平。”这里的“时”和“势”都是要求思想政治理论课教师要与时俱进，善于接受新事物，用新的手段贴近学生的实际，提升课堂活跃程度，拉近师生之间的距离。教师只有知道学生在想什么、看什么，才会无形之中拉近师生之间的距离。

（三）思想政治理论课教师要做现实生活中的“有心人”

近年来，短视频异军突起，其凭借用户定位精准、音乐个性、视频拍摄门槛低、内容新颖、脑洞大开等特点，已经吸引了越来越多的青年学生。所以，思想政治理论课教师在接受新事物的同时也要做生活中的“有心人”。因为这些视频里的内容并非有人认为的那样，全是搞笑、低级趣味和充满负能量的，而是有很多暖心的、正能量的故事。这些暖心的、正能量的故事可以作为案例并结合教材内容给学生进行讲解。比如在讲到“社会主义道德的核心”这部分内容时，笔者就给学生播放了《总有人偷偷爱着你》这个短视频，学生反映非常好。

除此之外，一些原创视频中也有很多关于“大国工匠”的内容，比如港珠澳大桥岛隧工程项目总经理、总工程师林鸣用跑完港珠澳大桥全程的方式纪念大桥的竣工等，以港珠澳大桥通车为案例给学生讲授“大国工匠”的精神，是对学生进行思想政治教育的好材料和案例。

（四）思想政治理论课教师要有调动学生利用新事物、新媒体进行学习的能力

教师在利用新媒体、新事物授课的同时，也应该引导学生积极利用新事物、新媒体，提高学生的学习能力，丰富思想政治理论课教学形式。比如，湖南卫视推出的全国首档原创声音魅力竞演真人秀节目《声临其境》，在全国引发了一场“声音大秀”。那么，《声临其境》模式能不能应用到思想政治理论课上呢？能不能让学生结合最新的综艺节目完成思想政治理论课的作业呢？毫无疑问是可以的。以“中国近现代史纲要”为例，在讲到“开天辟地的大事变——中国共产党的成立”这个部分的时候，就可以结合《建党伟业》的片段让学生课下自己配音或者现场演绎，这样课堂活跃程度比较高，能够充分调动学生的积极性。

综上所述，笔者认为高职院校思想政治理论课的特质主要在于将思想政治理论课和“工匠精神”有机结合起来，展现“大国工匠”背后的人文情怀。

需要注意的是，实现这个特质需要积极探索思想政治理论课的新模式、新方法和新思路，这就构成了高职院校思想政治理论课的实践。只有特质与实践相结合才能真正打造新时代高职院校“职”的精彩的思想政治理论课。

参考文献

[1] 李克强．政府工作报告——二〇一九年三月五日在第十三届全国人民代表大会第二次会议上［N］．人民日报，2019-03-17（1）．

[2] 国务院印发《国家职业教育改革实施方案》［N］．人民日报，2019-02-14（1）．

[3] 廖芳，周婧婧．论工匠精神融入高职思政课教学的可行性与必要性［J］．职业，2018（6）：40-42．

[4] 习近平．在全国高校思想政治工作会议上强调：把思想政治工作贯穿教育教学全过程　开创我国高等教育事业发展新局面［N］．人民日报，2016-12-09（1）．

“思想道德修养与法律基础”课程在高职院校人才培养中的独特作用及其实现

张　雨*

摘　要：“思想道德修养与法律基础”（以下简称“基础”）是高职院校思想政治理论课首门必修课程，在高职院校人才培养中具有引领价值追求、训练思维品质、提升综合素养的独特功能和作用。新时代赋予课程新任务，我们要切实把握好基础课程的新任务，把习近平新时代中国特色社会主义思想融入课程教学，用新思想统领高素质技能型人才培养，培育和践行社会主义核心价值观，增强教学的针对性和实效性。

关键词：基础课程　功能任务　作用实现　高职院校

随着经济社会的发展，中国对高素质技能型人才的需求从来没有像今天这样迫切。而培养高素质技能型人才是高职院校义不容辞的责任和担当。如何培养高素质人才？从立德树人这个层面讲，就是要让学生立社会主义核心价值观这个大德，就是要把学生培养成社会主义建设者和接班人，“培养一代又一代拥护中国共产党领导和我国社会主义制度、立志为中国特色社会主义事业奋斗终身的有用人才”。要做好这一关系到中华民族千秋伟业的大事，思想政治理论课的开设是关键，而基础课程在这方面有着其他课程无法取代的独特作用。

* 张雨：扬州工业职业技术学院马克思主义学院讲师。曾获2017年江苏省首届高职高专思政课教师教学技能竞赛特等奖、扬州市委“马克思主义青年说”三等奖、扬州市思政课课件评比二等奖，2018年获学校“优秀共产党员”称号。主持市厅级课题2项，在《黑龙江高教研究》等期刊发表论文5篇。2019年3月16日第10期“青椒论坛”主讲嘉宾。

一、基础课在高职院校人才培养中的独特作用

基础课是高职大学一年级新生学习的第一门思想政治理论必修课，对于高职院校人才培养，对于培育学生践行社会主义核心价值观，“扣好人生第一粒扣子”，健康成长为中国特色社会主义事业合格建设者和可靠接班人，具有不可替代的重要作用。

（一）具有价值引领功能

基础课是传播马克思主义基本理论的有效载体，是培养社会主义事业接班人的重要保障，是培育社会主义核心价值观的主渠道之一，所以基础课具有极强的价值引领功能。其课程属性决定了我们必须坚持知识传授和价值引领相统一，既要注重知识传授，更要强化价值引领。高职学生处于树立世界观、人生观和价值观的关键期，他们思想单纯、社会经验不足，需要用正确的价值观引导他们，“扣好人生第一粒扣子”。考虑到高职学生实际，我们在教学中应该克服命令式、“填鸭式”单向灌输。我们要坚持内容为王，形式为内容服务，基础课教学既要有好的内容，又要有好的形式。从知行合一的视角，用通俗易懂的语言、学生的话语体系来阐释社会道德文明和法治文明的发展规律，深化社会主义核心价值观背后蕴含的思想、精神、情感等，使学生真正理解并认同社会主义核心价值观理论，这样才能内化为坚定的价值信念，外化为自觉的价值实践，逐步提高大学生在复杂形势中的价值判断与抉择能力。

（二）具有思维训练功能

提升思维能力对学生成为高素质人才具有十分重要的意义。通过基础课程的教学实施，要重点培养学生的逻辑思维能力、辩证思维能力及创造思维能力等。培养逻辑思维能力是指培养学生对事物进行观察、比较、分析、综合、抽象、概况、判断、推理的能力；培养辩证思维能力是指提升学生认识客观事物辩证发展过程及其规律性的能力；培养创造思维能力是指培养学生具有创新思维的能力。这就需要基础课程的教学中用马克思主义理论传授学生认识世界的方法也就是我们经常说的“怎么看”的问题，传授改造世界的根本方法也就是我们经常说的“怎么做”的问题，使他们学会透过现象把握本质，帮助他们辩证、历史、客观地看待事物，不断增强思维能力，提高驾

驭复杂局面、处理复杂问题的能力，更好地认识世界、参与实践、规划人生，在错综复杂的社会中把握人生航向。

（三）具有综合素养提升功能

学生要成为具有较高综合素养的人才，应该具有高度的文化自觉、高尚的道德修养、高超的职业能力且身心健康。促进人的全面而自由的发展既是马克思主义的追求目标，也是基础课程教学的价值追求。基础课涵盖了理想、人生观、中国精神、道德、法治等方面的内容，这都是与人的成长发展息息相关的，具有显著的综合素养培育功能。通过基础课教学，不仅让学生掌握基本的思想、政治、道德、法律等理论知识，还要逐渐培养学生准确把握社会发展规律的能力，消除他们的困惑和迷茫，做一个敢于担当社会责任、对他人尊重关爱、对国家法律心存敬畏、对美好事物不懈追求的具有较高综合素质的人。

二、新时代高职院校基础课程教学的新任务

高职教育既有高等教育的属性，又有职业教育的特色，高职院校基础课作为服务于人才培养的思想政治理论课，既要满足培养“高素质”的要求，又要以“技术技能人才”为目标指向。基础课教学在新时代要面对以下几大任务。

（一）将习近平新时代中国特色社会主义思想融入基础课程教学

中国特色社会主义已经进入了新时代，新时代需要新的指导思想。习近平新时代中国特色社会主义思想，是全党全国各族人民努力奋斗，实现中华民族伟大复兴的思想遵循，也是高校思想政治理论课教学的核心内容。基础课程教学，首要的任务就是结合高职教育特点和学生实际，创建有特色的习近平新时代中国特色社会主义思想教学体系，强化大学生对习近平新时代中国特色社会主义思想在提升思想道德修养和法律素养中的丰富内涵及重要指导意义的认识。

将习近平新时代中国特色社会主义思想融入基础课程教学，就要结合高职院校教育特点和学生实际，创建有特色的教学体系，实现教材体系向教学体系的转化。在高职院校基础课程教学中讲授好习近平新时代中国特色社会主义思想，必须使用好基础课程教学教材。目前本科生和专科生基础课程教

学使用的是同一本教材，在这种情况下，高职院校基础课程教师运用教材讲授习近平新时代中国特色社会主义思想时，就需要处理好一般和特殊、共性和个性、统一性和多样性的关系，实现教材体系向教学体系的最佳转化。教师在教学中要认真把握教材中习近平新时代中国特色社会主义思想的基本精神，在全面覆盖教学主要内容的前提下，突出教学的重点难点，特别是要结合高职院校教育特点和学生实际，创建有特色的习近平新时代中国特色社会主义思想教学体系，实现教材体系向教学体系的转化。

（二）提高学生对高素质技能型人才在新时代重要作用的认识，树立人生自信

社会发展既需要高精尖人才，更需要大量的高素质技能型人才。“中国制造2025”提出的十大重点领域都需要大量高端技能型人才，高职教育培养的对象正是高素质技能型人才。教师要让学生认识到高素质技能型人才在新时代的重要作用，树立人生自信。自信是一种心理状态，对于学生从容面对人生各种挑战非常重要。教学中要精心选择典型案例，特别是与学生专业相关的优秀案例。比如可以举中国高铁焊接大师李万君的例子，高铁既需要研究人员设计，更需要由这些专注执着、精益求精的技术工人生产出来才能成功。总之，要根据中国特色社会主义事业新的实践与发展，以及学生的心理状况，精心组织教学，点燃他们的学习热情，提高学生的思想共鸣。教育引导学生真正掌握马克思主义的基本立场、观点和方法，积极面对和化解学习、生活、社会实践中遇到的矛盾与困难，成为充满自信的“大国工匠”的后备人才，使基础课程成为学生“真心喜爱”“终身受益”的课程。

（三）将现代职业教育的理念和方法融入基础课程教学，增强教学的针对性和实效性

在高职院校上好基础课程还应当正确认识高职院校学生实际。高职学生与本科生之间既有年龄相同、经历相似、生活环境相近、家庭条件相仿等共性的一面，又有生源来源不同、学习基础不同、学历层次不同、学制时间不同、培养目标不同等差异性的一面。因此，在基础课程教学中要正确地看待这些共性与差异性。高职院校的思政课程同其他所有课程一样，以培养高素质技术技能人才为目标，所以除了要完成基础课的常规任务外，还要在教学中恰当地引入现代职业教育的一些理念和方法。不仅需要在思想、政治、道德、法律、心理等方面正确引导学生，还要理论联系实际，将现代职业教育的一些理念和方法，恰当引入、有机融入、科学渗入教学之中。应特别注意与专业结合，这样可以使高职院校学生受到职业理想的熏陶、职业道德的教育、职业技能的训练，从而切实增强基础课程教育教学的针对性、实效性。

三、基础课在高职院校人才培养中独特作用的发挥：以“社会主义核心价值观之富强”的教学为例

扬州工业职业技术学院马克思主义学院全体教师经过十余年的持续努力，初步形成了“1+N”的基础课程教学模式。一个目标：立德树人、提高思想政治理论课教学质量；多种教学方法：案例教学、实践教学、专题教学、信息化教学手段和教学资源库等。近三年来，学校组织的课堂满意度调查中，学生对基础课程的满意度达到92%以上。

基础课程是高职院校立德树人的主渠道。相比于形式和手段，内容永远是第一位的，它对于课程性质和作用、对于教学方向和教学对象有着根本性、决定性与长远性的影响。下面以2018年版基础课程教材中第四章“践行社会主义核心价值观”为例，讲讲我们的教学实践及思考。

（一）教学设计

社会主义核心价值观在基础教材中具有逻辑主线地位。在处理这部分内容时不能把它割裂开来，就核心价值观讲核心价值观，而是要明确各章教学内容在培育和践行社会主义核心价值观中的功能与作用，用社会主义核心价值观统领教学实践活动。比如“富强、民主、文明、和谐”的国家层面核心价值观，有的学生会认为这是国家层面的事，跟自己没有什么关系。在设计时，可以结合教材第二章“坚定理想信念”和第三章“弘扬中国精神”的内容，让学生深刻领会树立远大理想与国家发展息息相关，个人前途命运与国家发展紧密相连，明白自己为什么而学，从而把个人理想和社会理想结合起来。

以其中第一个价值目标“富强”为例，在设计时以问题为导向，展示这部分内容要解决的三个问题：什么是富强？为什么追求富强？如何实现富强？然后展开讲述。

“富强”是中国共产党始终坚持的价值目标，我们党在历次代表大会的报告或党章中都明确提出“富强”这个价值目标，党的十九大报告进一步明确提出为把我国建设成为富强民主文明和谐美丽的社会主义现代化强国而奋斗。

（二）教学要点

第一个问题：什么是富强？将“富强”拆分为“富裕”和“强大”分别理解。

首先理解“富裕”。富裕可以分为国富和民富两种情况。国富程度可以用国内生产总值（GDP）、国内生产总值的增速、国内生产总值的国际排名等多种指标综合衡量。这时用数据案例让学生有直观感受：中国近年在经济领域取得了举世瞩目的成就，2018年全球GDP排名，中国第二，而且美国GDP从1万亿美元到10万亿美元花了31年，中国用了14年，从而引发学生的自豪感。民富程度可以用人均国民总收入（GNI）和基尼系数等多种指标综合衡量。2018年中国人均国民收入排世界第93位。但民富程度有较大差距，让学生明白我国的差距，增强他们的使命感。进一步请学生思考：国富重要还是民富重要？这时指出我国是社会主义国家，一切发展为了人民。党的十九大报告中203处提到“人民”，民富是国富的根本目的。

其次理解“强大”。强大也可分为国强和民强两种情况。同样提出问题：国强重要还是民强重要？可以举例进行讲解，如我国历史上的秦朝，曾通过掠夺民利、压制民权、蒙蔽民智、打压民意等抑民方式实现国强，后来证明通过这样的方式达到的国强是持续不了多长时间的，很快就会走向灭亡。用马克思主义理论关于人的自由全面发展的观点，让学生深刻理解党和国家一切的发展最终都是为了人民。

最后综合理解“富强”。举例说明什么是“富弱”（即富而不强），什么是“贫强”（即强而不富）。中国特色社会主义所追求的富强，首先要告别贫弱，同时要防止“富弱”和“贫强”。我们追求的富强，应该是富裕与强大的统一，应该是既富又强的状态。

第二个问题：为什么追求富强？

首先，一个国家的富强与否，是国家兴衰成败的标志。举例：中国的历史。在追求富强的道路上曾经取得过辉煌成绩，譬如唐朝，无论贞观之治，还是开元盛世，都映照出富强国家的真实图景，“小邑犹藏万家室。稻米流脂粟米白，公私仓廪俱丰实”；宋代“在社会生活、艺术、娱乐、制度、工艺技术诸领域，无疑是当时最先进的国家”。相反，清末由于小农意识、自给自足、闭关锁国，国家落后，英国都有蒸汽机了，我们还是马车。鸦片战争以来，贫弱的中国逐步沦为西方列强殖民的对象，签订了一系列不平等条约。使学生认同不富强、落后就要挨打。

其次，富强是实现“中国梦”的内在要求。中国梦的基本内涵：国家富强、民族振兴、人民幸福。实现中国梦，前提是国家富强。只有国家富强，民族复兴才有坚实基础，人民幸福才有根本指望。

最后，富强才能跨越“修昔底德陷阱”。“修昔底德陷阱”，是指一个新崛起的大国必然要挑战现存大国，而现存大国也必然会回应这种威胁，这样战争变得不可避免。此说法源自古希腊著名历史学家修昔底德。中美是当今世界的两大主角，中国要跨越“修昔底德陷阱”，必须要有两手准备：“我们不惹事，但也不怕事。”一方面，我们不惹事。中国将坚定不移地走和平发展的道路。另一方面，我们也不怕事。不怕事的底气在哪？——富强，提高军事力量。党的十九大报告指出，必须全面贯彻新时代党的强军思想，贯彻新形势下军事战略方针，建设强大的现代化陆军、海军、空军、火箭军和战略支援部队。“能打仗、打胜仗”已成为中国军队的新口号。

第三个问题：如何实现富强？

当代中国，比历史上任何时期都更接近中华民族伟大复兴的目标。但是，“行百里者半九十”，越是接近国家富强、民族复兴的历史目标，我们越应该保持头脑清醒，正视我们存在的问题和差距。党的十九大报告指出：中国特色社会主义进入新时代，我国社会主要矛盾已经转化为人民日益增长的美好生活需要和不平衡不充分的发展之间的矛盾。但是我国仍处于并将长期处于社会主义初级阶段的基本国情没有变，中国是世界最大发展中国家的国际地位没有变。建设社会主义富强国家，必须深刻把握我们身处的新形势、新机遇，全面认识我们面对的新任务、新课题，科学分析我们面临的新矛盾、新挑战，真正把社会主义富强观内化于心、外化于行。

第四个问题：每个公民尤其是大学生如何为富强作出贡献呢？

“富强”虽是国家层面的价值目标，但也是与每一个中国人息息相关的目标。在教学中，可以利用信息化教学手段，发起班课云讨论。教师总结：大家都提到了认真学习，大学阶段主要任务是学习，学习知识、苦练技能，提高个人综合素质。举例：江苏省某技师学院学生宋彪，他在第44届世界技能大赛上勇夺工业机械装调项目第一名。举高职学生的例子，学生身边的例子，指出每一位高职学生都是“大国工匠”的后备力量，要心怀祖国，练就一身本领，执着专注，精益求精，创新进取，提高职业素养，推动“中国制造”升级为“优质制造”，为实现中华民族伟大复兴的中国梦贡献我们的青春和力量。

（三）教学体会

基础课程教学要用社会主义核心价值观帮助学生认清何为正确的世界观、人生观和价值观，对学生进行价值引领，教学内容既要站得高，又要落得实，才能使学生在心灵深处认同社会主义核心价值观，在日常生活中积极践行社会主义核心价值观。

参考文献

［1］把思政课办得越来越好——论学习贯彻习近平总书记在学校思政课教师座谈会上重要讲话［N］. 人民日报，2019-03-19（1）.

［2］崔青青. 高校思想政治理论课应强化价值引领［J］. 思想理论教育导刊，2017（9）：100-104.

［3］蒋家胜，贺继明，李丹. 简论高职院校思想政治理论课的价值存在与教学能力目标［J］. 思想理论教育导刊，2016（9）：129-132.

［4］王利改. 高职人才培养与“中国制造2025”环境下人才需求特点的融合分析［J］. 河北职业教育，2018（6）：38-41.

高职思想政治理论课实践教学应遵循的六个原则

——教学理念与方法的思考*

袁宏松**

摘　要：六个原则的提出具有较强的针对性，分别对应高职思想政治理论课教育工作的五个点，有的放矢原则对应教学的特点，以变应变原则对应教学的难点，守正创新原则对应教学的重点，点面结合原则对应教学的亮点，同向同行原则、心物合一原则对应教学的起点。而六个原则最终都是为了实现学生的三种体验：首先，过程性体验。让学生体验到实践教学制度健全，组织规范，学时饱满，过程安全。其次，内涵性体验。让学生到现场感受，道理听透，心悦诚服，并能够回到教材的理论知识点。最后，效果性体验。让学生将理论内化于心，外化于行，对课程真心喜欢，终身受益。

关键词：高等职业院校　思想政治理论课　社会实践教学　原则　理念

自2005年中共中央宣传部、教育部印发的《关于进一步加强和改进高等学校思想政治理论课的意见》首次明确社会实践教学的学分规定以来，十多年间，实践教学在实践的基础上经过“概念认知，实际操作，探索实验，总结提升”等阶段，少数院校已进入模式推广阶段。结合自身实践教学、教研室成员实践教学、教研室实践教学的组织开展情况，本文同大家交流“实践教学应遵循的六个原则——教学理念与方法”的一些思考。

---

* 本文是北京高校思想政治理论课高精尖创新中心重大课题委托项目“基于《概论》课理论体系的实践教学模式研究”（项目号：18GJJA002）的阶段成果。

** 袁宏松：北京青年政治学院马克思主义学院讲师，思想道德修养与法律基础教研室主任，北京师范大学访问学者，国家二级心理咨询师。2017年、2018年连续两年荣获北京市职业院校信息化教学比赛二等奖，2015年、2016年、2017年连续三年指导的学生论文荣获首都高校大学生思想政治理论课社会实践优秀论文评选一等奖和二等奖，除此之外，荣获教育部、北京市各级各类奖项多项。2019年3月16日第10期“青椒论坛”主讲嘉宾。

一、有的放矢原则——教学对象和实践形式相结合

在现实工作中，存在或可能存在四种脱节状况：项目与学情脱节；项目与学生专业脱节；实践内容与理论脱节；实践组织过程中，教研室与教师脱节。针对这些情况，我们提出有的放矢原则。

有的放矢原则，强调尊重对象。实践教学要研究学情，尊重学情，顺势而为，实现实践对象和实践形式相结合。

马克思指出："理论只要说服人，就能掌握群众；而理论只要彻底，就能说服人。所谓彻底，就是抓住事物的根本。但是，人的根本就是人本身。"这给我们带来的理论启发就在于，实践教学作为理论教学的外延，我们要牢牢抓住"人本身"，这里的人不是研究生、不是本科生，而是高职学生。

毛泽东指出："'对牛弹琴'这句话，含有讥笑对象的意思。如果我们除去这个意思，放进尊重对象的意思去，那就只剩下讥笑弹琴者这个意思了。为什么不看对象乱弹一顿呢?"这句话刚好是给我们的一个警醒。

既然定位在"高职学生"，那么就要研究和尊重高职学生的学习特点。

高职院校的思想政治理论课与普通高校相比，既相同，又不同。二者同是思想政治理论课，同样面对习近平总书记提出的"高校思想政治工作关系高校培养什么样的人、如何培养人以及为谁培养人这个根本问题"，普通高校思想政治理论课教师和高职院校思想政治理论课教师是在"同种一块田"，换言之，就教师的使命和课程的使命而言是相同的。但两者相较，学生的学情又有很大的不同。高职学生普遍动手能力强，动笔能力较弱；组织活动能力强，组织文字能力较弱；感性认知强，理性认知较弱；执行能力强，总结能力较弱。

学情决定了教学，决定实践教学大纲、教学形式，决定实践教学实效性。以开展社会调查、撰写调研报告为例，高职院校教学效果很不理想，甚至存在大量抄袭现象。客观而论，撰写调查报告的教学形式本身没有问题，只是对于高职学生尤其是大学一年级新生而言具有一定难度。

基于此，在搭建社会实践教学体系过程中，我们遵循"动手，动腿，动口"和"喜闻乐见，可操作性强"的原则。整个实践教学板块包括1个必选项和10个自选项。必选项为教研室统一组织的实践活动，全体学生都必须参加；自选项是任课教师根据自身专长，结合自己班级学情、学生专业、学生兴趣爱好等情况自主选择的项目。

必选项总学时为8学时，可供教师和学生选择的实践场所包括中国人民抗日战争纪念馆、中国国家博物馆、中国人民革命博物馆、北京大学红楼、北京警察博物馆、北京汽车博物馆、北京展览馆等。2016—2019年，该项目累计覆盖在校学生3815人，北京青年政治学院的全部在校学生都是这项实践活动的受益者。

自选项包括：专业（职业）认知访谈（8学时）、开展社会调查（8学时）、编排拍摄情景剧（8学时）、辩论赛（8学时）、主题演讲（8学时）、模拟法庭（8学时）、素质拓展（3学时）、集体影视（3学时）、经典朗读及文本探讨（8学时）、中国共产党员优秀品质代际传承访谈活动（8学时）。

必选项和自选项分值相加要达到实践教学的总学时，即16学时。教师根据学生在实践过程中的表现，自行完成必选项和自选项的评分工作。

二、以变应变原则——理论抽象和实践具体相统一

在现实工作中，带学生外出实践，存在或可能存在如下情况：想带出去，但又不敢带出去；组织了外出，但组织不成功；组织成功了，但实践效果不好；效果比较好，但不能可持续发展。针对这些问题，我们提出了第二条原则，以变应变原则。

实践教学的理论抽象是指实践教学的意义、实践教学的原则、实践教学的作用、实践教学的目的等概念逻辑层面的内容。理论抽象转化为现实需要有一个中间环节，我们把这个中间环节称为实践具体，即翔实可行的实践教学方案、计划、措施、流程。

毛泽东指出："实践、认识、再实践、再认识，这种形式，循环往复以至无穷，而实践和认识之每一循环的内容，都比较地进到了高一级的程度。这就是辩证唯物论的全部认识论，这就是辩证唯物论的知行统一观。"这给我们的理论启迪就在于实践和认识是一个相互运动、相互转化的过程，强调纯粹理性要和实践理性相统一。

在操作的层面我们强调："居安思危，安全第一；精细管理，环环相扣；闭合循环，总结提升。"

首先，居安思危，安全第一。学校每个学年组织1000人外出实践，安全压力很大。不出事就没事，出了事，都是大事。学生对于学校而言只是一分子，但对于一个家庭而言就是全部。因而教研室采取了一系列的措施，争取把风险降到最低，比如签署安全责任书，把安全意识责任落到每一个

人；提前制作车辆编号，做到有序乘车；学生乘车纸质名单，教师人手一份，基本实现“教师心中有数，学生上车有座，晕车学生有药，想吐同学有袋”。

其次，精细管理，环环相扣。实践教学课表制定要精细，要提前与学生所在校区、学生所在系部、实践教育基地、车辆租赁公司协调沟通，要考察实践人数、实践班级、天气情况及近期其他大规模的学生活动情况。教研室在开展教学过程中，必选项目的时间节点为：第四周周五前，爱国主义教育基地实践课表编排工作；第六周，爱国主义教育基地实践活动学生布置；第七周至第十周，爱国主义教育基地实践开展。自选项目时间节点为：第四周周五前，教师自主选择实践项目备案；第六周，实践项目课表编排；第四周至第十九周，教师自主选择实践项目实施。

最后，闭合循环，总结提升。实践教学活动有自身的规律性，不是“想起一出是一出”，要重视经验的积累，“理论的方案需要通过实际经验的大量积累才臻于完善”，实践教学质量提升的过程就是一个经验积累和总结的过程，要以一个学期为一个小循环，以一个学年为一个大循环，在循环中总结经验，在对比中提升教学质量。不仅如此，还要对社会实践活动展开全程动态追踪，追踪的过程是督促，也是服务，要对实践教学工作进行考核评价，只有这样才能在闭合循环的基础上，真正实现总结提升。

三、守正创新原则——传统方法和信息技术相平衡

关于网络技术的应用，在社会实践环节存在或可能存在这样的几种负面态度：不屑的态度、拒绝的态度、观望态度。针对这些态度，我们提出守正创新原则。

守正创新原则，是基于教育方式与生活方式相融通的理念，一方面，坚持发挥传统方法的作用与优势；另一方面，积极发挥信息技术的效用与便利。

马克思指出：“人的思维是否具有客观的［gegenständliche］真理性，这不是一个理论的问题，而是一个实践的问题。人应该在实践中证明自己思维的真理性，即自己思维的现实性和力量，自己思维的此岸性。”这带给我们的理论启发就在于，思想政治理论课作为马克思主义理论重要载体，其真理性同样要求在“人们的实践”中得到证明，而就课程本身而言，这里的“人们的实践”指的是受教育者的实践活动。更确切地说，这种实践活动是走出课堂，拥抱社会的活动，即传统的实地参观、访谈、社会调查等方式。因此，

社会实践教学顶层设计要继续高度重视传统实践教学方式，充分发挥传统方式的优势。

同时，我们要清醒地看到，信息技术服务于教学是大势所趋。习近平总书记指出，“推动思想政治工作传统优势同信息技术高度融合”，推动信息技术在实践教学的运用不是权宜之计，而是因势利导，利用信息科技领域取得的新成果，提升教育教学实效性。2019年8月30日，中国互联网络信息中心（CNNIC）发布第44次《中国互联网络发展状况统计报告》，据统计显示，截至2019年6月，我国网民规模达8.54亿人，互联网普及率达61.2%。“互联网+”已经完成了从思维方式到生活方式的转变。就实践教学而言，应着重突出网络信息技术在组织和考核两个方面的作用。利用相应的软件实现社会实践学生的分组、考勤、作业提交等工作任务。从实际效果来看，在信息技术的使用过程中，朋辈教育体现明显。

四、点面结合原则——全员覆盖与精品培育相协调

就实践教学的效果而言，存在或可能存在两个突出问题：由于实践活动深入程度不足，造成实践结果不少，成果不多；由于科任教师的科研与学生的社会实践没有交集，科任教师的指导积极性容易滑坡。针对这两个问题，我们提出点面结合原则。

点面结合原则，即在保证面的基础上，重点培养骨干学生，培育优质项目，引导提升整体质量，工作出成绩，成果出亮点。

就意义而言，点和面各有意义。“面”的意义：“从现有学分中划出学分，开展思想政治理论课实践教学”的要求，就是实践教学必须实现对学生的全员覆盖，这是构建并实施实践教学体系首要的、核心的价值取向。“点”的意义：出于工作积累与考核评价需要，培育学生骨干，培养精品成果，打造教学亮点。

在实际操作过程中，在“面”的方面，教研室制订统一的社会实践教学方案，制定统一的社会实践进度，统一制定教师的工作量和学生的任务量。在“点”的方面，遵循“平时物色好苗子，结合热点选项目，暑期实践为抓手，教学科研两不误”的理念。“平时物色好苗子”说的是任课教师要在教学过程中注意发现一些对课程感兴趣、要求政治进步、文笔好、做事踏实的学生，并把他们作为社会实践活动重点培养的苗子。“结合热点选项目”说的是要结合实践学期当年的政治热点，作为学生重点调查项目，在制定调查目标

时，还要遵循一个“巧”字，跟时事热点既要贴近，又要保持一定的距离。“暑期实践为抓手”主要说的是实践活动的开展时间，要充分利用整块的暑期时间。重点调研活动要有充足的时间作支撑，否则调研质量会大打折扣。“教学科研两不误”是指任课教师要有意识地把学生实践活动往自己的科研方向靠，争取做同一个社会实践活动，既完成了学生的实践调研任务，又有助于完成自己的科研任务。

五、同向同行原则——思政课程和课程思政相融合

在实践教学的组织过程中，实践教学的组织者身上存在或可能存在如下四种倾向：强调自己的组织、强调自己的课程、强调自己的模式、强调自己的成绩。针对这些倾向，我们提出同向同行原则。

同向同行原则，强调要克服“门户之见”，打破所谓“工作系统”的藩篱；强调要克服“政绩有别”的观念，共同融合构建实践教学体系；强调教育教学的统一性，既守好“一段渠”，又“同向同行”，实现“协同效应”。

恩格斯说：“这样就有无数个相互交错的力量，有无数个力的平行四边形，由此就产生出一个合力，即历史结果……每个意志都对合力有所贡献，因而是包括在这个合力里面的。”这给我们带来的理论启迪就在于，虽然历史结果可以看作一个作为整体的、不自觉地和不自主地起作用的力量的产物，但是同样要看到每个意志对合力的贡献。学生的思想政治教育效果，不只是取决于几个人，而是取决于一群人，不只是取决于马克思主义学院，而是取决于全院，这也就是所谓的“全员育人”理念。

2005年中共中央宣传部、教育部印发的《关于进一步加强和改进高等学校思想政治理论课的意见》强调思政课程和课程思政的融合，“加强组织和管理，把实践教学与社会调查、志愿服务、公益活动、专业课实习等结合起来，引导大学生走出校门，到基层去，到工农群众中去”。2018年教育部《关于印发〈新时代高校思想政治理论课教学工作基本要求〉的通知》也强调：“学生既可通过参加教师统一组织的实践教学获得相应学分，也可通过提交与思想政治理论课学习相关的实践成果申请获得相应学分。”

在实际操作层面，就项目本身而言，要进行项目整合，教研室或马克思主义学院要主动与团委、学生处和学生所在系部沟通，同质的实践项目要进行合并，从整体上避免重复，杜绝浪费，提升效率，减少组织成本和风险；就人员分工而言，强调合作组织。通常合作模式有两种：一种是思想政治理

论课教师充实到学校学生工作部门或学生所在系部的社会实践活动中去；另一种是吸收学校学生工作部门或学生所在系部的优质师资加入实践教学活动中来。就学生的实践成果而言，在前两个环节的基础上，实现优质成果的互认工作，从顶层设计上，最大限度调动学生的社会实践参与积极性。

近些年来，正是本着如上的原则和理念，思想道德修养与法律基础教研室积极寻求跨部门合作，协同开展课内与课外实践教学，在合力中寻求新的增长点。自2010年始，以教研室教师为主体，马克思主义学院联合保卫处、团委、学生处，共同举办“清正杯”法律基础知识竞赛活动；积极把图书馆“书香校园”读书月有奖征文活动与学生期中论文作业相结合，以赛促教，以赛促学；2015—2018年，学生和教师积极参与到马克思主义学院、团委、宣传部、北京市团校联合举办的各项暑期实践活动；除此之外，目前的主要工作集中在积极推动实践学分互认工作上。

六、心物合一原则——教育情怀和教学管理相支撑

就指导教师的工作积极性而言，存在或可能存在“没热情，没动力”和“有动力，没保障”两种情况。针对这两种情况，我们提出心物合一原则。

心物合一原则，强调教师要多一些使命感和责任感，强调主管部门多一些物质和管理保障，互相支撑，实现共赢。

思想政治理论课实践教学既不同于理论型课堂的教学，又不同于技能型课程的实验，呈现出的特点包括：实践教学规范有待提升、实际操作超基本学时和学分、实践过程更具挑战和困难。以计算教师课时量为例，传统的理论教学，固定时间、固定地点、固定人群，因为固定，所以教师工作量的测量具有极强的可操作性和测量的准确性，然而，实践教学不同于传统理论教学，工作量受到多种因素的影响，以外出调研为例，工作量会受到天气、路况、车况、实践目的地远近、学生突发情况等多种因素的影响。因此，教师的工作量很难准确测量，在实际操作中，教师的付出远超出学时的基本要求。因此，我们呼吁教师教育情怀的付出。

当然，情怀不可以无限透支，作为教学管理者要尽最大可能提供政策保障，做到学院重视、领导支持；提供物质保障，满足资金优先保障、财务优先支持；提供管理保障，进行实践教学专项督查、评价实践教学质量有合理根据。

七、小结

六个原则的提出具有较强的针对性，分别对应高职思想政治理论课教育工作的五个点，有的放矢原则对应教学的特点，以变应变原则对应教学的难点，守正创新原则对应教学的重点，点面结合原则对应教学的亮点，同向同行原则、心物合一原则对应教学的起点。而六个原则最终都是为了实现学生的三种体验：首先，过程性体验。让学生体验到实践教学制度健全，组织规范，学时饱满，过程安全。其次，内涵性体验。让学生到现场感受，道理听透，心悦诚服，并能够回到教材的理论知识点。最后，效果性体验。让学生将理论内化于心，外化于行，对课程真心喜欢，终身受益。

思想政治理论课教师是大学生思想的领路人，我们应该时刻行走在思考和践行的路上，只有这样，才能不负三尺讲台，不负时代舞台！

参考文献

［1］马克思恩格斯选集：第1卷［M］．北京：人民出版社，1995：9．

［2］毛泽东选集：第3卷［M］．北京：人民出版社，1991：836．

［3］习近平．在全国高校思想政治工作会议上强调：把思想政治工作贯穿教育教学全过程　开创我国高等教育事业发展新局面［N］．2016-12-09（1）．

［4］毛泽东选集：第1卷［M］．北京：人民出版社，1991：296-297．

［5］马克思恩格斯文集：第5卷［M］．北京：人民出版社，2009：437．

［6］马克思恩格斯文集：第1卷［M］．北京：人民出版社，2009：503-504．

［7］马克思恩格斯文集：第10卷［M］．北京：人民出版社，2009：592-593．

从“精、新、活、广”谈高职院校思想政治理论课的特色

韩　颖*

摘　要：习近平总书记在学校思想政治理论课教师座谈会上发表重要讲话，这就为新时代高职院校思想政治理论课建设提出了新的要求。基于天津高职院校思想政治理论课的建设探索成果，把握高职思想政治理论课与本科思想政治理论课的异同点，结合“思想道德修养与法律基础”课程建设实际，从“精、新、活、广”四个角度分析高职院校思想政治理论课的特色，并提出高职院校思想政治理论课改革建设的几点思考。

关键词：高职院校　思想政治理论课　特色

在学校思想政治理论课教师座谈会上，习近平总书记指出：“推动思想政治理论课改革创新，要不断增强思政课的思想性、理论性和亲和力、针对性。”这就对高职院校思想政治理论课建设提出了新的更高的要求。由此，我们必须牢牢把握高职院校思想政治理论课的特色，才能更好地贯彻落实习近平总书记的重要讲话精神，培养出更多高素质技术技能人才。

---

* 韩颖：天津城市建设管理职业技术学院思想政治理论课教师。曾获得：“全国高校思想政治理论课教学标兵”“全国高职高专思想政治理论课教学能手”“天津市师德先进个人”等荣誉称号；全国职业院校信息化教学大赛三等奖、天津市职业教育市级教学成果特等奖、全国职业教育教学成果二等奖、天津市高等职业技术教育研究会教育科研优秀成果一等奖。主持教育部高校示范马克思主义学院和优秀教学科研团队建设项目（优秀中青年思想政治理论课教师择优资助计划），参加天津市100堂习近平新时代中国特色社会主义思想示范课建设，主持天津市高校思想政治理论课精品课程项目。2019年3月16日第10期“青椒论坛”主讲嘉宾。

一、高职院校和本科院校思想政治理论课的异同点

众所周知，高职院校和本科院校就像两翼齐飞，在教育体系中都占据非常重要的地位，但是两者在思想政治理论课教学上还是会存在一些异同点。

无论是高职还是本科，所使用的思想政治理论课教材都是统编的“马克思主义理论研究和建设工程重点教材”，并且高职院校和本科院校思想政治理论课的教学目的并无本质区别，都要进行马克思主义理论学习，引导学生学会运用马克思主义的立场、观点和方法分析并解决问题，使学生形成良好的品行习惯。

当然，两者也存在着不同。首先，高职和本科思想政治理论课所占的学分是不同的。高职开设三门课程，本科开设五门课程。高职一共是8学分，划出1学分开展实践教学；本科一共是16学分，划出2学分开展实践教学。其次，高职和本科的学情不同。本科学生从整体上说，在认知能力、理解能力、学习能力上相对比较好，但高职学生在动手能力上更有优势。

因此，基于高职学生的特点，高职院校的思想政治理论课就要因材施教，在教学侧重点、教学方法、实践教学等方面都要略有区别。

二、天津市高职院校思想政治理论课的建设探索

（一）天津市高校思想政治工作改革攻坚方案的实施

近年来，天津市制订了一系列高校思想政治工作改革攻坚的实施方案，如《天津市高校习近平新时代中国特色社会主义思想研究联盟建设方案》《重点马克思主义学院和思政课名师工作室建设方案》《思想政治工作“一校一品”建设方案》《思政课改革建设方案》《大学生思想政治理论公开课大赛建设方案》《“新时代、实践行”主题实践活动建设方案》《“课程思政”改革精品课建设方案》等。

这些方案的实施主体不仅包括本科院校，还有高职院校，为天津高校思想政治理论课的改革建设指明了方向，并逐步形成了天津独具特色的高校思想政治工作机制。教育部新闻办的官方微信“微言教育”中曾发表一篇文章，题目是《思政教育是全校老师的事！看天津高校思政课这些新变化》，高度概括了天津高校在课程、科研、实践、文化等十个方面的育人途径。由此组建

了1000支社会实践示范团队；100门“课程思政”建设精品课程、100节示范思政课；30个教育基地；50个大学生社会实践基地、志愿服务基地和学生众创空间；20项工作品牌。每年不低于1亿元的专项经费，最终实现全员育人、全过程育人、全方位育人的“三全育人”工作新格局。

（二）天津市高职院校思想政治理论课的特色成果

近年来，天津市高职院校一直致力于思想政治理论课的建设探索，通过不断的实践，形成了一系列思想政治理论课的建设成果。

（1）打造精品课程，形成教学模式。天津市多所高职院校共同打造精品课程，以国家级精品课程为依托，形成“新形势下高职院校‘思想道德修养与法律基础’教学模式”，并获得2018年天津市职业教育教学成果特等奖、国家级教学成果二等奖。

（2）建设“两室一中心”，形成协同效应。天津市高职院校有分别引领“思想道德修养与法律基础”（以下简称“基础”）课和“毛泽东思想和中国特色社会主义理论体系概论”（以下简称“概论”）课的两个名师工作室，培养了很多高职院校的青年教师。同时，建设一个高职院校思政课协同创新中心。这“两室一中心”进一步有效整合了天津市高职院校思想政治理论课的教学和研究力量，推动高职院校的思想政治理论课共建共享，形成协同效应。

（3）培养思想政治理论课教师，形成学术氛围。高职思想政治理论课教师通过参加各级各类培训班、比赛和展示活动，提升自身的理论水平，逐步形成浓厚的学术氛围。比如，每两年一届的天津青年思政课教师基本功大赛，为思想政治理论课教师搭建了平台。其中有很多优秀的高职思想政治理论课教师脱颖而出，在全国思想政治理论课的教学展示、科研评选中取得优异的成绩。

（4）培育高素质学生，形成良好素养。高职思想政治理论课教师不仅在课堂教学中引导高职学生弘扬劳模精神和工匠精神，而且在实践教学中融入劳模精神和工匠精神元素，使学生在追求精湛技能的同时，潜移默化地形成良好素养，不仅取得技术技能比赛证书，而且荣获见义勇为等荣誉。

三、高职院校思想政治理论课的特色

天津高职院校思想政治理论课形成的一系列建设成果，突出了高职思想政治理论课的特色。笔者认为高职院校思想政治理论课的特色，在突出职业教育的基础上，可以用“精、新、活、广”来概括。

（一）“精”，即精确的教学目标、精准的教学要点、精美的教学课件

（1）精确的教学目标。国务院印发的《国家职业教育改革实施方案》明确指出：“把职业教育摆在教育改革创新和经济社会发展中更加突出的位置……着力培养高素质劳动者和技术技能人才。”这就更加明确了高职院校的人才培养目标，首先必须是高素质的，然后才是劳动者和技术技能人才。所以，从教学目标的角度来讲，根据高职院校人才培养方案，高职院校的思想政治理论课可以更侧重于职业素养的培育，特别是劳模精神和工匠精神的传承。

（2）精准的教学要点。在教学要点上，高职思想政治理论课更多的是以案例分析教学中的重难点，而对理论的深层次内涵挖掘得并不深。特别是在高职不开设“中国近现代史纲要”课和“马克思主义基本原理概论”课的情况下，从基础课一跃讲到概论课时，学生就不容易理解其中更深层次的内涵。因此，在把握教学要点的时候，要精准把握其难度。

（3）精美的教学课件。从教学课件的制作上，也能体现工匠精神的精益求精，高职思想政治理论课教师制作的课件，有图、有文字，有表、有视频，特别是一些动漫视频更能吸引学生的眼球，力争打造令学生眼前一亮的精美教学课件。

（二）“新”，即教学内容有新度、教学主体有新意、教学方法有创新

（1）教学内容有新度。在教学内容上，实时更新，把教材体系向教学体系进行转化。虽然高职院校和本科院校所使用的思想政治理论课教材是一样的，但是对于高职学生来讲，教材理论性比较强。所以，高职思想政治理论课应以学生为主体，结合高职学生热衷于流行元素的特点，教学内容推陈出新，立足于教材又不拘泥于教材，结合课程各章节的重难点、社会热点和学生兴趣点，充分体现时代性和现实性，系统展现教学内容，把教材体系向教学体系转化，从而吸引学生的注意力。

以基础课为例，很多教师结合热播的影视剧等进行授课，如结合《战狼2》《人民的名义》等影视素材讲授爱国主义，甚至有的教师将影视剧的片尾曲改编成流行曲调以更好地展现思想政治理论课的内容。在理论讲授中，融入大量学生喜闻乐见的最新时事案例，深入浅出地把高深的理论用时尚的元素呈现出来，可以让高职学生更容易明白其中蕴含的道理。

（2）教学主体有新意。在教学改革上，构建“1+N”多授课主体。结合

职业教育的特点，构建以思想政治理论课教师为授课核心，以专家、学者、劳模、工匠、学生等为环绕的“1+N”多授课主体。

聘请劳模、工匠进校园为师生宣讲，是职业院校思想政治理论课的一大亮点。比如，聘请时代楷模、改革先锋、道德模范等先进人物为思想政治理论课特聘教授，进校园作专题报告，弘扬劳模精神和工匠精神。

让学生登上讲台“唱主角”是高职思想政治理论课的特色，实现了由教师话语向学生话语的转变。比如，从2015年开始，天津市每年进行大学生讲思想政治理论课公开课比赛，高职院校非常重视此项工作，每年组织学生在班班讲、系系讲、全院讲，各校推荐出优秀学生视频，在面向天津市高校学生的超级校园上公开评选，人人来学习、人人当评委、人人可投票，最终通过学生评委、专家评委共同打分，选拔出优秀的视频，参加最后的决赛。学生登讲台的形式，使学生由被动的“听”变为主动的“讲”，由被动的灌输式学习转变为主动的研究性学习，这有助于激发学生主动参与思想政治理论课教学过程的热情。

因此，不同授课主体登上讲台，形成“1+N”多授课主体，让思想政治理论课变得更有新意，更受学生欢迎。

（3）教学方法有创新。在传统教学模式的基础上，创新“一用、二进、三结合”的教学方法。

“一用”，即教师运用新媒体、新技术对教学活动进行创造性设计，把信息技术和思想政治理论课教学内容相结合，利用多种移动软件开展教学，使教学的表现形式更加形象化、视觉化，学生主动参与感增强。

“二进”，即根据高职学生动手能力强的特点，不局限于传统课堂，可以转变思想政治理论课的授课地点。比如，带学生进入实训场地讲职业道德，使学生能更接地气地感受到工匠精神的重要价值；也可以带学生进入思想政治理论课的实训VR（虚拟现实）体验馆和实践馆，通过虚拟技术和实践体验，使学生身临其境地感受中华民族优秀传统文化的魅力；还可以把思想政治理论课带进学生社团，一方面给学生讲中国近代史、马克思主义基本原理相关知识，另一方面组织学生参观各种展馆、去“一带一路”沿线地区参观学习，实地感受中华人民共和国成立70多年国家的飞速发展，并指导学生进宿舍、进食堂、进社区进行宣讲。

“三结合”，即结合专业特色、结合学生特长、结合地方特色文化。比如，给新能源专业的学生上课，可以组织学生拍摄环保类的微视频，增强学生保护环境的意识；园林专业的学生擅长绘画，可以组织学生开展“学习习近平总书记给青年的寄语”书画展，使思想政治教育更有创意；可以结合地方特色文化开展思想政治教育，把津门优秀传统文化发展的历史融入思想政治理论课中，增强学生学习的兴趣，达到以文化人、以文育人、以文培元的目的，从而引领学生坚定文化自信。

（三）“活”，即教学案例够鲜活、实践方式够活跃、考核评价够灵活

（1）教学案例够鲜活。在教学案例的选择上，用“接地气”的案例，诠释“高大上”的理论，使学生能够读懂弄通深刻的理论内容。比如，在讲授职业道德时，要引导学生传承工匠精神，可采用大量鲜活的真实的教学案例，如成功登顶珠穆朗玛峰的中国测量队、中国造“复兴号”动车、《大国工匠》中的八位匠人的事迹、时代楷模事迹、高职学生参加全国技能大赛和世界技能大赛的事迹等，提高课程内容的可信度，从而引发学生共鸣。

（2）实践方式够活跃。以基础课程教材为例，可以把每一章作为一个模块，设置相应的实践教学内容（表1）。通过这些多样化的实践内容，使思想政治理论课真正“活”起来。

表1　实践教学设计内容

序号	章节	设计内容	教学效果
1	第一章 人生的青春之问	针对不同的人生观，设计辩论赛	帮助大学一年级新生树立正确的人生观，使其建立自信
2	第二章 坚定理想信念	制订个人三年在校的学习生活计划	引导学生思考今后的职业生涯规划
3	第三章 弘扬中国精神	播放爱国影片中的一个片段，组织学生拍摄微电影	激发学生爱国主义情怀，做一名忠诚的爱国者
4	第四章 践行社会主义核心价值观	做一件践行社会主义核心价值观的事情	提高学生践行社会主义核心价值观的能力
5	第五章 明大德守公德严私德	围绕“道德”话题，布置情景剧任务	培养学生自觉学习道德模范，弘扬志愿服务精神
6	第六章 尊法学法守法用法	开设模拟法庭、法律讲堂等活动	增强学生法律意识

（3）考核评价够灵活。高职思想政治理论课的考核评价更侧重于日常表

现和学生的综合职业素养的培育。把过程考核和期末考核相结合，在评价中既有教师评价，又有学生互评；既有理论考核，又有实践考核，最终使学生把所学理论内化为个人的品质素养，外化为实际的行为举动，从而达到知行合一。

（四）“广”，即资源共享信息广、对外交流影响广、特色品牌示范广

（1）资源共享信息广。依托各地方院校形成的思想政治理论课研究机构实现思想政治理论课资源共享。比如，天津市有高职院校思政课协同创新中心，可以实现思想政治理论课优质教学资源的共建共享，打造广泛的信息化交流平台，使思想政治理论课教师获得信息的渠道更为畅通。

（2）对外交流影响广。借助全国高职高专院校思想政治理论课建设联盟实现全国范围的学习交流。比如，全国高职高专院校思想政治理论课建设联盟每年组织的各类骨干教师培训、年会及联盟的网站，可以促使全国的思想政治理论课教师对外交流影响力不断扩大。

（3）特色品牌示范广。发挥大赛的作用实现高职思想政治理论课特色品牌。比如，全国职业院校技能大赛教学能力比赛，为高职院校思想政治理论课教师提供形成自己特色品牌的机会，打造更多的精品课程，在全国同类院校达到引领示范的作用。

四、高职院校思想政治理论课改革建设的几点思考

基于高职院校思想政治理论课“精、新、活、广”的特色，笔者对高职院校思想政治理论课改革建设有几点思考。在新时代背景下，高职院校思想政治理论课要紧跟时代发展需要，以习近平新时代中国特色社会主义思想为指导，以弘扬社会主义核心价值观为根本，以传承劳模精神和工匠精神为抓手，推进课程改革建设。

因此，高职院校思想政治理论课应紧紧围绕“精准把握高职院校大学生特点、实现由教师话语向学生话语的新转变、开展灵活多样的实践教学、加强高职院校间思想政治理论课建设的广泛协同发展”这四个方面进一步开展思想政治理论课改革建设。

参考文献

［1］韩光道．新形势下高职院校思政课教学与建设之判析［J］．思想理论教育导刊，2017（9）：85-87．

［2］储水江．抓住关键 打赢提高思政课质量的攻坚战［J］．思想理论教育导刊，2017（9）：91-93．

［3］鲁继平．新时代高职思政课考核评价模式创新探究［J］．教育与职业，2019（3）：108-112．

［4］龙屏风．高职思政课教材体系转向教学体系的行动研究［J］．职业技术教育，2017，38（29）：49-53．

［5］肖长城．新形势下高职院校思政课特色及教学创新研究［J］．智库时代，2019（46）：208-209．

高职院校思想政治工作与思政课教学相互关系探析

邓敬雷*

摘　要：本文对高职院校思想政治理论课（以下简称“思政课”）教学存在问题进行详细的分析，深入探讨思想政治工作与思政课教学的关系，强调将思想政治工作与思政课教学两个方面有机结合，将思政课教学融入学校思想政治工作中，通过加强思想政治工作对思政课教学进行促进和改善，着力解决思想政治工作与思政课教学中的弊端和问题，加强和改进思想政治工作与思政课教学。

关键词：思政课教学　思想政治工作　高职院校

党的十八大以来，在以习近平同志为核心的党中央的领导下，学校思想政治教育和思政课建设取得显著成就。在学校思想政治理论课教师座谈会上，习近平总书记从党和国家事业发展全局出发，强调了党的领导对做好教育工作、思想政治工作的重要性，提出了加强党对思政课建设领导的明确要求，为新时代全面贯彻党的教育方针、办好思政课作出了重要部署、明确了工作任务。

思想政治工作是学校各项工作的生命线，思政课是落实立德树人根本任务的关键课程。要着力解决好培养什么人、怎样培养人、为谁培养人这个根本问题，就要把思政课教学和思想政治工作紧密结合，确保用科学理论培养人、用正确思想引导人，培养好德智体美劳全面发展的社会主义建设者和接班人。

必须加强党对思政课建设的领导，把习近平总书记对各级党委、学校党

* 邓敬雷：广东开放大学马克思主义学院副教授。1996年毕业于中共中央党校，中共党史专业，毛泽东思想研究方向，法学博士，主讲“思想道德修养与法律基础”课程。发表《人类命运共同体思想与马克思主义中国化》等若干学术论文。

委提出的明确要求落到实处，要坚持政治性和学理性相统一、价值性和知识性相统一、建设性和批判性相统一、理论性和实践性相统一、统一性和多样性相统一、主导性和主体性相统一、灌输性和启发性相统一、显性教育和隐性教育相统一，把思政课建设摆上重要议程，抓住制约思政课建设的突出问题，在工作格局、队伍建设、支持保障等方面采取有效措施，建立学校党委统一领导、党政齐抓共管、有关部门各负其责、全校协同配合的工作格局，把从严管理和科学治理结合起来，解决好思想政治工作和思政课相互配合的问题，统筹推进思政课一体化建设，推动形成学校各方面共同努力办好思政课、教师认真讲好思政课、学生积极学好思政课的良好局面。

一、改变思想政治工作与思政课教学相互分离的状态

部分高职院校思想政治工作和思政课教学长期以来没有步调一致，形成合力，一直实行孤军作战的单一模式，对学生行为表现中存在的问题和现象及思想意识上出现的新动向、新变化缺乏了解与解决措施，一味遵循上级领导和学校领导的意愿及要求，导致在一定程度上存在“两张皮”的现象，甚至各自为政，滋生官僚主义和形式主义。

（一）思政课程没有得到应有的重视

在市场经济发展过程中，功利主义倾向和拜金主义、追求物质享受等不良社会风气，影响了学生对思政课的学习态度，有些学生仍然没有意识到思政课学习对提升自身综合素质的重要作用，错误地认为思政课是务虚的东西，没有什么实际用处，对增长本领与技能关系不大，与专业能力的培养无关，与毕业后的就业关系也不大，把思政课当成可有可无的课程，只重视专业知识和技能，将大部分时间应用在知识学习和技能培训上。

有些学校认为衡量办学优劣的重要标准是专业建设、学科建设、科研发展，注重专业发展、办学特色，把主要财力和精力都放在专业教学与研究上，对学生的思想政治素质的培养关注不够，对改进和加强思想政治工作重视不够，减少思想政治理论教学课时，认为慕课等互联网教学形式可以成为高校思想政治课教学的主流，不注重教学的实际效果和质量，致使思政课程边缘化。

高职院校学生大多存在文化基础不扎实、学习能力不强、学习习惯不良及学习方法不正确等共性问题。思政课程从初中开设到大学，有的学生对教

学内容缺乏新鲜感，缺乏学习兴趣，投入精力与时间不够，影响了学习的效果。有的学生上课只是为了应付考核，课堂上玩手机、打游戏、睡觉、聊天，个别学生甚至长期旷课，学习态度差，有排斥和抵触情绪，只想打发时间敷衍了事，对坚持原则和认真负责的任课教师非常反感，一旦“触犯”自己，即通过学校教务系统的渠道投诉，发泄不满。有的学生只在考试周临近时对付一下，及格通过考试即可，考试完成后全部遗忘，没有真正学习到知识，不能体会学习思政课的意义和作用。

（二）教学方法没有奏效

思政课程是提升学生思想政治素质的主阵地，有的思政课教师却没有把学生作为接受教育的对象，而是拘泥于陈旧不变的教学思维与教学方式，一直沿袭单一讲授的教学模式，根据书本上的内容，采用“填鸭式”方法，对学生进行“满堂灌”，对着教材或者PPT照本宣科，只要课件做得漂亮，完成教学任务即可，甚至只要准时站在讲台上讲课即可，唱独角戏，不管学生听不听，不得罪学生。课程成绩考核也比较随意简单，考试题目教科书上都有现成答案，开卷考试，人人过关，皆大欢喜。

这种注重表面形式而不注重实际效果的课堂教学，脱离了学生思想和行为的实际状况，以抽象空洞的理论传授、灌输为主，不注重对现实生活中政治环境、经济环境、文化环境的分析，对学生在教学过程中的心理和态度缺乏深入分析与了解，没有发挥思想政治工作和思政课教学相辅相成、相互促进的优势与作用，不能够认真组织教学，在课堂教学中带动和感染学生，教学氛围沉闷、乏味，学生没有参与教学的主动性和积极性，没有学习兴趣，学习效率较低，教学效果差，不能真正产生有益的效果，不能满足党和国家对学生全面发展的要求与希望。

思政课程通常采取大合堂、大班制的教学方式。这种教学方式使教师教学的对象过多，很难了解学生，很难提高教学的针对性，很难对学生进行管理，影响了教学的效果，增加了教学的难度。

有的思政课教师认为自己只是公共课教师，在学校地位不高，与其他专业教师相比，难以在专业建设、科学研究等方面取得成果，进取心、事业心和责任心不强，缺乏积极进行学术研究、改进教学的内在动力和压力，知识储备有限、知识结构老化、教学方式单一、价值观念和思想意识滞后。

（三）思想政治工作没到位

学校思想政治工作的根本作用在于灵活运用马克思主义的立场、观点和方法来影响人、引导人、感化人与改造人。要使学生不但对思政课所学的理论深信不疑，而且在日常生活实践中身体力行，不能搞形式主义，而不注重实效。不能热衷于开会、发文件、搞评比检查等表面文章，热衷于搞相关课题、荣誉、奖项等的评比，自说自话，自娱自乐，自我感觉良好。不能只知道用会议落实会议、用文件传达文件，至于如何具体实施，采取什么得力措施，怎么督促落实，却很少过问。

由于思想僵化、思路封闭，以及单位、部门乃至个人利益等原因，有的学校认为思政课就是思政课教师的事情，不重视甚至非常反感思政课教师提出的建设性的意见、建议，不愿直面自身存在的问题，更不愿积极、主动去改正自身存在的问题，把指出思想政治工作中存在的问题的言论指责为行为怪异和心态不好，认为发出这些言论的人是揭自己的短处，否定自己的工作，跟自己过不去，对教学一线思政课教师关心不够，对思政课存在的困难和障碍不闻不问，对严重违反校纪校规的学生不处理，工作脱离学校现实、脱离学生实际。表面上热热闹闹，实际上空空如也！

有的学校为应付检查，发布一些对学生言行起不到约束力的规章制度；为扩大声势，组织学生参加五花八门的活动；为体现成果，收集不少学生摆拍素材，标语口号遍布校园，把获得奖项和荣誉作为衡量思想政治工作成绩的标准，注重做表面文章，不解决实际问题，形式远远大于内容，背离了思想政治工作必须在平时和细微之处下功夫的规律特点，没有给予思政课教学应有的支持和配合，只是轰轰烈烈走过场，实际效果大打折扣，微乎其微。

（四）对教学对象和工作对象缺乏了解

思想政治工作和思政课教学的共同对象是在校学生。当下个别大学生思想意识存在一定的问题，受现实主义和个人主义风气影响，没有人生理想和目标，缺乏正确的世界观、人生观和价值观。学生在校应该认真学习，接受文化和思想两方面的教育，而不是浪费光阴，虚度年华。“课堂是用来睡觉的、网吧是用来通宵的、上课是可以不听的、笔记是从来不写的、作业是通常不交的、考试肯定是不过的”，这是个别学生的真实写照。还有的学生平素缺乏对学习和工作的热情，但是为了毕业以后方便找工作或获得其他利益，想加入党组织，入党动机不纯洁。在思政课学习方面表现很差的学生，是不具备入党的资格和条件的。

现在部分学生是独生子女，有的虽然已经是成年人，但是从家庭的温室中和父母的庇护下走出来的他们心理还十分幼稚，不成熟但个性十足，我行我素，随心所欲，追求所谓的自由，不愿意受到规矩的约束，不遵守行为规范，一味地放纵自己，要求得到他人的尊敬，却完全不尊重别人，不会理性思考和解决问题，缺乏吃苦耐劳的品质，缺乏社会责任感，自私自利，做事情以自我为中心，不考虑其他人的感受。

在思政课上学生违纪违规现象时有发生！有的学校对教师的严苛与对学生的宽松，对教师的硬约束与对学生的软约束，形成强烈反差。有的学校对学生动辄状告教师大开方便之门，甚至拿学生的错误处罚和否定教师，使教育者与被教育者颠倒错位，使教师对学生心存恐惧，导致学生上课无人管、不敢管。学校思想政治工作和思政课教学要取得实效，无法回避自身的工作对象，必须面对这个挑战，解决这个难题。

二、思政课教学是思想政治工作的重心

思政课是对学生开展马克思主义理论教育的主阵地，是提升大学生思想政治素质的主渠道。思想政治教育教学质量与效率的高低，决定着中国特色社会主义建设事业人才队伍素质的合格与否。思政课要将为社会主义建设事业培养合格接班人作为目标指向，改变单一孤立的教学模式，与思想政治工作紧密结合，根据学生的实际情况进行有针对性的教学，不断对教学内容与教学方向进行调整，保证教学的有效开展，提高学生学习能力与学习积极性，切实提升学生思想政治素质，促进其全面发展。

第一，要进一步明确思政课程对于培养社会主义国家合格人才的重要作用，加大对思政课程的支持力度，采取得力措施，加强师资队伍建设，改进和完善教学的方式方法，在制定教学规划、计划和课程体系构建上，要把思政课放到突出位置，放到与专业培养并重的地位，配备和调配优质的教育教学资源，保证课程实施的时间、空间、环境和条件。要把思政课教学有效融入专业教学、学生管理、社团活动、文化建设、社会实践的各个环节，真正营造大思政格局。

要通过扎实有效的思想政治工作使学生意识到思政课的重要意义与作用，如开展思政课重要性教育的讲座、组织思政知识辩论赛、利用学校广播或者安排社团活动进行宣传教育等。思政课必须高标准、严要求，学生上思政课要更加严格遵守学校规章制度，不能违反课堂纪律。还要改变成绩考核方式，

采取全过程考核与闭卷考核相结合的方式，提高学生对思政课学习的重视程度。

第二，思政课要建立健全科学合理的教学评价机制，让学生在学习中完成自我评价和自我完善，形成良性的互动机制，要根据学生的实际学习情况对症下药，有的放矢，将理论和实践紧密结合起来，让学生在学习和实际行动中认识思政课的重要性，培养课堂学习的兴趣和付诸行动的积极性，最终提升学生的思想政治素质。

思政课专业教师要积极主动开展和参与思想政治工作，改变很少开展思想政治工作、不承担这方面的任务也不接受这方面的考核评价的状况。要在抓好课堂教学的基础上，把日常思想政治工作纳入其中，如指导学生社团组织围绕教学目标开展丰富多彩的活动、帮助学生联系和创立思政课实践基地、组织学生开展社会实践活动并形成活动报告等。教师既要在课堂上向学生讲述思想政治理论，还要教书育人，当好学生的人生导师，忠于职守，坚持原则，坚守底线，敢于碰硬，不能因为害怕得罪学生招来差评和报复，对学生违反校纪校规的不恰当行为和课堂上的散漫现象视而不见、坐视不管、放任自流，丧失作为思政课教师应当具备的职业操守和责任担当。要通过自身的认真负责和大胆作为，不断提升思政课教学的针对性和实效性，实现思政课教学目的和意义。

第三，思政课教学要在学校思想政治工作大力支持和配合下，对教学模式、教学方法进行合理创新和改革，解决教学方法陈旧落后的痼疾，思政课教学主要在课堂进行，但不能拘泥于课堂，要突破课堂教学的局限性，同学校思想政治工作紧密结合，使课堂内外相互延伸，把思政课教学融入学校思想政治工作的各阶段、各部分、各环节，增强与学校思想政治工作之间的交流与互动，构建起多主体积极参与、互动的开放式、立体化思政课教学的局面。

思政课教学要积极探索和发现新的教学方法，如案例教学法、体验教学法、互动教学法等，充分发挥学生学习的积极性、主动性，提高学生的实践能力与综合能力。运用趣味教学法将知识形象化、生动化，使学生产生学习兴趣。思政课理论性较强，比较抽象，学生容易感觉空虚、枯燥和乏味，教师可以利用多媒体技术，添加图片、案例、故事等将相关内容形象化、生动化，还可以在课堂上以小组为单位进行比赛，调动学生的参与性与主动性，提高学生的学习效率，提升思政课教学的质量。

第四，要加强对学生思想政治情况的调查和分析，充分掌握学生学习思政课的现状，制定有针对性的方式方法开展课程教学。要深入分析和研究教学中存在的问题与困难，拿出解决的具体对策和举措，要耐心细致地做好学生的思想政治工作，要严明纪律，对长期旷课和有其他严重违反校纪校规行为的学生不能视而不见，要严肃批评教育，要有处罚措施，努力提倡和创造学生学习思政课的良好校风与班风。

要加强组织架构的建设，如成立思想政治理论课教学管理委员会，由高校主要负责人任主任，分管负责人任副主任，各院系党组织书记、主管思想政治课教学的部门负责人、思想政治教学研究部门负责人等担任理事，广泛吸纳思想政治专职教师、班级辅导员等学校思想政治工作相关人员任委员。委员会制定章程和议事规则，定期研究教学改革，定期进行教学交流，鼓励教学研究并制订考核计划，推动思政课教学改革制度化，有利于教学资源的配备和改革难题的解决。还要有效融入先进的育人理念，要体现思政课的实践性，拓宽学生学习渠道，使思政课教学的时间、空间得到拓展。要对校内思想政治工作资源与思政课教学资源进行有机整合，加强二者合作，形成育人合力。

三、思想政治工作是思政课教学的保障

学校思想政治工作要突破传统习惯的制约和桎梏，积极探索具有科学性和实效性的工作模式，形成与思政课教学相互配套和相互支持的合理体系，从各自为战到不断加强交流与互动，不断调动学生学习思政课的主观能动性，使思想政治工作和思政课教学具有更强的实际效果，最终达到逐渐提升学生的思想政治觉悟和水平的共同目的。

第一，思想政治工作要结合思政课理论，紧密联系学校与学生实际，把思政课的教学内容渗透到学生日常学习和生活的各个环节，使学生在实际行动中体现和践行思政课教学成果，使思政课教学内容丰富充实，落地生根。这也是检验思想政治工作成效的重要标准。

广义上的思政课教学分为课堂内和课堂外两个部分。课堂内是基础，在课堂教学环节，要认真组织教学。课堂外是学校的思想政治工作，是课堂教学的拓展与延伸，也是实践和检验课堂内所学理论知识的主要渠道。课堂外的思想政治工作要把思想政治理论、道德法律教育等内容贯穿其中，通过大学生社团活动、社会实践、文化活动、党团活动等丰富多彩的形式，增强思政课教学的生动性和趣味性，要引导和动员学生广泛参与、积极参与，有针

对性地开展各类实践性活动，让学生对所学理论知识加深印象、深入理解，内化融入其世界观、人生观和价值观的培养过程，使其综合素质真正得到提高。

第二，学校思想政治工作一定要实事求是，从学生全面成长的角度来审视和调整工作思路，从学生的实际状况出发调整工作方式方法，要把提升学生的思想政治素质和实现全面发展当成努力方向和指导思想，积极探索推动和促进高职思政课程教学的有效策略，坚定支持和积极配合思政课教学，为思政课教学顺利开展保驾护航，营造良好环境。

思想政治工作的主体力量，包括辅导员、团组织、党组织、学生管理部门、行政领导干部和其他专业教师在内，都要纳入广义的思政课教学中来，紧紧结合学生的思想状况、政治素质、身心健康发展和社会发展需要等因素，从不同方面发挥他们在思政课教学中的作用，努力构建起全校性的思想政治教育教学体系。兼职思政课教师主要从他们当中聘请，让他们走进思政课堂，根据思想政治工作的要求对学生开展思政课教学。

第三，思想政治工作要充分了解和掌握学生的真实情况，分析学生在学习中存在的不足之处，根据学生在学习表现中存在的突出问题，有的放矢地帮助和教育学生。彻底改变学生上课玩手机、打游戏、睡觉、聊天、迟到、早退、旷课、吃零食等不良习惯和风气。要求学生明辨是非，树立社会主义荣辱观，严格遵守大学生行为规范，把思想政治理论与日常生活实践结合起来，落实到具体行动当中，落实到细节中，知行合一，切忌喊口号、放空炮、说假话，切忌说一套、做一套；从我做起，从点点滴滴做起，态度鲜明地鼓励和支持思政课教师大胆负责，理直气壮地抓课堂纪律，促使思政课教学能够发挥真正的价值和作用。

要根据思政课教学中存在的问题，对学校思想政治工作目标、体系、制度、内容、理念、方法等进行理论和实践的改革创新，着力提高思想政治工作的针对性和实效性，敢于碰硬，敢抓敢管，敢于得罪人。不能对学生存在的问题视而不见，不能成天关起门来开会，传达上级指示和学习文件，做报告和听报告，不能自娱自乐、自说自话，更不能自欺欺人，不能为了迎合讨好学生放弃原则和要求，不能让思政课教师孤军作战、孤立无援，应改变思想政治工作与思政课不搭界、存在“两张皮”的现象。一些党团组织的干部和辅导员，思想政治工作经验较欠缺，不愿意、无能力开展有效的思想政治工作，不能在学生上好思政课方面发挥应有的作用，需要加强专门培训。

总而言之，思政课专职教师和兼职教师与学校思想政治工作者要从学校和学生的实际情况与特点出发，紧紧围绕培养学生政治观念、思想观念、道德观念、价值理念和法律观念的目标，把思政课教学和学校思想政治工作紧密结合在一起，对原先单一孤立的思政课教学模式进行创新改革，充分调动两方面的力量，集中优质的教育教学资源，构建科学的教育教学机制，相互配合，相互支持，守土有责，齐抓共管，实现一体化，有效地解决高职学生思政课教学的困境和难题，更好地提高高职院校思政课教学质量，促进学生身心健康发展，提升学生综合素质，培养理想合格人才。

参考文献

［1］习近平．主持召开学校思想政治理论课教师座谈会强调：用新时代中国特色社会主义思想铸魂育人　贯彻党的教育方针落实立德树人根本任务［N］．人民日报，2019-03-19（1）．

［2］习近平．在全国教育大会上强调：坚持中国特色社会主义教育发展道路　培养德智体美劳全面发展的社会主义建设者和接班人［N］．人民日报，2018-09-11（1）．

［3］习近平．做党和人民满意的好老师——同北京师范大学师生代表座谈时的讲话［N］．人民日报，2014-09-10（2）．

［4］李呈，陈旻．习近平新时代青年思想政治教育论述初探［J］．决策探索（下），2018（7）：6-8．

高职院校思政课教师角色困惑及重塑研究*

许永莉　刘仲全**

摘　要： 高职院校的办学理念以就业为导向，故在高职院校的教育教学工作中，一切工作的开展都围绕增强学生的就业本领，注重对学生就业有帮助的外显工作的开展。而思想政治理论课（以下简称“思政课”）教师对学生的政治引领、品德塑造、道德培育、法治教育上具有潜在性，无法达到立竿见影的效果，故存在着被边缘化的情况，导致思政课教师产生角色困惑。在培养时代新人的重任前，思政课教师应该以习近平总书记在学校思想政治理论课教师座谈会上对思政课教师提出的“六个要”为指引，实现角色重塑，成为“两个维护”模范的践行者，马克思主义理论有效的传播者，党的路线方针政策积极的捍卫者，学生成功的塑造者。

关键词： 思政课教师　角色困惑　重塑

高校思想政治工作关系高校培养什么样的人、如何培养人以及为谁培养人这一根本问题。思政课是对大学生思想观念、价值取向、精神风貌产生有效影响，对青年大学生进行灵魂塑造的主渠道、主阵地。党的十八大以来，学校思想政治工作受到党和政府的空前重视，2016年12月召开了全国高校思想政治工作会议，2017年12月教育部出台了《高校思想政治工作质量提升工程实施纲要》，2019年3月习近平主持召开学校思想政治理论课教师座

* 本文是2018年重庆市教育委员会人文社会科学研究一般课题（课题编号：18SKSZ059）、2017年重庆市教育委员会人文社会科学研究一般课题（课题编号：17SKS045）阶段性研究成果。

** 许永莉：重庆城市职业学院马克思主义学院副院长，副教授。2001年毕业于重庆师范大学思想政治教育专业，研究方向：思想政治教育教学与管理、习近平新时代中国特色社会主义思想。主讲课程：“毛泽东思想与中国特色社会主义理论体系概论”“思想道德修养与法律基础”“形势与政策”。主要学术成就：发表论文近20篇，其中核心3篇；主持市级课题1个，校级课题3个；参研市级课题2个，校级课题4个。

谈会，2019年8月中共中央办公厅、国务院办公厅印发《关于深化新时代学校思想政治理论课改革创新的若干意见》，解决了思政课教什么、谁来教、为谁教的问题。2016年以来对重庆部分高职院校思政课教师进行访谈，一些高职院校思政课程的开设，虽然表面上也是以教育部及上级教育主管部门的文件作为开课依据，实际上却没有深刻认识和领悟到思政课在对学生进行政治引领、品格塑造、道德培育及法治教育等方面的重要作用，自然也就无法真正理解“立德树人”的深刻内涵，从而只是被动地或打折扣地落实上级文件。

一、高职院校思政课教师的角色困惑

（一）思政课程被继续边缘化

一些学校在制订人才培养方案时，以片面强调专业建设为指导思想，甚至有的学校并没有深入细致地去调研和分析论证专业课设置的科学性，只是简单地增加专业课程。当总课时超出教育部要求的课时上限时，思政课往往就会被不同程度地压缩。在教育主管部门加强思政课程建设监督的情况下，部分高职院校特别是民办院校也通过继续坚持开设近似大班的教学，或者把思政课排在周末或晚上，变相地不重视思政课。仍然存在“说起来重要，做起来次要，忙起来不要”的现象，面对上级的检查和监督，仍然是以文件落实文件，在人员配置、经费保障、课时安排上缺少真正落实。

（1）课程地位与课程运行不匹配。思政课程对学生理想信念的树立、道德品格的塑造、健康心理的培育、法治思维的培养等方面都发挥着重要作用，是对学生进行思想政治教育的主渠道、主阵地。然而运行思政课程时，由于人员、资源的短缺，往往采取合班制，根据排完专业课程所剩的时间段去安排可用的教室，根据教室的容纳量，结合自然班级的人数再拼凑班级形成组合上课班级。完全不考虑学生之间的文理科及系部思想状况差异的特点，这给思政课程的针对性教学、靶向性教学带来了难度，教学效果自然也会受到影响。

（2）课程定位与作用发挥不匹配。习近平总书记在学校思想政治理论课教师座谈会上说：“思想政治理论课是落实立德树人根本任务的关键课程。”可是，一些高职院校一方面仍然认为思政课程就是上级要求开设的课程，只是执行文件要求而已；另一方面还将其视为一个大框，凡是涉及学生思想政治教育的一切内容都往里装，以期达到“一本万利”的效果。由于一直以来形成的畸形认知，把思政课与学生工作战线的工作扯成“两张皮”，各吹各的号，各弹各的调，没有发挥协同作用，直接和间接地影响了思政课程作用的发挥。另外，一些学校不去系统思考学生教育是一项系统工程，是十大育人体系共同作用的结果，学生出现了任何状况都会质疑思政课程的上课效果，认为思政课程没有发挥作用。这就是典型的安排部署不重视、出现问题只要结果的做法，势必影响思政课程在高校作用的发挥。

（二）思政课教师被继续边缘化

（1）角色定位与角色地位不匹配。思政课教师承担的重任是要用新时代中国特色社会主义思想教育引导学生，铸魂育人，然而思政课程被边缘化，思政课教师自然也被边缘化。有的学校领导认为开设思政课就是为了应付上级检查，做到保证课程开够，至于安排什么样的人来承担这些课程教学就随心所欲了。把所学专业不符合学院专业需要的人安排到思政课程的教学上来，冲抵课时，认为谁都可以上思政课，这不仅影响了思政课教学质量，也背离了党中央对思政课程赋予的使命，还使思政课教师的自尊心深深受到伤害。至于思政课教师的继续教育、培训、交流等经费保障也是依靠文件被动地落实上级要求，而非主动考虑思政课教师实质性发展需要，比如有些培训项目并不真正适合思政课教师，或者有些培训项目适合思政课教师，但学校并不积极支持等。在对教师进行假期行业锻炼安排上，学校相关部门不用心去建设平台或找路子进行合理安排，而是要求教师自己联系锻炼单位，且时间的认定上设置了上限，只有专业教师的1/4，但在职称评定时又要求达到教育部的5年半企业行业锻炼经历，这让思政课教师很明显地感受到被学校不公平对待。

（2）实际付出与成就感不匹配。高职学生由于理论水平和思维水平相对较弱，而理论性强又是思政课的一大特点，高职院校思政课教师为了担负起大学生健康成长成才的使命，就不得不为了增加学生的抬头率和点头率而使出浑身解数。此外，高职院校思政课教师普遍教学工作量大，加上事务性的工作较多，思政课教师综合素质要求高并且还需要与时俱进，这些都要求思政治课教师不得不马不停蹄地努力。可是，塑造人才是一个复杂而又漫长的过程，见效慢且短期内效果不明显。思政课教师对学生的培养不可能通过几节思政课就能够快速实现提高思想政治素养的目标，并且学生的思想政治状况、品德修养及法治意识的提升都不是明显就看得见的，具有内敛性质。学生素质高低只有通过一定的事件进行评判，如果不面临个人得与失的选择和取舍、法与理的较量和抉择、德与法的考量和角逐，就无法对学生进行评价，思政课程对学生的影响有些甚至会在若干年后才能显现其作用。如果一直处于这种状态中，也会导致思政课教师产生心理上的不自信，加上学校对思政课教师的评价也是追求短平快，会导致思政课教师缺乏成就感。

二、高职院校思政课教师的角色重塑

习近平强调："我国高等教育肩负着培养德智体美全面发展的社会主义事业建设者和接班人的重大任务，必须坚持正确政治方向。"思政课教学守正的关键就是要坚持正确政治方向，始终坚守思政课教学的价值追求。思政课教师要肩负起青年大学生第一课第一师的责任，培育能够担当民族复兴大任的时代新人。习近平强调："要坚持不懈传播马克思主义理论，抓好马克思主义理论教育，为学生一生成长奠定科学的思想基础。要坚持不懈培育和弘扬社会主义核心价值观，引导广大师生做社会主义核心价值观的坚定信仰者、积极传播者、模范践行者。"思政课教师理应以习近平对思政课教师的"六个要"为指引，苦练自己的内功，讲好中国故事，站稳讲台，讲清楚"马克思为什么行，中国共产党为什么能，社会主义制度为什么好"，成为"两个维护"模范的践行者，马克思主义理论有效的传播者，党的路线方针政策积极的捍卫者，学生成功的塑造者。

（一）模范的践行者

思政课教师对青年大学生的价值引领不是一句空话，教师传授了不等于学生就一定能够接受，学生听见了不等于真正听懂了。只有使青年大学生在情感上有了认同才能达到共鸣，只有使他们动心才能使他们动容。教师只有身体力行，才能对大学生起到示范引导作用。因此，思政课教师应该是"两个维护"的模范遵守者和积极践行者，是党的路线方针政策坚定的支持者、拥护者、宣讲者。对于"五位一体"布局方面的热点问题，如科技创新、精准扶贫、乡村振兴、生态环境保护等，思政课教师要找准自己的政治站位，用渊博的学识、广阔的视野，从学者、观察员、评论员的不同角度，充分运用马克思主义的立场、观点、方法去认识问题和分析问题，从理论上为学生讲清、讲透，帮助青年大学生正确看待改革进程中的问题，充分认识到共产党人不忘初心和使命，领导全国人民实现中华民族伟大复兴中国梦的决心和勇气。思政课教师应模范地支持和拥护党中央的一切决策与部署，做执行党的路线方针政策的积极践行者。

（二）有效的传播者

高校培养的是共产党执政的坚定拥护者，党的事业建设者和接班人。高校思政课是对学生进行思想政治教育的主渠道和主阵地，思政课是青年大学生第一课，思政课教师就是第一师，育人的过程也是思政课教师自育的过程。要肩负起马克思主义理论传播的责任，只有苦练内功才能真正讲好中国故事，只有感同身受才能感动他人。思政课教师应在增强理论的解释力、说服力上下功夫，从青年大学生熟悉的生活情境出发，挖掘其喜爱的教育元素，运用其乐于接受的方式提供更多观察与体悟的机会，就可以不断提升其认识问题、分析问题和解决问题的能力，进而实现理论知识与实践能力同步提升，使思政课教学更有情怀、更有温度，有效地传播党的路线方针政策，真正培养出能够担当民族复兴大任的时代新人。

（三）积极的捍卫者

面对多元化的价值取向，思政课教师应始终以社会主义核心价值观为指导，充满正能量，拥有良好的道德素质，做到明大德、守公德、严私德。应充分利用课堂这个主渠道、主阵地，当面对歪曲历史事实、污蔑党的路线方针政策、丑化恶搞英烈等网络舆情时，自觉提高觉悟，引导青年大学生坚决捍卫中华民族历史事实，执行党的路线方针政策，维护英雄烈士尊严。应不断加强学习，掌握信息化教学手段，从课堂“面对面”教学转向新媒体“键对键”教学，能够运用“两微一端”对学生进行正确的引导，充分发挥新媒体的正向功能，不造谣、不信谣、不传谣。面对各种网络舆情能够做到清醒而理智地对待，并能够与不当言论甚至错误言论作斗争，做一名正义的捍卫者。

（四）成功的塑造者

德国哲学家雅斯贝尔斯关于教育的论述：“教育的本质意味着，一棵树摇动另一棵树，一朵云推动另一朵云，一个灵魂唤醒另一个灵魂。”好的教育是有灵魂的教育，育有灵魂的人。思政课教师就是在做塑造学生灵魂的工程，达到“三观正心，信念铸魂”。不但要教会学生外在的知识，更要挖掘他们内在的潜能，激发学生进行自我教育，积极主动地去认识世界和改造世界，在社会中体现自己的个人价值和社会价值，达到两者的统一，才算得上真正的教育。思政课教师应首先扮演好自己的社会角色，摆正心态。良好的心态决定了一个人的生活质量和水平，也决定了获取幸福的能力。做到公平、公道、公正，自觉地把个人利益放在集体利益和国家利益之后，在单位讲贡献值，在同事中讲团结友爱，对学生讲奉献。用自己的言行举止去引导和感染学生，要教会学生学会生活的能力、获得幸福的能力，培养人格健全的学生，为学生在社会生活的成功奠定坚实基础。

三、结语

思政课要充分发挥其育人的主渠道、主阵地作用，思政课教师责任重大。必须有一支“政治要强、情怀要深、思维要新、视野要广、自律要严、人格要正”的思政课教师队伍。只有这一批人怀揣理想信念，才可能给学生讲信仰；只有这一批人讲政治，才会给学生传递正确的政治立场和态度；只有这一批人有深厚的家国情怀，才会对学生有示范效应；只有这一批人有灵活的思维、广阔的视野，才会教会学生既要脚踏实地又要仰望星空；只有这一批人严格自律，才会对学生起榜样示范作用；只有这一批人人格高尚，才会对学生有人格感染。

参考文献

［1］习近平．在全国高校思想政治工作会议上强调：把思想政治工作贯穿教育教学全过程　开创我国高等教育事业发展新局面［N］．人民日报，2016-12-09（1）．

［2］习近平主持召开学校思想政治理论课教师座谈会强调：用新时代中国特色社会主义思想铸魂育人　贯彻党的教育方针落实立德树人根本任务［N］．人民日报，2019-03-19（1）．

新时代高校思政教师队伍铸魂育人的关键举措及能力提升

毛隆凤　徐　丹*

摘　要：加强新时代思政教师队伍建设，必须贯彻落实党对思政教师队伍建设总体部署和基本遵循，把握好思政教师铸魂育人的关键举措，即以德铸魂、以道铸魂、以知铸魂、以理铸魂、以情铸魂，还要激发思政教师内源性力量，实现“自我增能”：在自我丰盈上下功夫，明责厚情树德；在自我革新上求突破，革弊躬行；在自我提高上使力气，笃学善思精研，从而端正认知、培植情感、涵养修为、启迪智慧、增强本领，提升铸魂育人的能力。

关键词：思政教师队伍　铸魂育人　关键举措　能力提升

伟大时代呼唤伟大思想，伟大梦想需要一流人才；伟大思想厚植于伟大教育，一流人才培养于一流师资。“办好思想政治理论课关键在教师”，发挥思政教师队伍立德树人、铸魂育人的关键作用，既要落实党对新时代思政教师队伍建设总体部署和基本遵循，做好“外部赋能”；又要激发思政教师内源性力量，实现“自我增能”，提升铸魂育人的能力。

一、新时代思政教师队伍建设的基本遵循

习近平总书记立足于中国特色社会主义进入新时代的历史方位，立足于服务党和国家事业发展全局、实现民族复兴千秋大业的战略高度，深刻阐释了加强思政教师队伍建设的重要意义和基本要求，为建设一支适应时代发展

* 毛隆凤：重庆城市职业学院马克思主义学院讲师。2015年毕业于江西理工大学思想政治教育专业，硕士，研究方向：思想政治教育教学与管理、习近平新时代中国特色社会主义思想。主讲课程：“思想道德修养与法律基础”“毛泽东思想和中国特色社会主义理论体系概论”“形势与政策”“习近平新时代中国特色社会主义思想三十讲”。

需要、贯彻党的教育方针、落实立德树人任务的高质量思政教师队伍指明了正确方向、提供了重要遵循。

（一）时代意蕴："三个培养""六个下功夫""四个服务"

当前世界正面临"百年未有之大变局"，民族复兴大业"行百里者半九十"，国家发展正处于大有可为的历史机遇期，在伟大理论引领下育时代新人是最为紧要的时代课题，高校必须深入思考并切实解决好"培养什么人、怎样培养人、为谁培养人"这个教育根本问题。针对"培养什么人"这个出发点，习近平提出，"我们党立志于中华民族千秋伟业，必须培养一代又一代拥护中国共产党领导和我国社会主义制度、立志为中国特色社会主义事业奋斗终身的有用人才"。针对"怎样培养人"这个施力点，提出"六个下功夫"具体要求，即要在坚定理想信念、厚植爱国主义情怀、加强品德修养、增长知识见识、培养奋斗精神和增强综合素质上下功夫，努力构建德智体美劳全面发展的人才培养体系。针对"为谁培养人"这个落脚点，提出新时代社会主义大学"四个服务"办学方向，即"为人民服务，为中国共产党治国理政服务，为巩固和发展中国特色社会主义制度服务，为改革开放和社会主义现代化建设服务"。"三个培养"问题的背后，隐藏着"谁来培养人"的问题，质言之，思政教师队伍建设要始终围绕回答"三个培养"根本问题，始终依循新时代人才培养目标，以及"六个下功夫""四个服务"的时代要求。

（二）角色定位："筑梦人""四个引路人"

青年学生是实现民族复兴伟大梦想的主力军，新时代思政教师首先应是打造民族复兴"梦之队"的"筑梦人"，起着不可或缺的作用。首先，肩负"造梦"之职，引导学生坚定实现中华民族伟大复兴的信心，坚定中国特色社会主义必胜之决心，坚定"四个自信"，牢固树立"四个意识"，坚决做到"两个维护"。其次，肩负"固梦"之责，思政教师是学生思想防线的监察员和守门员，要守好学生思想的疆土，筑牢意识形态之篱，谨防各种别有用心的言论和极端错误的思潮淹灌自己的"责任田"。最后，肩负"追梦"之务，思政教师不仅是圆中国梦的中流砥柱，还要教育引导学生"把爱国情、强国志、报国行自觉融入坚持和发展中国特色社会主义事业、建设社会主义现代化强国、实现中华民族伟大复兴的奋斗之中"。为此，思政教师要充当好"四个引路人"角色，"做学生锤炼品格的引路人，做学生学习知识的引路人，做学生创新思维的引路人，做学生奉献祖国的引路人"。

（三）基本要求："四个统一""六个要"

2016年12月，习近平总书记在全国高校思想政治工作会议上强调："坚持教书和育人相统一，坚持言传和身教相统一，坚持潜心问道和关注社会相统一，坚持学术自由和学术规范相统一。""四个统一"要求的提出，不仅对深化师德师风建设指明了方向，而且对高校教师为人、执教、治学提供了重要遵循。针对思想政治理论课在整个教育事业中的战略性地位及思政教师队伍在铸魂育人中的关键性作用，2019年3月18日，习近平主持召开学校思想政治理论课教师座谈会，提出要发挥思政教师的积极性、主动性、创造性，进一步对思政教师队伍建设提出了更高要求——新时代思政教师必须具备六种素养：政治要强、情怀要深、思维要新、视野要广、自律要严、人格要正。

（四）建设目标："四有""三可三为"

如何建设一支高质量的新时代思政教师队伍？首先标准要明确。习近平在同北京师范大学师生代表座谈时谈到了新时代好老师的标准，他说好老师各有千秋、各显身手，但拥有共同的特质，那就是有理想信念、有道德情操、有扎实学识、有仁爱之心。"四有"好老师是对教师职业群体带有普适性和准入性的要求，是建设一流的思政教师队伍的题中应有之义。同时，在学校思想政治理论课教师座谈会上进一步对新时代思政教师培养"应然"标准进行了顶层设计，提出要致力于锻造一支可信、可敬、可靠，乐为、敢为、有为的高素质思政教师队伍。一方面，新时代思政教师必须政治上可信、品质上可敬、专业上可靠，是对思政教师的政治立场、职业忠诚、师德修养、业务素质方面的要求；另一方面，思政教师在教育教学中要积极作为、敢于实践、勇于担当，是对思政教师职业态度、精神风貌、创新能力、育人成效等方面的要求。

二、新时代思政教师队伍铸魂育人的关键举措

发挥思政教师铸魂育人作用，关键要找准发力点和着力点，如同点穴扎针般，将"学生需要什么"和"教师能给什么"精准对接，这也是思政教师能力素养提升的基本对标点。新时代思政教师铸魂育人的关键举措在于以德铸魂、以道铸魂、以知铸魂、以理铸魂和以情铸魂。

（一）以德铸魂——子率以正，先行后从

在高校育人体系中，不但包含课程育人、实践育人等“显性育人”渠道，还包含管理育人、服务育人、交往示范育人等“隐性育人”渠道。《论语》有言，“先行其言，而后从之”（《论语·为政篇》）；“其身正，不令而行；其身不正，虽令不从”“不能正其身，如正人何?”（《论语·子路》）。高校就像一张育人的网，每一位教职工都是这张网的织就者和维护者，其道德观念、道德情操、举止言谈对学生具有潜移默化的示范和教化作用。思政教师作为学生品德塑造和价值观养成的“第一师”，必须以“正身”为首要。一方面，以高尚的道德修养赢得学生发自内心的敬仰和爱戴，维护师道尊严，才能切实增强育人说服力。另一方面，用教师高洁的品性、严格的自律以身作则、言传身教，发挥表率示范引领作用。

（二）以道铸魂——恒信之师，人必信之

师者以传其道授其业解其惑为己任。所谓“传道”，就是传授人生大道，夯实学生信仰之基、引领人生正确航向。列宁曾言：“在任何学校里，最重要的是课程的思想政治方向。这个方向由什么来决定呢？完全而且只能由教学人员来决定。”教师的理想信念和政治立场对学生具有极强的示范性、感化性，甚至煽惑性。思想政治理论课是塑造“红色中国人”灵魂的课，继承红色血脉、坚定红色信仰、磨炼红色意志，需要一支武装到思想灵魂的信仰之师，让有信仰之人讲信仰，才能“立场鲜明”“理直气壮”。“传道”首先要“明道”，思政教师必须是理论上的“清醒者”、政治上的“明白人”；“传道”还需要“信道”，思政教师要做马克思主义的坚定信仰者、有力传播者和模范践行者；“传道”更需要“悟道”，悟其历史贡献、实践价值、世界意义，坚持守正创新。

（三）以知铸魂——积水不厚，难负大舟

“过去讲，要给学生一碗水，教师要有一桶水，现在看，这个要求已经不够了，应该是要有一潭水。”习近平同志讲出教师正面临的现实挑战：在新媒体时代，尤其是“互联网+教育”的深入推进，学生获取“一碗水”显得轻而易举，教师的知识之潭如果积水浅薄，如何载得动铸魂育人的大舟？因此，深厚渊博的学识修养是新时代思政教师筑魂育人的基本要求。以知铸魂必须从“深”“广”“杂”上下功夫：一是专业理论要精深。只有理论上明白，才

有信仰的坚定和说理的自信。思政教师必须有扎实的马克思主义素养，做终身学习型和理论研究型教师，尤其是要强化对党的创新理论的学理阐释。二是知识视野要广博。“泰山不让土壤，故能成其大；河海不择细流，故能就其深”，思想政治理论课涉及内容本就经纬万端，需要教师综合融通中外哲学社会科学的理论成果和研究方法。三是知识储备要庞杂。作为思政教师，读哲学、读历史、读经典、读文艺、读时政是日常，学贯中西、博古通今是追求，精粹的大学问、真切的生命体验或是俯拾可得的生活见闻都是思政教师宝贵的思想源泉。

（四）以理铸魂——以理服人，心悦诚服

应当看到，当前思想政治理论课存在的突出问题之一就是灌输有余、说理不足，理论不透彻则如“隔靴搔痒”，难以真正说服人和影响人，“入脑、入心”则为空谈。再者，新时代青年日益呈现出新的思维特点和个性特质：“你讲政治，我去政治”的思维方式多元化和行为方式个性化趋势；“你讲理想，我讲实惠”的现实主义和实用主义价值观念；“我的地盘我做主”的自我意识和独立意识；“想把我讲给你听”的强调话语平等、自由对话的主流风格，传统的“说教式”“灌输式”“告知式”“耳提面命式”教学模式和教学语境明显效果欠佳。习近平指出：“以透彻的学理分析回应学生，以彻底的思想理论说服学生，用真理的强大力量引导学生。”思政教师要以其精深的学养、庞杂的学识、广博的见闻、严密的逻辑、清晰的思维来说理释惑，抛却干瘪的人物、骨感的细节、空洞的说教，循循道来、有理有据，讲清问题中的“来龙去脉”“前因后果”“主流趋势”和“中外异同”，让思想政治教育摆脱“假、大、空”，如“精准滴灌”般浸润学生心灵。

（五）以情铸魂——亲其师也，则信其道

学识渊博的教师让人信服，品性高洁的教师令人敬佩，而情怀深厚的教师常使人孺慕。所谓“经师易遇，人师难遭”，“会上课”的思政教师数不在少，不可或缺却为数不多的是“会影响学生”的思政教师。思想政治理论课是塑造灵魂、塑造生命的课程，不在于精准把握某门专业知识或是熟练掌握某项专业技术，不重乎“教授”，而重于“培育”，以技培技、以情育心，思政教师要以情感培育情感、以灵魂触动灵魂。正如德国著名哲学家雅斯贝尔斯所言：“教育的本质意味着，一棵树摇动另一棵树，一朵云推动另一朵云，一个灵魂唤醒另一个灵魂”；如夏丏尊所说：“教育没有了情爱，就成了无水的池，任你四方形也罢，圆形也罢，总逃不了一个虚空”；亦如陶行知先生所说：“捧着一颗心来，不带半根草去”。亲其师才能信其道，信其道才愿受其教，思政教师要用真切的情怀触动学生、感染学生，将师生之间的亲近之意、孺慕之情转化为无形的教化力量，引导学生扣好人生第一粒扣子，塑造知冷暖、明事理、懂情趣、人格完整的时代新人。

三、新时代思政教师队伍铸魂育人能力提升的重要路径

近些年来，党和国家把思政教师队伍建设当作一项“重大工程”去推、一个“专项工作”去抓、一场“攻坚战”去打，强调国家统筹好、党委领导好、学校主建好、马院落实好，做规划、抓培养、强指导、增福利、固保障，从“外部赋能”的角度，不断提升思政教师队伍整体素质。然而，这支队伍要永葆战斗力，必须以巨大的勇气和担当实现“自我增能”，勇担时代大任、直面现实问题和挑战，进行自我丰盈、自我革新和自我提高，从而端正认知、培植情感、涵养修为、启迪智慧、增强本领，提升铸魂育人能力。

（一）在自我丰盈上下功夫

（1）明责。近几年来，党和国家对思政教师群体给予了高度重视和关注，一系列重要部署相继落地，要使思政教师成为最受社会尊重的职业。可以看到，思政教师的执教环境不断改善、福利和权益得到保障、职业认同感大为提升，一方面享受着时代的丰厚馈赠，拥有大有可为的发展机遇和成长土壤；另一方面也肩负着无与伦比的时代责任，用习近平总书记的话讲，可谓“生逢其时，也重任在肩”。“知责任者，大丈夫之始也；行责任者，大丈夫之终也”，新时代思政教师首先在思想认识上要时刻明确自身角色定位和使命担当，在教师职业前标注思政底色，带着使命做教育、搞研究和谋事业。

（2）厚情。不忘初心、勇担使命，就要从厚植深广情怀处着笔，涵养超越小我的情感关切和精神境界。首先，要厚植家国情怀。胸怀报国深情、深晓民族大义、心系时局大势，既要潜心问道又要关注社会，既要醉心学术又要照进现实，努力讲好新时代中国这本大教材。其次，要厚植育人情怀。时常有一些“两难”困扰着教师：是投身于工作还是精细于个人生活；是关注教学与学生成长还是关注科研与自我发展；是做一个“会上课”的老师还是做一个“会影响学生”的老师。最终看来，应该把教育当作一种情怀，始终

保持对教育事业的热忱和激情，要做塑造灵魂的“人师”，不做“经师”和“句读之师”。再次，要厚植仁爱情怀。有爱的老师才能带出有温度的学生，思政教师应有悲悯宽仁之心，既有胸纳山川丘壑、心怀天下苍生的“大爱”，也有用真心、真情和真诚对待学生的“小爱”。最后，要厚植担当情怀。坚定不移职业赋予的政治底色，也始终不忘作为普通个体的良知与社会一员的责任。

（3）树德。新时代思政教师要强化个人道德修养，提升人生境界。其一，要以德立身，培植为时代育新人的使命情怀，公正厚道、淡泊名利的超凡气节，甘当人梯和铺路石的奉献精神，以高尚师德、浩然正气树立良师形象。其二，要以德立学，秉持研精覃思的治学境界，恪守高洁的学术操守，坚守为时代画像和为时代立说的学术使命感。其三，要以德施教，兢兢业业、潜心育人，身体力行传播正能量和弘扬主旋律，做到课上课下、网上网下言行一致、知行合一。

（二）在自我革新上求突破

（1）革弊。思政教师要时刻以“四个统一”“六个要”要求自我检视，敢于拿自身存在问题与不足“开刀”，革除五种常见弊病：其一，政治定力不足——缺乏作为思政教师的政治素养，理想信念淡化，政治坚定性、警觉性和鉴别力不够，课堂上信马由缰、口无遮拦或是陷入情绪宣泄。其二，情怀干涸——把职业当作挣钱的工具而不是终身奋斗的事业，把思想政治理论课上成没有温度的知识传授课或是表面热闹的人际交流课，不见情怀熏陶、价值引领和思维启发。其三，学习惰性——应付任务被动学习、围绕课本狭隘学习、敷衍学生点水学习，备课仿一仿、上课念一念、科研抄一抄。其四，职业倦怠——经年累月“吃老本”和“炒冷饭”，上课配方陈旧、模式老套却不思进取和改革，充耳不闻教学理论创新及信息技术发展引发的课程改革浪潮。其五，轻率浮躁——急功近利、急于求成，工作上总想一鸣惊人，学习上只想立竿见影，育人上追求立见成效，科研上企图一步到位。通过反躬自省和革弊除尘，可以增强肌体抵抗力、战斗力和续航力。

（2）躬行。《中庸》讲“博学之，审问之，慎思之，明辨之，笃行之”，“行”是落脚点，学有所成、思以致用是最终目的，知名教育家陶行知亦要求教师“躬行自明，身体力行”。“思政课教师要不辜负伟大时代，就应当站在社会实践和教学实践的前沿，走向教学理论的深处，创新教育教学理论，扎实提升教学质量。”也就是说，思政教师不能做死读书而不善应用的“两脚书橱”或是食古不化的“蠹书虫”，将一身才学虚置、一腔情怀辜负，而是要将所学所思体现到教学实践、科学研究、育人工作和社会服务中，深入贯彻落实党的教育方针，扎实推进思想政治理论课教育教学改革，积极参与社会服务和社会实践，实事求是、敢试敢为、躬行践履，在实践中增强育人本领、履行时代重任。

（三）在自我提高上使力气

（1）笃学。严格来讲，在资讯疾速迭新的当下，没有跟进就是落后了；在知识开放共享的时代，没有专精就是落伍了。尤其是时今中国正处于“需要理论而且一定能够产生理论的时代”“需要思想而且一定能够产生思想的时代”，思想理论界忙着立言著说，为时代画像、立传、明德之际，百尺竿头、不进则退，思政教师队伍应有适当的“知识恐慌”和“本领恐慌”，敏而好学方为正道：端正认识——学习是职业、是责任、是生活、是乐趣；拓宽渠道——在阅读中学、在生活中学、在行走中学、在研究中学；下深功夫——全面系统学、及时跟进学、深入思考学、联系实际学；专攻博览——学有所长、博观约取、储其才用、厚积薄发，在学习中不断积蓄铸魂育人的“弹药”和能量。

（2）善思。不深思则不能造于道，学而不思，即便览诗经千篇，也只是鹦鹉学舌。学后还有善于反思，真正将知识、资讯转化为服务学生和社会的思想与本领。为此，思政教师在学习时要常做“五个思考”：如何攫取对学生有用的养分融入思政教材和课堂？如何转化为学生有感知力的教学语言和育人方法？如何推动教育教学改革提升思想政治理论课思想性、理论性和亲和力、针对性？如何找寻推动理论和实践创新的研究方向？如何切实回应青年关切和社会所需？

（3）精研。只有做真学问、真做学问，才能把理论学精悟透，提升政治判断力和思想穿透力；才能作深入浅出的学理分析，把理论阐释明白；才能在宣讲教育中大大方方、理直气壮。做一流的新时代思政教师，离不开扎实的研究阐释，将潜心问道与关注社会相统一。要开展马克思主义及中国特色社会主义理论研究，不断精进思政教师的“内功心法”和“看家本领”；开展党的创新理论成果研究，持续推进马克思主义中国化时代化大众化；开展经济社会发展进程中涌现的新现象、新问题的学理阐释研究，增强回应时代之问和学生关切的能力；开展思想政治教育规律和人才培养规律研究，提升铸魂育人的科学化水平；开展育人方法和育人模式创新研究，练就应对当前育人工作面临的各项挑战的本领。

参考文献

［1］习近平主持召开学校思想政治理论课教师座谈会强调：用新时代中国特色社会主义思想铸魂育人 贯彻党的教育方针落实立德树人根本任务［N］. 人民日报，2019-03-19（1）.

［2］习近平. 在全国教育大会上强调：坚持中国特色社会主义教育发展道路 培养德智体美劳全面发展的社会主义建设者和接班人［N］. 人民日报，2018-09-11（1）.

［3］习近平. 在全国高校思想政治工作会议上强调：把思想政治工作贯穿教育教学全过程 开创我国高等教育事业发展新局面［N］. 人民日报，2016-12-09（1）.

［4］努力培养出更多更好的人才——习近平总书记在北京市八一学校考察时的讲话引起强烈反响［N］. 人民日报，2016-09-11（1）.

［5］列宁全集：第45卷［M］. 北京：人民出版社，2017：240.

［6］陈秉公. “学习习近平总书记在学校思想政治理论课教师座谈会上的重要讲话”笔谈［J］. 福建师范大学学报（哲学社会科学版），2019（4）：26.

产教融合背景下高职院校思想政治理论课教学改革创新探究

——《国家职业教育改革实施方案》（“职教20条”）学习启示

沈 蕾*

摘 要：《国家职业教育改革实施方案》的制定与贯彻落实将极大地促进高职院校产教融合、校企合作。文章分析了产教融合、校企合作给思想政治教育者、思想政治教育对象和思想政治教育环境产生的影响，以及对思想政治教育目标、思政教师和思想政治教学方法提出的新要求，并且从创新思想政治教育管理体制机制、“双师型”师资队伍建设、实践育人及混合式教学改革四个方面入手，提出了构建思想政治理论课“双元制”校企合作模式的对策建议。

关键词：产教融合 思想政治理论课 教学改革

2019年1月24日，国务院印发《国家职业教育改革实施方案》（以下简称《方案》），围绕产教融合、校企合作等7个方面提出职教改革20条举措，简称“职教20条”。在国家政策引导下，高职院校将不断深化产教融合、校企合作，推动育训结合，并将对思想政治教育带来深刻影响。高职院校的思想政治教育必须适应未来形势的变化，深度融合企业、行业、市场等要素，进一步优化高职思想政治教育标准，开展职业素质教育，丰富和创新思想政治教育方法，确保落实立德树人根本任务，健全德技并修、工学结合的育人机制。

* 沈蕾：乌鲁木齐职业大学马克思主义学院副教授，教研室主任。2016年毕业于新疆大学经济与管理学院，博士，研究方向为理论经济学、政治理论，主讲“毛泽东思想与中国特色社会主义理论体系概论”。主持和参与省部级课题5个，厅局级课题2个，发表论文近40篇，其中核心论文5篇。

一、产教融合、校企合作给思想政治教育带来的影响

产教融合从宏观上指明产业与教育融合的方向，校企合作从中观上构建了学校与企业对接的机制。产教融合、校企合作等机制运行的基础性环节是工学结合。为此，高职院校需要准确把握“产教融合、校企合作、工学结合”给思想政治教育带来的影响，用习近平新时代中国特色社会主义思想铸魂育人，为中国特色社会主义事业培养出数以亿计的合格技术技能人才。

（一）学校、企业的思想政治教育者交替施教

虽然工学结合人才培养模式有订单式、工学交替、顶岗实习和引厂入校等多种形式，但这些形式的共同之处都是学生在校学习与在企业实习有机融合。在校学习期间，思想政治教育者有思政教师、辅导员、任课教师、党务工作者和群工团专职人员等，而在企业实习期间，思想政治教育者有实习教师、班主任、企业培训人员和管理人员等。学生离开学校走进企业，进入真实生产、经营环境，学校无法通过思政课堂、班会、集体活动开展思想政治教育，实习教师、班主任不便将分布在不同企业、岗位、班次的学生集中起来开展思想政治教育，只在排查、解决学生实际问题时进行阶段性、补丁式的思想政治动员教育。而企业往往更重视生产用人，更加关注学生专业技能的掌握水平和生产情况，较少系统、集中地开展思想政治教育，导致思想政治教育在一定程度上有所弱化，甚至出现空白。

（二）思想政治教育对象来源多样化、身份双重化

《方案》提出要建立“职教高考”制度，为高等职业教育提供多种入学方式和学习方式，扩大针对初中毕业生（“3+2”“3+3”“3+4”和5年一贯制等）中高职贯通培养的招生规模。因此，高职学生生源的学历层次将更加多样，基础知识水平和结构也将更参差不齐。根据以往的课堂观察，“技校、职高、中职”升入高职的学生对思想政治理论课教学参与度较高，教学活动的交流与合作良好，但是自信心和学习兴趣持续性较弱，理论学习与应用能力有待加强。在进入企业顶岗实习后，高职学生具有了双重身份，既是学生，需要完成学校布置的实习任务，又是企业员工，需要遵守企业的各项管理规章制度，开展生产实践。有的学生并不满意所学的专业，对顶岗实习有抵触情绪，消极应付。有的学生对职业前景抱有不切实际的幻想，对真实工作环

境灰心、失望。大多数学生能够较快地适应实习岗位，独立性、自主性有所增强，但是部分学生重新回到学校就变得心猿意马，无法安心在校园学习和生活。

（三）思想政治教育环境更趋开放、复杂

《方案》为职业教育正名，将职业教育定位为不同于普通教育类型，但是与普通教育具有同等重要地位的教育。职业院校毕业生在落户、就业、招聘、职称评审、职级晋升等方面享有与普通高校毕业生同等待遇。国家还将逐步提高技术技能人才的收入水平和地位。“职教20条”一旦落实将为我国的职业教育发展提供难得的发展机遇，也为高职大学生成就出彩人生搭建更大的舞台。与此同时，党的十八大以来，党和国家高度重视思想政治教育工作，为高职学生创造了优质宏观的思想政治教育环境，有利于高职学生成长成才。高职学生面对的思想政治教育微观环境比较复杂多样，放假期间高职学生面对家庭环境，在读期间面对学校环境，实习期间面对单位环境，此外，高职学生始终面对网络思想政治教育环境。这些微观思想政治教育环境直接影响学生的思想、行为和思想政治教育活动。其中，家庭环境潜移默化地熏陶和感染学生的思想、情绪和行为；学校环境相对单纯，也更有利于开展思想政治教育活动；企业的教育环境是社会环境的缩影，通过企业文化、分配制度、经济效益和物质条件占有等方面对思想政治教育活动和效果产生影响，企业环境较家庭和学校环境更加开放；而网络思想政治教育环境的可变可控性和复杂性显著。一些学生进入企业实习后，不适应教育环境的变化，感到迷茫、失落，不能尽快调整心态，树立起明确的实习目标。

二、产教融合、校企合作给思想政治教育提出新要求

《方案》及其配套措施针对多年来困扰职业教育发展的核心问题提出了一系列解决方案，将给职业教育的发展带来重大突破。把握职业教育的动态变化，主动适应产教融合、校企合作给思想政治教育提出的新要求至关重要。

（一）要明确“德技并修”的教育目标

2018年9月10日，习近平总书记在全国教育大会上指出：党的十八大以来，我们围绕培养什么人、怎样培养人、为谁培养人这一根本问题，全面加强党对教育工作的领导，坚持立德树人，加强学校思想政治工作。2019年3

月18日，习近平总书记在学校思想政治理论课教师座谈会上再次强调全面贯彻党的教育方针，努力培养担当民族复兴大任的时代新人，培养德智体美劳全面发展的社会主义建设者和接班人。深化产教融合、校企合作，高职院校的思想政治教育既要明确政治目标、道德目标和生活目标，更要关注职业目标。思想政治教育不能游离于职业教育的核心之外，要通过开展劳动教育、职业道德教育和职业能力教育等，使包括高职学生在内的全社会具备劳动光荣、技能宝贵、创造伟大的时代观念和社会风尚，注重培养高职学生立足职业岗位的技术、技能，敬业爱岗、严谨务实、创新创业、安全规范、质量至上等职业道德素养，努力成为“德正、术高、技长”的技术技能人才，为实现“两个一百年”的奋斗目标和中华民族伟大复兴的中国梦作贡献。

（二）要加强思想政治理论课实践教学

《方案》将促进产教深度融合、校企协同育人作为类型教育的鲜明特色，具体措施就是坚持工学结合、推动校企全面深度合作、打造一批实践教学平台。为了落实《方案》，2019年6月5日，教育部发布《关于职业院校专业人才培养方案制订与实施工作的指导意见》，要求加强实践性教学，实践性教学学时原则上占总学时50%以上。在政策指引下，高职院校将进一步建好、用好校内外实践教学平台，采取认知实习、跟岗实习和顶岗实习等多种方式进行实习、实训，学生们理论学习的时数将相应缩短，教学安排会更加灵活、富有弹性。思想政治理论课教学必须适应这个变化，积极探索产教融合、校企合作背景下思政实践教学的新模式，整合与利用各种实践教学资源，扎根中国大地办教育，把思想政治理论课教学开到工厂车间、部队军营、田间地头、社区小院，尝试学生在哪里，思想政治教育就延伸到哪里。

（三）师资队伍要具备“双师”素质

《方案》提出：从2019年起，职业院校、应用型本科高校相关专业教师从具有3年以上企业工作经历的人员中公开招聘，并且将学历要求降低到高职以上，真“双师型”师资时代即将到来。高职院校思政教师的“双师”素质要求也会相应提高，思政教师需要对学生的专业有基本认知，自觉将思想政治理论课改革置于教育教学的全过程、全环节去考察，而不是闭门造车、自说自话。思政教学要结合职业道德、职业精神、企业文化等内容设计、采纳案例，实践教学要与专业实践相结合，深入企业，与专业教师分工合作，共同探索模块化教学，使思想政治教育融入学校开展的实践、实训活动全过程。实现思想政治教育与专业教育的融合，思政教师是关键，核心是“双师”型师资队伍的培养。

（四）教学模式要开展“互联网+职业教育”创新

《方案》第一次提出“互联网+职业教育”的概念，倡导运用现代信息技术改进教学方式方法，推进网络学习空间建设和普遍应用。高职院校思想政治教育需要适应“互联网+职业教育”的新发展需求，一方面，树立“思政课+”和“互联网+”的教学理念，将传统的面对面线下教学与网络化线上教学结合起来，将线上+线下的混合式教学运用于思政课堂，满足学生多样化需求；另一方面，针对当前“工学结合、校企合作”的人才培养模式，实现思想政治教育在学生实习、实训期间全覆盖、不断线，只有依托“互联网+职业教育”的新模式。借助互联网支撑的“数字化自主学习”“灵活学习”方式，为构建时间和空间上更加灵活、机动的工作模式，促进职业教育、职业培训一体化发展创造条件。

三、思想政治理论课“双元制”校企合作模式探索

习近平总书记在学校思想政治理论课教师座谈会上提出对思政教师的“六个要”及推动思政课改革创新“八个统一”的基本原则，为我们推进思想政治理论课建设指明了前进方向。与此同时，《方案》把“双元制”明确写进了文件，这有利于借鉴德国“双元制”模式，探索我国“知行合一、工学结合”的职业教育人才培养模式，发挥校企“双元”在思想政治教育中的重要作用，增强思想政治教育的针对性和实效性。

（一）创新思想政治教育的管理体制和机制

为了加强对思想政治教育的管理，有效协同育人，高职院校应不断创新思想政治教育的管理体制和机制：一是建立校级思想政治工作联系会议制度，从学校层面统筹规划、宏观管理思想政治教育工作，综合协调学校党政办、宣传部、团委、学工部、马克思主义学院和各院系，落实“全员育人”措施。二是建立学生思想政治教育管理中的自我教育和自我管理制度，在构建思想政治教育监督框架的基础上，探寻学生自教、自律与他教、他律的和谐统一路径，增强学生自我教育和自我管理的自觉性与实际效果。三是在思想政治教育管理机制方面，着力建立和完善思政课与专业课的协同联动机制。

《方案》提出职业教育的教学标准将实行国家标准，由教育部联合行业制定，职业院校根据国家标准自主制订人才培养方案。在各院系制订人才培养方案时，思想政治理论课教师要积极参与，在与专业教师和企业、行业人员的沟通、交流及思想碰撞中，了解、掌握有关专业岗位设置、职业能力要求及行业发展趋势，并将有关目标和要求融入思想政治理论课教学计划的制订、教学方案的设计。与此同时，思政教师要积极参与专业内涵建设和学生专业实习实训，促进思想政治理论课理论教学与实践教学、专业教学与思政教学的深度融合，以凸显思想政治教育的职业导向。

（二）多措并举打造“双师型”师资队伍

在学校思想政治理论课教师座谈会上，习近平总书记指出办好思想政治理论课关键在教师，关键在发挥教师的积极性、主动性、创造性。当前，思政教师参与工学结合、校企合作存在两方面的障碍：一方面，思政教师基本是从普通师范或综合类高校招聘来的硕士、博士研究生，学历高，但是往往缺乏实践经验，不适应职业教育教学。另一方面，思政教师日常教学、科研任务繁重，加之专业实习地分散，实习、实训时间长，思政教师往往没有精力参与到学生的顶岗实习中去。要让思想教师参与到工学结合、校企合作中去，需要采取多种举措，提高思政教师的“双师”素质，激发思政教师的积极性、主动性：一是根据教育部有关文件精神，按照师生比1：（350~400）的比例配备思想政治理论课专任教师，把思政教师从繁重的教学任务中解脱出来，有精力开展实践教学。二是落实《方案》提到的职业院校教师素质提高计划，思政教师可以每5年为一个周期，每个周期下企业实践一个学期，提高实践能力和相关专业知识水平。三是建立激励与约束机制，促进思政教师参与校企合作。一方面，在职称评聘时要求思政教师有下企业的挂职、实践经历，并对下企业的思政教师提出更为明确、严格的工作要求，思政教师必须前往学校指定地点实习，围绕顶岗实习学生的工作和学习制订出具有可操作性的思想政治教育计划，通过线上、线下相结合，教师授课、学生自学相结合的方式，实施跟进式思想政治教育。另一方面，通过改革绩效工资制度，调动思政教师参与校企合作的积极性。《方案》提出学校可为参与校企合作的教师分配智力、专利、教育、劳务等报酬，学校可以根据企业鉴定承认下企业思政教师的实践教学工作量和成果。

（三）促进思政实践课校企“双元”育人

《方案》提出要促进产教融合校企“双元”育人，在制订人才培养方案、教材开发、专业设置等方面发挥行业、企业作用。思想政治理论课要充分利用校企两种资源，通过校企深度合作，构建高职思想政治理论课实践教学校企“双元”育人模式，加强职业素质教育：一是与企业共建职业素质标准。高职院校培养的学生要符合企业的用人要求，就不能忽略职业素质标准。思想政治理论课教师需要与专业课教师共同深入不同类别的企业进行广泛调研，参照企业优秀员工的标准，总结、提炼出职业素质标准纳入思想政治理论课课程体系，在思想政治理论课教学中侧重培养学生敬业爱岗、诚实守信、严谨务实、服务群众等职业道德规范，创新创业、安全规范、质量至上、团队合作、吃苦耐劳等职业精神，使高职院校的育人标准与企业用人标准接轨。二是与企业共建实践教学基地。当前，思想政治理论课实践教学主要有网络资源平台、实践基地平台、校园文化平台和教研教改平台，借助四个平台在课中开展课程实践教学，在课前、课后开展社会实践、虚拟实践和校园文化实践教学。思想政治理论课的实践教学要进一步整合校内生产化实训基地和校外实习基地资源，把实习、实训基地打造成思想政治理论课实践教学基地，用以开展职业素质教育。三是基于职业导向针对学生专业实际和现实需求设计多维度实践教学内容。思想政治理论课实践教学内容要与专业课在理论和实践上进行结合，针对学生的学习阶段设计不同的实践教学方案。大学一年级新生主要在职业方向和职业目标上加以引导，着重开展劳动教育；大学二年级学生重在开展职业道德教育，培养职业素质；大学三年级毕业生着重开展法治安全教育、劳动保障教育、职业道德教育和创新创业教育等，促进高职学生自由全面发展。四是校企共同育人。高职院校应该借《方案》给予企业参与校企合作“金融+财政+土地+信用”的组合式激励红利，引导企业共同参与，全面协调思想政治理论课实践教学，共同育人。乌鲁木齐职业大学思政教师前往学生比较集中的生产实习基地——正威集团，与企业培训教师共同开设系列讲座，每次讲座前半部分由学校教师讲授职业道德、国内经济形势、弘扬胡杨精神兴疆固边、安全生产法等内容，后半部分由培训教师讲授行业企业的道德规范、行业企业发展现状和未来发展趋势、企业文化及企业安全生产规章等内容，探索思想政治理论课与企业“双元”育人的路径，寻找学生在校学习期间思想政治教育不断线、全覆盖的方法。

（四）教学方法要采取线上+线下的混合式教学

《方案》执行后，不仅各层次的学生可以进入高职院校学习，退役军人、退役运动员、下岗职工、返乡农民工都可以接受职业教育。与此同时，职业教育实行“1+X”证书制度，学生凭各类职业技能证书可以申请免修部分课程，能促使学生在读期间去参加各类职业培训。加之，高职学生在校学习期间需要参加至少6个月的顶岗实习，职业教育可以与职业培训相结合，可以是不连贯的、工学交替的教育。思想政治教育要适应这一系列新变化，必须实行开放办学，实施校企合作的线上、线下相结合的思想政治教育。一方面，针对在校学习的学生构建在线学习空间，利用超星学习通、智慧职教云课堂、雨课堂、云班课、超星泛雅、大学慕课等移动或网络学习平台，为学生提供丰富的微课、视频、案例、讲义等学习资源，帮助学生补齐知识短板；开展头脑风暴、课堂讨论、测试、展示等在线实践教学活动，增强学生真实体验，促进学生反思；通过大数据开展课堂考勤、评价等教学管理，帮助教师对大班进行过程性评价；利用“消息”功能加强师生、生生的沟通、互动，满足学生对平等、开放、互动教学的需求。另一方面，针对不在校的学生，可以通过网络教育资源共享，为学生提供形势与政策、党史国史等思政课程资源，提出思政实践教学要求，积极创设有利于学生“自主实践”“自主学习”的网络思想政治教育环境和氛围，将思想政治教育延伸到地点分散、学生人数少、思政教师难以顾及的实习场所，让高职学生无论在课堂内还是课堂外，校园内还是校园外，都能获得思想政治理论课教师的关怀指导，可以通过自主学习、自我教育实现自我发展。

总之，《方案》将极大地破除校企合作的制度障碍，有力地推动产教融合、校企合作，思想政治教育必须主动适应工学结合的人才培养模式，以职业导向为基点，走与专业教学融合，与企业“双元”育人的道路，共同制定人才培养标准、设计教学内容、共建实践基地、培养“双师型”教师、共同开展实践教学、课程思政教育，通过理论教学与实践教学的结合，线下教学与线上教学的结合，推动思想政治理论课改革，不断增强思想政治理论课的思想性、理论性和亲和力、针对性，培养出数以亿计德技并修的技术技能人才，为实现“两个一百年”的奋斗目标和中华民族伟大复兴的中国梦提供人才保障。

参考文献

［1］韩莉红．“工学结合、校企合作”人才培养模式下高职思想政治教育探析［D］．郑州：郑州大学，2013：16-20．

［2］《思想政治教育学原理》编写组．思想政治教育学原理［M］．2版．北京：高等教育出版社，2018．

［3］闫睿颖．高职院校思政课产教融合的分析［J］．湖北函授大学学报，2015，28（12）：68．

［4］邱磊，赵磊，管大为．再认识和思考高等职业教育人才规格与培养目标的定位［J］．成人教育，2018（1）：76-77．

［5］刘克勇．明确职业教育战略地位　推动职业教育内涵式发展［J］．职教通讯，2019（3）：17-22．

［6］沈蕾．混合式教学在高职院校思政课中的运用探讨［J］．新疆职业教育研究，2018（2）：34-37．

［7］韩锡斌，陈明选．互联网+教育：迈向职业教育现代化的必由之路［J］．中国职业技术教育，2019（16）：27-31．

［8］谭仁杰．社会实践与高校德育［M］．武汉：武汉大学出版社，2017：110-112．

［9］石伟平，郝天聪．产教深度融合　校企双元育人［J］．中国职业技术教育，2019（7）：94-97．

［10］彭新立．校企合作视野下高职思政课教育教学改革探究［J］．学校党建与思想教育，2014（11）：38-39．

高职院校思想政治理论课教学改革的“四个维度”探析

魏文迪*

摘　要：如何提升高职院校思想政治理论课的育人实效？这是众多一线思想政治理论课教师面临的现实困惑，也是学界竞相研究探索的重要课题。笔者结合自身10余年高职院校思想政治理论课教学经验与体会，拟从“开学第一课”“社团活动”“过程性管理”“情感投入”这“四个维度”来探讨高职院校的思想政治理论课教学改革之路。

关键词：高职院校　思想政治理论课　教学改革　四个维度

当前国内学者对高职院校思想政治理论课教学改革的研究较多，理论成果也较为丰富。笔者以“思想政治理论课教学改革”为主题词，通过CNKI检索出近10年来的研究成果149篇，梳理既有文献后发现，国内学界对思想政治理论课教学改革研究主要集中于以“强调学生主体地位”“思想政治理论课自身特点”“教学过程”为切入点的实践教学，而忽视了“以‘开学第一课’为切入点”“以社团活动为载体”“以过程性管理为主线”“以情感投入为灵魂”的思想政治理论课互动式教学方面的研究，这为本文研究提供了较为充足的理论空间。笔者通过多年思政教学实践与探索，认为抓好大学新生的思政“开学第一课”、组织好丰富多彩的社团活动、加强思政教学过程性管理、注重思政教师的情感投入“四个维度”是推动高职院校思想政治理论课教学改革的有效路径，切实可行，且行之有效。

---

* 魏文迪：温州科技职业学院社科教研室主任，社科党支部书记，讲师。主讲“思想道德修养与法律基础”“毛泽东思想和中国特色社会主义理论体系概论”“形势与政策”等课程。2008年毕业于江苏大学马克思主义理论与思想政治教育专业，研究生学历，研究方向为思想政治教育。主持各级课题10余项，在《学校党建与思想教育》等期刊发表论文多篇，出版个人专著1部。

一、以“开学第一课”为切入点

近年来，教育主管部门及新闻媒体对中小学生的“开学第一课”颇为关注，对于刚迈入大学的新生而言，其“开学第一课”同样值得关注，尤其是思想政治理论课的“开学第一课”务必格外重视。通过上好“开学第一课”，展思政教学魅力，让学生从原有的对思想政治理论课学习的认识误区中走出来，激发学习兴趣，提升学生对思想政治理论课的期待值与满意度。对于如何上好“开学第一课”，主要从以下几方面着手。

（一）深入了解学生的学情

了解学生的学情，这是上好“开学第一课”的基础。从拿到教学任务开始，就要摸清楚各班级学生的底细，主要包括学生的学制形式、生源结构及退役大学生士兵、班干部、班主任信息等。充分了解学情，上课就能有的放矢，教学就能更有针对性。例如，当前高职院校的学生有普通高考录取的三年制学生、通过职高类高考录取的“三校生”、自主招生的“3+2”学制学生（中职3年+高职2年）、学校统招计划外招收的成教生等，其学习态度、学习习惯也呈不同态势，因此不同学制类型学生要采用不同的教学与管理方式。

（二）将教材内容转化为学生适用的教学内容

当前全国思想政治理论课都使用统编教材，对于高职学生而言，其学习基础与重点院校本科生相比有一定差距，因此，各高职院校要制定好符合校情的“课标”，进而思政教师在备课过程中针对教学目标要求进行“加工”“提炼”并“转化”成学生易于接受的教学内容。笔者认为，不仅仅只是关注思政教师在高职学生课堂上讲了多少，更要注重学生吸收了多少，高职学生更习惯于“深入浅出”的授课形式，更倾向于简单直白、通俗易懂的教学语言。

（三）倡导鼓励式教学

每个人都希望被肯定，教师亦是如此，学生更是如此。因此，思政教师要善于发现学生的闪光点，对学生予以鼓励式引导。例如，在“开学第一课”上邀请班级的退役大学生士兵上台自我介绍，并给他们热烈的掌声，号召同学们向他们学习军人的优秀品质。又如，在提问环节，如果学生回答得很好，可以让大家“来点掌声”，教室里掌声响起来，课堂氛围就顿时“活”了起来，受到鼓励的学生今后回答问题可能会更加踊跃，学生对思政教师也会多一分喜爱与信赖，可谓“一举多得”。

二、以社团活动为载体

高职院校学生思想活跃、个性鲜明，高职院校思想政治理论课要有育人实效，必须有所创新，让枯燥的课堂“活”起来，让沉静的课堂“动”起来。高职学生乐于参与的社团活动可作为思想政治理论课教学的有效载体，以社团活动作为探索思想政治理论课改革的新思路与新视角，将社团系列活动融入思想政治理论课的教学设计之中，两者有机结合。

（一）社团精彩活动进课堂，参与课堂教学

思想政治理论课教师要充分利用好广泛的学生基础，引导好一批思想活跃、活动能力强的骨干学生，创建起为思政教学服务的学生社团，尤其是要选拔、吸收学生干部、入党积极分子、在校生中的退役大学生士兵等加入社团。思政教师可根据教学实际需要，开展相应的社团活动，促使学生社团活动内容与思想政治理论课教学相结合，将社团活动纳入思想政治理论课教学计划中，实现社团活动与思想政治理论课教学内容的有效衔接。

思想政治理论课教师在备课阶段进行课堂教学设计时就要将社团活动融入其中，在课堂教学的某一环节将课堂的主导权交由学生，交给优秀的社团成员来完成。例如，在讲授“思想道德修养与法律基础”（以下简称“基础”）课程的“爱国主义”专题时，邀请社团中的退役大学生士兵进班宣讲，讲述自己难忘的军营故事，讲述对爱国主义的特殊理解，分享爱国情怀。曾经他们是军人，而现在他们是大学生，是课堂上听课的学生的同学，他们的故事更有吸引力，更有感染力。

通过这种形式将社团活动引进课堂教学，就是一堂非常生动且有意义的思政教学课，对学生的教育也从知识目标、能力目标升华到情感目标。节选社团精彩活动融入课堂，丰富了课堂教学形式，让课堂“动”了起来，更让课堂“燃”了起来。

（二）社团系列活动立足校园，办成“思政大课堂”

思想政治理论课教学要取得实效不能仅依赖于有限的课堂教学，要积极

拓展思想政治理论课教学的宽度，思想政治教育也要从课堂向课外延伸，从教室向室外活动扩展，要充分依托社团活动，将系列主题活动办成丰富多彩的“思政大课堂”。

例如，结合基础课程的专题内容，为积极引导大学一年级新生尽快适应大学新生活，以社团为平台，组织开展“我的大学，我做主”演讲比赛、畅想大学生活征文比赛、“新生、老生面对面”茶话会等活动。为帮助大学生正确面对人生际遇，树立远大理想，发扬艰苦奋斗精神，通过社团组织广大同学观看崔万志的《不抱怨，靠自己》、刘媛媛的《寒门贵子》等励志视频。为让同学们进一步了解祖国的辉煌成就，增强大家的民族自豪感，通过社团组织广大同学利用课余时间集中观看《辉煌中国》纪录片。五四青年节来临之际，通过社团组织开展“新时代、新青年、新梦想”的主题演讲，正如习近平总书记所讲“中国特色社会主义进入新时代……新时代青年要乘新时代春风，在祖国的万里长空放飞青春梦想”，将社团活动紧扣思想政治理论课教学，紧扣时代热点主题。

思政教师引导社团举办的每一场校园活动，其实都为同学们上了一次思政大课，这样的思政大课堂也会让高职院校的思想政治教育工作走向细微、更为具体、更有实效。

（三）社团活动吸引同学参与，完成“思政综合大作业”

针对当前高职学生的现实情况，思想政治理论课采用何种作业形式值得教师们深思和探讨。如果依旧采用布置课后习题的传统形式显然不太恰当，学生从教材中找答案，接着照抄一次，这和中小学生时期的作业形式差异不大，也容易引发高职学生的排斥。如果思政教师布置稍显灵活的主观题，书本找不到答案，学生很自然会上网查找，最终的答案也是大同小异，这对于培养学生的思考能力与动手能力似乎也作用不大，作业自然也就失去原本的意义。因此，思想政治理论课的作业形式务必要改革与创新，以突出“育人实效”为主，形式可多样化，探索性开展“思政综合大作业”。

学生参与“思政综合大作业”应作为思想政治理论课考核的重要组成部分，学生只有在完成“思政综合大作业”后，才能获得相应的作业分，最后才结合学生考情、课堂表现、试卷成绩等给出考评成绩。思政教师所指导的社团系列活动为“思政综合大作业”提供有力载体，学生参与社团举办的各类比赛的参赛作品，如微视频、课件、征文、演讲等都可视为一次有效的思政作业。思想政治理论课教师将学生“思政综合大作业”完成情况及时做好动态的登记，并定期予以公布，这样对学生既是鼓励也是一种约束，很自然地将社团活动与“思政综合大作业”紧密结合，将学生的课外活动与课程教学考核紧密结合，让广大学生真正有所思、有所想、有所行动，也有所收获，让思政作业发挥其应有的功能实效。

三、以过程性管理为主线

针对高职学生的学习习惯，以及当前部分高职院校思政课堂上“低头族”现象较为严重的现状，加强思想政治理论课的过程性管理显得尤为重要，这是贯穿整个教学过程的主线。

（一）明确思政教师是思政教学课堂的第一责任人

针对当前高职院校思政教学课堂上的管理问题，各方说法不一。校方会认为教师管理缺位，班主任会认为课堂教学那是任课教师的事，而教师们则会“吐槽”学生难管、班风和学风太差。对此，笔者认为，教师从站上课堂讲台开始，就是课堂管理的第一责任人，教学过程由任课教师主导与掌控，出现玩手机、睡觉、喧哗、吃零食等各种课堂乱象，首要责任人一定是任课教师，如果教师对此“不敢管”“不想管”“不善管”，就应该被问责！维护好课堂秩序是任课教师最基本的责任，也是课堂教学得以实施的基本保障。

（二）任课教师与班主任要齐抓共管

尽管教学课堂上教师是第一责任人，但是对于一个班集体而言，班主任就是第一责任人。双方不该是相互推诿，而是要同心协力、齐抓共管。对于学生的管理，不仅是在课堂上，课前与课后更要做足功课。思政教师要及时将学生的课堂表现反馈给相关班主任，针对具体的问题，商讨解决措施；班主任也要不定期深入班级的思政课堂，通过巡查、听课等方式了解班级学生的课堂动态，以便发现问题及时整改。发挥思政教师与班主任的“合力”，才能营造良好的班风、学风。

（三）学校层面的严格管理

随着高职院校的规模不断发展壮大，学校的管理未跟上学校发展的步伐，这是很多高职院校面临的现实问题。当前有不少高职院校接近或已迈进“万人高校”，学校学工管理队伍师资力量有限且容易被其他行政事务缠绕，难以实现精细化管理，多是模仿本科院校对学生以自我管理与自我约束为主、以学工管理为辅。然而高职学生整体的学习自觉性相比本科院校学生而言有较大的差距，必须通过严格的过程性管理，才能保证教学质量与育人实效。笔者认为，针对高职学生的学情，其教学成效不仅仅是“教”出来的，从某种程度上而言更是“管”出来的。

学校层面的“管”要围绕“教”这个中心任务，管理服务于教学。以“学生处—学工办—辅导员—班主任”为主线的“学工线”，要同以“教学处—系部—教研室—任课教师”为主线的“教学线”紧密结合，凝聚二者的“合力”，为思政育人营造良好的校园风气。

四、以情感投入为灵魂

思想政治理论课教学工作不仅是一个“专业活”，更是一个“良心活”，需要情感投入，才能真正让思政教学工作有灵魂、思政育人有实效。

（一）真心热爱思政教学

思想政治理论课教师面对班级学生数较多，年复一年承担同样的教学课程，尤其是遇到部分学生难管理的时候，容易对工作产生倦怠感，这就需要思政教师以情感投入去化解困惑。最核心的焦点是思想政治理论课教师是否真心热爱思政教学工作，这也是每位思政教师应该拷问自己内心的问题。全国各高职院校有一支庞大的专职与兼职（校内兼职、校外聘请）思想政治理论课教师队伍，然而从整个思政教师队伍来看，学历层次、职称结构、能力水平是有差异的，最根本的“敬业心”也有所不同，势必会对思想政治理论课教学产生重要影响。

当前众多高职院校对于思政专任教师没有“坐班”要求，存在“有课则来，无课即走”的现象。思政教师只有真心热爱思政教学，才会愿意花费更多的时间、精力投入其中，才会对自身严格要求、充分备课。思想政治理论课的备课工作就像一个“无底洞”，内容更新要与时俱进，教学设计既要紧扣教学大纲，又要贴近学生学情，有很多文章可做，备课越充分，走上讲台越自信，教学也越有成效。思想政治理论课教学是“一分耕耘，一分收获”，只有勤劳付出，才能感受到收获的快乐，其核心的源泉在于对思政教学的真心热爱。

（二）关爱学生

关爱学生是师生关系和谐的桥梁与纽带。作为承担“立德树人”使命的思政教师，教师的关爱是打开学生心锁的金钥匙，会使学生更容易接纳教师并乐于沟通，学生感受到了教师的关爱，也易于听从教师的教导。笔者认为，思想政治理论课教师对学生的关爱可先从偏远地区学生、家庭贫困学生入手。例如，当前高职院校面向全国大部分省份招生，对于来自偏远地区省份的学生要多一点关心，这种关心并非一定是物质层面的，也可以是精神层面的关注。当这些学生自我介绍后，让大家对他们远道而来求学的精神与勇气“来点掌声”，在讲授祖国大好河山时，也可邀请他们分享家乡的美丽风光与风土人情。让他们能感知到被关注也是一种关爱与鼓励，这对于第一次远离家乡进入完全陌生的大学校园的学生而言尤为温暖。对于家庭贫困的学生的关爱要“润物细无声”，除了关注课堂表现及时予以鼓励外，还要加强课后的沟通与交流，了解学生的心声，力所能及帮学生解决实际困难，如介绍勤工俭学岗位、告知学校的各类帮扶政策等，做学生的“知心人”。

（三）思政教学有温度、有情感

给学生有温度、有情感的思想政治教育，可从以下几点入手：其一，在思政教学中多采用同学们身边的真实案例作为“思政活教材”，如“校园十大年度人物”“感动校园十大人物”等，发挥好榜样育人作用。其二，思政教师要学会“俯下身子倾听”，思政教师不能将自身的观点、知识强加在学生身上，思政教学是一个双向过程，教师不仅要“讲”，更要学会“听”，多了解学生所思、所想、所求，实现师生之间的良性互动、同频共振。其三，实践育人，让思想政治教育深入人心，通过“新青年下乡”“大学生义工队”“市民监督团”等活动，增强实践育人的社会功效，通过此类活动，不仅会提高思想政治理论课教学实效，而且会促使学生通过实践将知识教育内化为信仰教育。

五、结语

高职院校思想政治理论课承载着“立德树人”的使命，其教学改革永远只有进行时，没有完成时。当前中国特色社会主义进入新时代，思想政治理论课教学如何讲好“新时代”，如何帮助青年学子切身感受到“生逢其时，又重任在肩”，值得大家探讨。2018年9月开始，“00后”已经成为高职院校新生的主力人群，也逐渐成为思想政治理论课的主要受教群体，面对这朝气蓬勃又个性鲜明的一代，如何有针对性地开展思政教学同样值得广大一线思政教师思考……这些问题，笔者将和广大同仁一道继续探索。

参考文献

[1] 蔡榕津．以学生社团为载体提升高校思政课教学时效性［J］．内蒙古师范大学学报，2016（2）：58-60．

[2] 习近平．在北京大学师生座谈会上的讲话［N］．人民日报，2018-05-03（2）．

[3] 徐进功，马丽，贺东航．重视学生社团在高校思政理论课教学改革中的作用——以厦门大学“农民之子”社团为例［J］．思想理论教育导刊，2016（10）：117-118．

供给侧结构性改革视域下高职思想政治理论课改革的探赜*

江　冰**

摘　要：一直以来，思想政治理论课都是党和国家实现“立德树人”根本教育目标的“关键课程”，是思想政治教育的主渠道、主阵地，只能加强，不能削弱。高等职业教育作为我国职业教育的重要类型，同样也肩负着实现“立德树人”根本教育目标的重任，高职思想政治理论课的地位、作用不言而喻。然而目前高职思想政治理论课教学因存在供给主体结构不合理、供给内容滞后、供给方式一元化等问题导致教学亲和力欠缺、学生获得感不强，进而影响思想政治教育实效性发挥的情形依然严峻。因此，以供给侧结构性改革的思维，立足“课程思政”，从供给主体结构优化、供给内容优化重组、供给方式多元化、供给环境多维化等方面着手逐层解决问题，可以说是切实提高高职思想政治理论课教学质量，增强思想政治教育实效性的全新视角与当务之急。

关键词：供给侧结构性改革　高职思想政治理论课　课程思政

* 本文是2018年福建省教育厅中青年思想政治课教师择优资助计划“基于SPOC模式的优秀地方特色文化助力高职思想政治理论课教学质量提升的研究——以船政文化为例”（编号：JZ180147）阶段成果，2018年福建省教育厅课程思政教育教学改革精品项目“通识课程的思想政治教育价值研究——以船政文化素养课为例”（编号：KC18102）阶段性成果。

** 江冰：福建船政交通职业学院思政部教授。1996年毕业于福建师范大学思想政治教育专业，主讲“毛泽东思想和中国特色社会主义理论体系概论”“思想道德修养与法律基础”课程。先后发表论文20余篇。

一、高职思想政治理论课供给侧结构性改革的价值旨归

2016年12月，习近平在全国高校思想政治工作会议上指出，做好高校思想政治工作，要遵循思想政治工作规律，遵循教书育人规律，遵循学生成长规律，不断提高工作能力和水平。要用好课堂教学这个主渠道，思想政治理论课要坚持在改进中加强，提升思想政治教育亲和力和针对性，满足学生成长发展需求和期待。2019年3月18日，习近平在学校思想政治理论课教师座谈会上强调，思想政治理论课是落实立德树人根本任务的关键课程，推动思想政治理论课改革创新，要不断增强思政课的思想性、理论性和亲和力、针对性。2019年8月，中共中央办公厅、国务院办公厅印发了《关于深化新时代学校思想政治理论课改革创新的若干意见》。从这些讲话和文件中，我们能深刻地感受到党和国家对于思想政治理论课这个关乎培育时代新人的“关键课程”的重视与关注。而保证思想政治理论课的教学质量、提升思想政治理论课教育实效性又是实现这一“关键”的前提。面对一些高职院校长期存在的思想政治理论课教学亲和力不够、效果欠佳、学生获得感不强等老大难问题，供给侧结构性改革作为一种全新思维方式，为高职思想政治理论课教师反思问题存在的原因，打开视野，继而找到解决的办法提供新的视角。

在供给侧思维的影响下，我们大多都已经注意到要解决教学效果不理想需要从供给的角度寻求解决的方案，但是如果单纯仅从撇开社会生活、追求教学形式与手段的改变、一味地满足需求端而投机供给，势必带来供给的投机性与无根性，最终学生对于我们的教学内容无法真正领会，影响到立德树人教育目标的实现。那么，高职思想政治理论课教学供给侧结构性改革的价值旨归是什么呢？笔者认为，高职思想政治理论课供给侧结构性改革的价值旨归是面对现实生活，坚持供给与需求矛盾是阶段性的基础上，在满足人的需求中创造供给，在完善供给中创造人的需求。完成供给侧结构性调整，实现供给侧与需求端的协调平衡和良性互动，达到思想政治教育的质量与效率双赢，进而为实现人的全面发展保驾护航。思想政治理论课教育教学归根结底是对人的教育活动，需求与供给端都是人，思想政治理论课是我们对学生开展思想政治教育的主渠道、主阵地，是培养社会主义合格建设者和接班人的关键课程，课程的意识形态目标注定了思想政治理论课是一门具有特殊教育功能的课程，这种特殊性就要求供给侧结构性改革必须在教学理念中关注那些能够实现潜移默化教育作用的因素与方法，在实际操作过程中运用各种

隐喻、系统的有效形式，影响学生各个方面，实现既在满足人的需求中创造供给，更在完善供给中创造人的需求，实现真正的思想政治理论课教育教学的有效供给。

二、问题在哪：当前高职思想政治理论课教学供给体系中要素配置扭曲

供给侧结构性改革作为一种全新的发展视角，相比需求侧而言更加倡导从问题的发生源头寻找解决问题的办法，旨在通过改革的办法矫正要素扭曲配置、推进经济结构的优化调整，实现要素最优配置，提高供给质量和数量，最终实现供给与需求的良性平衡，促进经济社会的持久健康发展，一句话：提质增效。作为高校立德树人的关键课程，思想政治理论课供给的有效与否即供给质量的优良与否关乎立德树人的成败。思想政治理论课也需要提质增效，当前高职思想政治理论课教学效果的不理想一定程度可以说是由于要素配置扭曲导致的供给体系结构性偏差。而高职思想政治理论课教育供给要素扭曲配置主要原因为供给主体结构相对失衡、产能与有效供给内容滞后、供给方式单一、供给环境复杂等。

（一）供给主体供给结构失衡

供给主体供给结构相对失衡表现在三方面：首先，高职思政教师知识面广与马克思主义理论不够扎实、专业信仰不够坚定之间的失衡。思政教师作为大学生思想政治理论课实施发展和创新推动的主体，不同于其他学科教师，不仅要教会学生掌握一些知识内容，更重要的是要对学生进行理想信念教育，在课程教学中不应仅仅是系列知识的传授，更应是马克思主义理论及当代中国化马克思主义发展的最新成果的讲授，这样的教学内容，要求教师不仅要拥有多维、扎实的知识结构，更要有深厚的马克思主义的理论功底、坚定的马克思主义信仰。由于传统职业教育中“重技轻德”的目标偏差及招生规模不断扩大的影响，目前仍存在一些高职院校的思想政治理论课教师，并非科班出身，甚至有些是从其他学科转岗过来，这样就导致一些高职思政教师知识面比较广，但马克思主义理论功底薄弱，运用马克思主义基本理论看待、解释实际问题的能力相对欠缺，对于教学中需要对学生讲解清楚的马克思主义理论中的重点、难点理解不够透彻，无法很好地向学生讲清理论与现实之间的联系与差异，不能引导和帮助学生学会用马克思主义辩证唯物主义的世

界观、方法论看待问题、解决问题。甚至在西方思潮的影响下，个别教师本身的政治立场和信仰出现了偏差，对一些危言耸听的妄言谬论无法做到从容地运用马克思主义的基本立场、观点、方法坚定果断地予以回击。其次，高职院校师生比结构的失衡。随着高职招生规模的不断扩大，高职院校招收的学生不仅人数在不断增加，而且生源更加多元化。思想政治理论课作为公共必修课，是所有学生的必学科目，因此在师资队伍上存在着严重的缺口，这样人数多达百人的上课规模也就成了常态，而这样的上课规模，对于思想政治理论课这样一门具有独特教学要求的课程来讲，无疑会影响教学效果，教师唱“独角戏”往往成为课堂的常态。最后，传统的教师教学风格与学生期盼的失衡。新时代的学生往往充满着激情，也充满着无限的渴求，他们期盼的是教师教学风格能充满激情、生动又富有哲理。然而目前高职教材与综合性院校教材具有无差别化和内容的多变性等特征，高职思想政治理论课教师在教学中，面对抽象性、理论性偏强和内容众多的统一教材，往往为了能完成教学任务及顾及思政课程特殊性，在教学中尽量做到不越雷池，导致在教学风格上有时表现得过于呆板，甚至枯燥、无趣、乏味、僵化，理论性与生动性无法恰如其分地结合，以至于学生无法领会到思想政治理论课的理论魅力。

（二）供给产能过剩与精准供给滞后并存

对于学生而言，对思想政治理论课的学习可以说是从小学到大，虽然不同教学阶段的教师在面对不同年龄段的学生进行思想政治理论课教学时，其教学内容会有不同的侧重，但目前整体上我国在思想政治理论课的大中小学教材内容的合理衔接与架构上还处在初级阶段，或多或少地仍存在着话语上的教条及内容上的重复，且是缺乏逻辑性的简单粗略的低水平重复，还未真正实现分层教学、分类教学。如大学教材里所讲述的一些内容在中学阶段的思政课或历史课中都基本接触过，即使是大学阶段的课程教材之间也存在交叉与重复，这就无形中使学生在学习过程中感觉到思政课程的内容似乎总在重复，没有新意，从而一定程度上影响了学生的积极性，影响了学习的获得感与幸福感。

面对瞬息万变、问题不断涌现的时代，年轻的学生们充满好奇与关注，希望能够得到很好的解读与释惑，而我们的教材内容虽不断地更新，但基本是政策性文本等引述的标准化，对于因社会发展不断呈现的学生们关注的各式各样的现实或突发问题，如腐败问题、环境问题、就业问题、分配不公问题、心理问题等，根本无法做到精准及时到位的回应和深刻的阐述与解读，这就使得思想政治理论课给学生留下了存在“两张皮”的印象，学生对此课程的作用产生怀疑，使得思想政治理论课的内容无法形成强大的向心力，吸引学生的眼球与注意力，课程教学效果自然大打折扣。一边是课程教学中产能过剩重复供给，另一边却又体现精准供给不足，满足不了学生的学习期待，影响思想政治教育的效果，这种矛盾也就使得高职思想政治理论课在进行课程教学时因缺乏明确的课程定位，导致思想政治教育因针对性、有效性无法精准匹配而收效甚微。

（三）供给模式的单一与需求复杂多变矛盾并存

一直以来，思想政治理论课被习惯性界定为单纯的政治课，而目前我国职业教育尚处在初步探索阶段，职业教育常被错误地认为教会学生专业技能才是就业的关键，思想政治理论课在职业教育中的地位往往被人为地忽视了，因此高职思想政治理论课在供给模式上存在着以下问题。首先，整体上课程侧重于采用传统的课堂讲授模式，学生的各种合理的探知需求在教学过程中往往被忽略，教师在传统的课堂教学中只是一味地进行教学内容的输出，学生则缺乏学习主动性，或者说即使有也因教师固定呆板的教学供给模式而被抹杀。其次，教学途径上理论与实践相脱节，课堂的理论教学过程几乎成为思想政治理论课唯一的教学形式，没有真正面对与解决学生面临的形形色色的实际问题，更无法培养学生解决问题的能力。再次，传统封闭的教学供给模式使得高职思想政治理论课教学中无法结合职业教育特有的专业设置优势，采取与适应多变的职业人才的需求形势相对应的教学方式，各个课程教学实践之间没有注意相互的关联性，这就导致教学很难落实到学生关注的关键点、满足学生的需要，无法吸引学生的关注，形成理论教学与实践教学二元式的割裂状态。最后，利用教学信息化促进教学供给的多样化并未真正实现。目前大多数思想政治理论课都试图通过网络平台的介入开展信息化教学，但大都只是体现为简单的传统课堂教学方式的依托转换，教学逻辑与方式其实就是传统教学方式的翻版，为“新瓶装旧酒”这种简单的“+互联网”的方式，实际并未实现利用“互联网+”承载的多样教学供给，达到满足学生们丰富多彩的精神需求的目标。

三、如何解决：立足“课程思政”，以供给侧结构性思维，完成高职思想政治理论课的供给侧结构性改革，实现教育供给端的有效提质增效转型

面对高职思想政治理论课存在的问题，解决的关键就在于完成供给侧结构性改革，实现教育供给端的有效提质增效转型，以供给侧结构性思维，立足“课程思政”，从供给主体结构优化、供给内容优化重组、供给方式多元化、供给环境多维化等方面入手，逐层解决问题，进而实现真正的有效供给，从而在供给与需求的协调平衡、良性互动中提高教学质量，实现思想政治教育的最终目标。

（一）树立多元共治理念，重构与优化供给主体架构

思想政治理论课教学质量的高低关键在于教师队伍的质量，也就是供给主体的质量。对于供给主体质量的提升需要在树立多元共治理念基础上重构与优化主体架构。首先，整体构成上实现“一体+”的教师队伍建构。所谓“一体”就是专任思想政治理论课教师，“+”就是专业教师与符合教育要求的所有相关人员。根据教育层次分门别类建设教师库。这些教师为了立德树人的根本任务，遵循“课程思政”的原则，实现教育的同频共振共鸣。例如，发挥职业院校的专业设置优势，思政课教师与专业课教师配合挖掘所在专业的思政元素展开思政课程教学，不同领域的专家则从相关领域开展专题讲座，提升学生领域视野。当然，要搭建多元主体共治，发挥最佳合力效用，期间主体间必须做到相互间互动良性与衔接循环有效，实现整体协调“三全育人”新格局。其次，遵循思政教师的“六项要求”，提升高职思政教师的理论水平与育人能力。在理论水平上，从研读马列经典论著着手，了解马克思主义研究最新动态，提升自身的马列理论素养，同时阅读了解其他学科的经典，扩大教师的学科视野。以马克思主义的科学世界观、方法论全面客观地分析我们在中国梦确立、实践中面临的实际问题，尤其结合当前职业改革的大背景，科学有效地引导学生如何在纷繁复杂的问题与思潮面前坚持理性、正确的认识和判断。习近平指出：做好高校思想政治工作，要遵循思想政治工作规律，遵循学生成长规律，不断提高工作能力和水平，满足学生成长发展需求和期待。因此，在育人能力上，通过相关培训与考核机制，帮助教师树立科学与人文并重、规范与个性并存、基础与创新融通的教育服务理念，磨炼解学生

知识之惑、专业之惑、生活之惑、情感之惑等的真功夫，实现引领性供给。这种回应学生关切的理论与现实问题的硬核能力培养，是重构与优化供给主体架构，打开思想政治理论课教育全新局面的关键。

（二）盘活供给内容体量，去除无效产能，实现精准供给

思想政治理论课供给侧结构性改革并不意味着全盘否定学生需求，也不意味着盲目地屈从满足学生的所有需求，而是要以育人为最终目标，结合学生现实需要，打造精准高质的供给内容，提供高效精准的供给，对症下药，因材施教。为此，必须树立“课程思政”理念，盘活供给内容体量，去除无效产能。既考虑高职教育不同于高等教育的教育类型又考虑不同于中小学教育，结合当前职业改革大背景，特别是职业教育扩招带来的职业教育大变局，将过去纯粹为青年学生提供学历教育的教学服务转变为如今以就业为导向的面向更加广大的社会群体的教育服务。以适应企业岗位需求目标重新定位教学目标，打破原有的章节体系，将高职的思想政治理论课教材以专题模块化、项目化形式重新组合，实现教材内容供给的精准化。以“毛泽东思想和中国特色社会主义理论体系概论”课为例：首先，提升教材供给框架合理性。将课程教材框架分成一个中心、三大模块，对应若干项目进行课程教材内容整合。一个中心就是围绕中国梦的实现，三大模块就是实现中国梦的理论找寻与成就、中国梦的实践历程、面对社会问题的个人应对实践。对应项目则根据模块讲解中所要完成的能力与素质目标进行相应设计。其次，提升教学内容构成的多样性。利用高职的专业设置优势，促进“课程思政”建设，挖掘高职院校专业课程建设中的思政元素，实现与高职思想政治理论课相通相融教育，丰富思想政治理论课内容，扭转高职教育中长期存在的重技轻德的培养现状，实现新时代德技兼修高素质人才的培养。最后，增强教材内容时代性、精准性。在教材框架有效整合、内容构成多样化的基础上，以马克思主义基本理论为基础，以社会需求、学生需求为切入口，利用大数据创造性整合线上线下课程资源，调整教学关键要素，实现教学资源均衡化发展，打造精品教学资源，实现教学产品“精品质”，增强教材内容的时代性，同时实现教材供给的精准化、个性化、细致化。真正做到所讲的内容是学生关注的，所讲内容是学生喜欢的，实现教学内容的及时“精准性”供给。

（三）创新教学方式供给模式，有效促进学生学习与成长

思想政治理论课教育目标的实现有赖于供给侧、需求侧及实施手段三

要素的完备。而三要素中，实施手段作为实现需求侧与供给侧关联的媒介至关重要。科学有效的实施手段能使供给与需求完美对接，实现思想政治教育的实效性。为此，改善与创新教学手段，优化教学过程，提升供给模式的科学性，实现立于科学达于艺术的教学，最终才能促进学生全面成长。首先，遵循思政课程教学供给规律，立足课堂，科学运用教学资源，转变教学思路，合理翻转课堂安排教学环节，减少课堂教学中的累赘、随意性和无序化。其次，创新教学模式，实现教育分层分类的灵活供给。根据学生专业特点、兴趣爱好，有选择地运用他们感兴趣的且操作性强的方法创新教学模式，如利用微课、游戏通关、微电影、慕课、现场模拟教学方式等增强教学内容的吸引力。最后，打通全新的实践教育通道，开拓实践新模式。职业教育最重要的任务是为青年进入“工作角色”奠定基础。为此伴随着职业教育的改革推进，提升学生的职业技能成为新时代职业人才培养改革的重点，思想政治理论课的实践教学要契合职业教育的“校中厂”“厂中教”培养方式，将思想政治教育融入实习实训的各个环节，实现高职教育的思政课程与“课程思政”的结合，真正做到让思想政治教育在“做中学、学中做”。

（四）思政课程与“课程思政”相融合，优化教学供给环境，打造思想政治教育的新格局

虽然思想政治理论课是开展思想政治教育的主渠道、主阵地，但思想政治教育并不仅限于思想政治理论课课堂，而应是存在于教育的全过程、全领域、全方位。新时代的职业教育需要培养出高素质的技能人才，思政课程与“课程思政”相融合可以说既是思政课程的拓展与深化，更是新时代职业教育回归教育本质的重要体现。思政课程与“课程思政”相融合协同育人，才能真正做到实现育人的整体性与全局性。而对于高职院校的思政课程与“课程思政”相融合，需要优化教学供给环境，打造思想政治教育新格局。高职思想政治理论课教学环境主要包括社会、学校、家庭、课程环境四个部分。在供给侧结构性改革境遇下，要提升思想政治理论课教学实效性，一是高职院校要在整体思想意识上形成营造社会、学校、课堂、家庭协同育人的教学大环境的共识。二是从社会环境上注重营造宣传社会主义核心价值观的主流思潮，特别是加强对大国工匠精神、民族精神、爱国主义精神等中国精神的宣传。三是打造与思想政治教育目标相呼应的充满人文气息的校园文化、教学设施等学校环境，做到人在景中，悟在其间。同时各职业院校结合办学目标与学院特点，围绕当前“金课”建设要求凝练出既符合高素质人才培养要求又体现自己独特办学优势的办学精神，指导学校的校风、学风、教风等建设。四是打造严格的家风家教、和谐家庭环境。为学生形成正确的世界观、人生观和价值观打下坚实的基础，帮助学生正确看待自己所接受的职业教育的价值，确立正确的学习态度与理性平和的人生态度。五是形成高效有序的课堂教学环境。在这期间不仅要有传统教学环境的营造，更要有符合新生代学生需求的多元化教学环境的打造，比如打造顺应新生代思维特点的网络教学平台环境。总之，通过这四位一体多维的教学供给环境的合理建构，同向发力，协同育人，高职思想政治理论课教学质量才能得到保障，实现为高素质的职业人才培养保驾护航的目标。

参考文献

[1] 陈锡喜．深化高校思想政治理论课改革和建设的新空间［J］．湖北社会科学，2015（12）：181-187．

[2] 习近平．在全国高校思想政治工作会议上强调：把思想政治工作贯穿教育教学全过程　开创我国高等教育事业发展新局面［N］．人民日报，2016-12-09（1）．

[3] 周有建．供给侧结构性改革语境下高校思政课教学存在的问题及对策［J］．现代教育科学，2016（11）：49-53．

[4] 李奕．教育改革，“供给侧”是关键［N］．人民日报，2016-01-14（18）．

[5] 徐雪松．“供给侧”结构性改革视域下——高校思想政治教育研究的新视角［J］．理论观察，2017（11）：134-136．

[6] 邓纯东．努力构建以马克思主义为指导的哲学社会科学话语体系［J］．马克思主义研究，2014（6）：9-14．

[7] 孙英．高校思想政治理论课教学供给侧改革论析［J］．思想理论教育导刊，2017（5）：115-118．

[8] 张国启．论思想政治理论课教学供给侧结构性改革中的价值意识［J］．思想政治教育研究，2017（4）：56-60．

[9] 刘勇，邵宇．论高校思想政治理论课教师供给能力的优化［J］．学校党建与思想教育，2017（15）：46-50．

［10］张云德，姚晓萍，王丽．高校思想政治教育供给侧结构性改革路径探析［J］．中共云南省委党校学报，2017（4）：42-45．

［11］王栗娟．供给侧改革视域下提升高职院校思想政治教育实效探析［J］．学校党建与思想教育，2017（14）：88-92．

［12］李春萌．高职思想政治理论课"四化"改革实践［J］．中国职业技术教育，2018（32）：93-96．

［13］阎国华．高校思想政治理论课获得感的内在要素与形成机制［J］．思想理论教育，2018（1）：66-71．

［14］张国顺．大学生思想政治理论课供给侧结构性改革创新研究［J］．黑龙江高教研究，2018（7）：154-157．

［15］王学俭，杜敏．高校思想政治教育供给侧改革探讨［J］．思想理论教育导刊，2017（6）：117-121．

产教融合背景下的高职“课程思政”探析*

王晓漪**

摘　要：围绕如何将“产教融合”与“课程思政”这两大任务结合起来，在实践中创新高职人才培养模式这个中心，阐述了“产教融合”与“课程思政”的内在关系，分析了产教融合背景下的“课程思政”建设存在的问题，提出了产教融合背景下的“课程思政”的建设原则、实践载体与实现路径。

关键词：产教融合　课程思政　高职院校

“课程思政”“产教融合”是当前高职人才培养的重要方向与根本任务。如何将“产教融合”与“课程思政”这两大任务结合起来，在实践中创新高职人才培养模式？本文将从“产教融合”与“课程思政”的内在关系、产教融合背景下的高职“课程思政”的实施载体及实现路径等方面，粗浅地谈些看法。

一、“产教融合”与“课程思政”的内在关系

首先，“课程思政”的提出，是为了改变过去学校思想政治工作弱化、僵化的倾向，坚持“立德树人”的宗旨，提升人才培养质量。“课程思政”的核心要求学校以培养拥护中国共产党领导和我国社会主义制度、立志为中国特色社会主义事业奋斗终身的有用人才为重要使命。应将立德树人的宗旨融入学校教育的课程体系之中，使各类课程与思想政治理论课同向同行，形成具有协同效应的“课程思政”体系，构建价值引领与知识传授相统一的人才培养模式。

* 基金项目：浙江省高等教育“十三五”第一批教学改革研究项目（编号：JG20180555）。

** 王晓漪：浙江交通职业技术学院人文学院思想政治理论教研室主任，教授。2005年浙江大学法学硕士，研究方向为思想政治理论教育。主讲“思想道德修养与法律基础”“形势与政策”课程。

其次，“产教融合”的提出，是针对当今职业技术人才的供给侧与需求侧的结构性矛盾现象，主要是解决目前高职人才培养脱离产业行业及区域经济发展、毕业生缺少综合职业素质的困境。“产教融合”是现代职业教育对人才需求的现实回应。这种回应，从根本上要求职业院校改变初创时期那种粗放的追求量的扩张的办学理念，整体创新人才培养体系，真正培养既具有扎实的专业知识与技能又具有良好的人文素养与思想素养，既能做人又能做事的德才兼备的社会有用人才。

虽然“产教融合”与“课程思政”是从两个不同的方向提出的育人模式，但是从高职教育的本质上，两者是有机统一、相辅相成、缺一不可的。不论是“产教融合”还是“课程思政”都是新时代向高职人才培养提出的创新要求，最终目标都是努力构建德智体美劳全面培养的教育体系，实现职业精神和职业技能培养的高度融合，造就德才兼备的社会主义生产者和劳动者。

因此，对高职院校来讲，“产教融合”与“课程思政”是目前高职人才培养创新的一体两面。如果说“产教融合”是“课程思政”的职业性、专业性表述，那么“课程思政”就是“产教融合”的思想性、价值性表述。在实践中，探索职业教育“产教融合”的人才培养模式，与探索立德树人的“课程思政”的育人模式，在本质、内容、方法途径上是一致的。

二、产教融合背景下的“课程思政”建设存在的问题

既然“产教融合”与“课程思政”是内在统一的，那么在深化产教融合改革的道路上，如何开创具有高职特色的“课程思政”呢？首先需要直面目前高职院校人才培养的问题与矛盾，因为对问题的反思、对矛盾的辩证认识，才是解决之道，是改革与发展之始。

（一）专业教育“价值中立”现象

作为一种非意识形态化的社会思潮，“价值中立”认为知识传授不关涉价值导向，在教育过程中保持“中立”。这种思想在一定程度上影响了一些高校及教师（特别是自然学科、技术教育领域）的教育教学观。当然，“价值中立”作为一种探索未知世界的研究态度，避免先入为主的知识误区，是无可厚非的。但是如果将“价值中立”泛化至所有社会领域，特别是教育领域，可能会偏离“价值中立”的本原。正如有学者认为，“价值中立”的教育观实际上“混淆了发展趋势与社会现实”，“在客观上鼓励、强化了价值冲突”。

作为社会思想观念的传承途径的教育，不论是人文学科还是自然学科，必然蕴含特定的社会或专业的价值取向。任何价值取向必然是特定社会历史的反映。正因为是丰富社会历史性的反映，各专业学科里无疑蕴含着丰富的体现人类文明、发展趋势的精神与思想。任何专业学科的教育毫无疑义地在传递着这种“现实的历史的”价值思想与文化精神。所以，从教育的本质来讲，所谓教育中的“价值中立”有可能是“价值偏心”。

（二）人才培养片面强调专业知识与技能教育

20世纪90年代以来，高职院校一直处于高速扩张发展中，高职教育注重招生规模大、教育见效快、专业设置全而多、知识技能够用实用，导致高职院校形成重数量而轻质量、重实用而轻耐用、重传技而轻育人的理念。这种传统的职业技术教育观局限了人们对职教“育人”功能的认识，人才培养片面强调专业知识与技能教育，忽视综合能力素质教育，片面强调做事而忽视做人教育。直接的结果就是弱化了学生的职业核心能力、综合人文素质，从而在工作中无法满足工作岗位、用人单位、社会等的综合要求。这种人才培养理念既不符合现代社会经济发展的要求，也不利于高职院校自身的可持续发展。

（三）思想政治教育与学科专业教育分离现象

思想政治教育与学科专业教育分离现象往往与“价值中立”观、片面技能培养观相关联。主要是忽视对学生的思想政治教育，将学生的思想政治工作与学科专业教育割裂甚至对立起来。认为思想政治工作是思想政治理论课、学工党团等部门的事，是行政的事，不是学科专业教育教学的事。学科专业教育的任务就是传授好相关领域的知识、技能。这样的做法实际上偏离了“立德树人”的宗旨，影响了合格的社会主义生产者与劳动者的培养。

三、产教融合背景下的“课程思政”的建设原则

原则是指导人们的认识、思想、言论和行为的准则，是实践的基础与前提。要构建产教融合背景下的“课程思政”，需要针对现存的问题，结合高职教育发展的现实要求与教育的运动规律，确立产教融合背景下的“课程思政”的建设原则。

（一）坚持知识传授与价值引领相统一

无论什么内容的教育，知识传授与价值引领是有机统一的。只不过在专业学科教育里，知识传授是显性的外在的教育，而价值导向是内在的隐性的教育。但价值导向这种隐性的教育是必然的根本的教育。对于教育本身来讲，没有精神依托的技术会冰冷，没有价值判断的知识会愚昧，没有文化滋养的人才是机械的、苍白的。教育者的使命是教书育人，所谓教书育人就是强调教师在传授专业知识的同时，引导学生坚持正确的政治方向，坚持正确的价值追求。中共中央、国务院在《关于进一步加强和改进大学生思想政治教育的意见》中明确指出，“坚持教书与育人相结合。学校教育要坚持育人为本、德育为先，把人才培养作为根本任务，把思想政治教育摆在首要位置”，就是明确教育要重视与强化价值教育，坚持知识传授与价值引领相统一，将专业教育与价值教育有机结合起来。

（二）坚持育人与育才相统一

习近平总书记在北京大学师生座谈会上指出，“人才培养一定是育人和育才相统一的过程，而育人是本”。这个“本”就是“立德树人”，对于高职教育来讲，人才之“德”来自理想信念及正确的世界观、人生观、价值观的教育，也来自专业职业的教育、行业文化的滋养。“产教融合”的人才培养模式“不仅要在专业教学方面紧贴技术进步和生产实际，对接最新职业标准、行业标准和岗位规范，紧贴岗位实际工作过程，而且要适应行业文化的要求，全面了解行业发展情况，符合行业规范和准则，培育职业道德，最终实现从物质到精神、从制度到文化的全面融合”。可见，产教融合从根本上要求，高职院校要确立人才培养的整体观，实现“育人与育才”的根本统一，构建德智体美劳全面培养的教育体系，造就德才兼备的高职人才。

（三）坚持思想政治教育与专业技术教育相统一

教育部部长陈宝生在2018—2022年教育部高等学校教学指导委员会成立会议上强调：“加强课程思政、专业思政十分重要，要提升到中国特色高等教育制度层面来认识。”可见，“课程思政”是中国特色社会主义大学的根本任务。“课程思政”的建设既不能落于思想政治理论课上，也不能落于思想政治工作的行政领域，而是要落脚于学校的教学体系与过程中，成为学校人才培养的根本要求。“课程思政”是思想政治理论课与各专业课协同育人的体系，

“立德树人”贯穿于学校整个教学课程体系之中，应“充分发掘和运用各学科蕴含的思想政治教育资源，健全高校课堂教学管理办法”，“使各类课程与思想政治理论课同向同行，努力实现职业技能和职业精神培养高度融合”，形成门门皆是思政课、人人皆是思政教师、个个都做思政工作的育人氛围，构建产教融合背景下“课程思政”的协同育人体系。

四、产教融合背景下的“课程思政”的实践载体

产教融合的核心就是职业教育要改变学校包办培养任务、课堂包办教学任务的单向培养模式，改变人才培养脱离经济社会真实需求的局面。强化企业参与教育、培养人才的主体作用，构建校企双主体育人、互利共赢的人才培养模式。这一理念从根本上要求职业教育与经济社会、行业企业、生产经营等宏观微观环境有机统一，实现教育体系与企业体系、知识体系与实践体系的真正融合。学者刘忠彬、郭辉、杨晓娟将这种融合归纳为“三双三对接”，即“双主体育人、双导师教学、双身份学习、教学内容与工作内容对接、教学过程与生产过程对接、教学质量评价标准与职业标准对接”。这种人才培养模式既是办学主体，也是教学模式、课程体系的融合，更是从形式到内容、从现象到本质全方位的职教融合、产学融合、校企融合。

学者朱永坤主张这种融合是“制度上的合作，即产业、行业与高职教育共同作为人才培养主体”及“文化上的融合，即专业自身的教学和课程文化与行业文化融合”。文化的融合则是指在专业技术技能传授的同时，进行企业文化精神与行业价值观的正确引导，对行业文化的传承创新。从教育形式上来讲，知识技能的传授是显性的，而文化精神价值的传授则是隐性的。但是从行业、企业、职业所需的工作内容、生产过程、职业标准的角度来讲，两者是共存于一体、相辅相成、不可或缺的。因此，产教融合从培养内容来讲，不仅授之经济社会发展和行业、企业、职业所需的专业知识与技能，而且授之所需专业职业的精神、价值。从学校人才培养来讲，不仅是教育主体、课程体系、教学体系的“产教融合”，也是校园文化、专业文化、课程文化的“产教融合”。因此，企业行业及职业文化的教育在这个人才培养体系里的重要意义不言而喻。早在2011年，教育部《关于推进高等职业教育改革创新引领职业教育科学发展的若干意见》中就指出，“高等职业学校要把社会主义核心价值体系、现代企业优秀文化理念融入人才培养全过程，强化学生职业道德和职业精神培养，加强实践育人，提高思想政治教育工作的针对性和实效性”。

2014年，国务院《关于加快发展现代职业教育的决定》中指出，“全面实施素质教育，科学合理设置课程，将职业道德、人文素养教育贯穿培养全过程”。

对高职院校来说，创新“课程思政”育人模式是要将思想政治教育落实到“产教融合”的人才培养体系之中、落实到每门课程当中，将人才培养的“思想政治教育”与“职业教育”深度有机地融合起来。而要做到这种融合，就需要探索职业教育的“思想性”与“职业性”的内在关系，挖掘“思想政治教育”与“职业教育”在内容上的一致性和共同性。行业文化恰好是这种一致性与共同性的集大成者。行业文化是各行各业在生产劳动实践中形成的文化体系，是体现行业价值理念的精神文化、制度文化和物质文化的总和。行业文化既包括行业的经营理论、传承方式、行业规矩、经营技术等，也包括行业特色的职业道德观、职业价值观与职业信仰等内容。行业文化是各行各业文明程度的重要标志，是职业进步、行业发展的思想结晶。当代中国的行业文化是社会主义先进文化的重要组成部分，包含了职业院校思想政治教育的重要内容。不论是逻辑还是内容，行业文化具有的思想性与职业性的双重意义，符合高职院校“立德树人”的宗旨，也符合“课程思政”建设的本质要求。因此，产教融合背景下，高职院校的“课程思政”只有依托行业文化这一实践载体，将行业文化作为“课程思政”创建的基点，才能构建具有职业教育特色的“课程思政”的育人体系。

五、产教融合背景下的“课程思政”的实现路径

（一）形成具有行业文化特色的“课程思政”教学内容体系

要根据不同专业教育的需要对行业文化进行科学理性的梳理与提炼。每种行业文化都经历了时间的沉淀、精神的凝聚，包含了行业行为与运行过程中丰富多彩的内容。但是将行业文化的内容运用于专业教育教学中，需要根据专业知识教育的规律与学生成长成才的规律、学习认知规律，对行业文化进行科学理性的梳理与提炼，加工成与专业课程相得益彰的教学内容，融入正常的专业课程教学之中。在这个过程中，需要建立思想政治理论课与各专业课程教师的协同工作机制，如通过课题立项、集体备课、定期交流等形式，真正实现“课程”走向“思政”、“思政”走向“课程”的双赢，确保各门专业课程的“思政”融入点的合规律性与合目的性。

（二）构建以行业文化为特色的“课程思政”的课程体系

人才培养目标、育人理念是通过整体有机的课程设置、各个层面的知识（包括德才）构建而达成的。课程体系是实现培养目标的重要载体。构建以行业文化为特色的“课程思政”的课程体系，从根本上要求高职院校确立“产教融合”“课程思政”有机统一的课程观，以“构建德智体美劳全面发展的教育体系”为目标，在课程结构、课程标准、教学设计等环节中，融入行业文化的内容，建构兼具思想性与职业性、价值性与技术性的课程体系。

（三）建设以行业文化为特色的校园文化体系

对学校来讲，校园文化建设本身是以人才培养为中心的环境保障与文化熏陶。以行业文化为特色的“课程思政”“产教融合”不仅需要第一课堂，更需要借助第二课堂、校园文化开展有效教学。因此，高职院校需要根据学校的专业特色，提炼具有行业特色的校园文化主题与内容，通过开展“工匠进校园”“劳模进校园”“优秀职校生校园分享”“行业发展历史展”等校园文化活动，宣传行业翘楚、能工巧匠和优秀劳动者的事迹，展示行业发展的历史与成就等，弘扬社会主义行业文化的精神，营造浓厚的独具特色的行业文化氛围，从而达到“润物细无声”的文化教育效果。

（四）加强对教师的马克思主义理论培训

产教融合背景下的“课程思政”的实现，关键还在于师资。学科专业教师对行业文化的思想性与政治性是否具有良好的领会和把握度，在学科专业的教学中是否正确地有机渗透与讲授，直接影响“课程思政”的成功与否。鉴于学科专业教师的知识背景对马克思主义理论所涉较少较浅，对一些基本的原理与概念理解不够，因此，学校有必要对学科专业教师进行相关的马克思主义理论的专题培训，加强与提高教师的政治理论水平。

总之，作为一种全新的高职人才培养体系，产教融合背景下的高职“课程思政”建设，需要以行业文化教育为依托，充分挖掘各门专业课程中的具有职业性与行业性特色的思想政治教学元素，形成各专业课程的“课程思政”的教学内容，融入教学体系、教材体系、校园文化体系之中，实现高职特色的“课程思政”育人目标。

参考文献

[1] 王一杰．“中立”无益：对“价值中立”教育观的反思——以价值澄清德育流派为例 [J]．现代教育科学，2018（3）：1-2.

[2] 中共中央国务院发出《关于进一步加强和改进大学生思想政治教育的意见》[N]．人民日报，2004-10-15（1）.

[3] 朱永坤．“产教融合”视域下高职“专业文化”的特征及建设策略 [J]．职业技术教育，2017（10）：51-55.

[4] 中共中央国务院印发《关于加强和改进新形势下高校思想政治工作的意见》[N]．人民日报，2017-02-28（1）.

[5] 国务院印发《国家职业教育改革实施方案》[N]．人民日报，2019-02-14（1）.

[6] 刘忠彬，郭辉，杨晓娟．产教融合背景的培养模式研究 [J]．职业，2018（29）：24-27.

略论高职思想政治理论课实训室构建的实践逻辑

屈　洋*

摘　要：思想政治理论课教学的内容，因其具有较强的理论性、思想性，因此需要有针对性的实训实践，以实现固本清源、激浊扬清、感悟真理的目的。然而，一般的社会实践，因社会实践过程本身变量因素不详，且变量相互之间逻辑关系不清等，往往导致社会实践过程不可溯和实践结果导向不精准。因此，在高职院校构建思想政治理论课实训室，作为思想政治理论课教学内容的“培养皿”，能有效地构建、筛选、体验、强化思想政治理论课教师的教学内容和教学成果，让思想政治理论课可视化、可触摸、可体验，从而增强思想政治理论课的立德树人效果。

关键词：思想政治理论课实训室　培养皿　立德树人

2019年3月18日，学校思想政治理论课教师座谈会在北京召开，习近平总书记主持会议并发表重要讲话，对思想政治理论课教师和教学提出了殷切的期望。高职院校的中心工作是立德树人，而立德树人的主阵地和主渠道就是思想政治理论课，因此，办好高职院校思想政治理论课，是做好立德树人工作的重要保障，是解决好培养什么人、怎样培养人、为谁培养人这个根本问题的重要途径。在开展高职院校思想政治理论课教学过程中，除了开展好理论课堂教学、合理规划安排实践教学以外，还应该在高职院校构建思想政治理论课实训室。实训室承担着课堂理论教学“培养皿”功能，是学生消化、吸收、体验思想政治理论课理论知识的重要平台。

---

* 屈洋：教育学硕士，重庆城市职业学院马克思主义学院专任教师，国家二级心理咨询师。2018年毕业于重庆师范大学马克思主义学院学科教育（思政）专业。主讲课程为“思想道德修养与法律基础”“毛泽东思想和中国特色社会主义理论体系概论”“形势与政策”“习近平新时代中国特色社会主义思想三十讲”。主要学术成就：2019年获重庆市“深化教育改革研究，助推高质量发展”论文征集比赛二等奖。

一、迫切的现实需求是高职思想政治理论课实训室构建的根本动因

党的十八大以来，党和国家高度重视思想政治理论课建设，思想政治理论课教育教学研究改革取得了阶段性的进步。各高校积极探索思想政治理论课教育教学改革，如对分课堂、翻转课堂、专题教学、案例化教学、手拉手集体备课、参观教学、实践教学等，思想政治理论课教学进入了新阶段。在这个改革过程中，很少有高职院校针对思想政治理论课构建实训室，然而，实训室不是理工科教育教学的专属，思想政治理论课同样需要构建实训室，以满足迫切的现实需求。思想政治理论课实训室是学生消化、吸收思想政治理论课理论知识的重要平台，不可或缺。

（一）不对称的理论环境和现实环境是思想政治理论课教学中最大障碍

高职院校开设的思想政治理论课主要有“思想道德修养与法律基础”（以下简称“基础”）及“毛泽东思想和中国特色社会主义理论体系概论”“形势与政策”，其中前两门是思想性、理论性较强的课程，学生在学习的过程中，往往只能获得较浅的理论认同。如基础课第二章，当学生学习到“立志当高远”时，通过教师的讲解，学生理解了李四光、邓稼先、钱学森等老一辈知识分子青年时期立志报国的雄心壮志，但由于理论环境和现实环境的差异性，学生很难和自身的前途命运联系在一起。教师安排学生进行调研实践，走访调研身边立志为国家、为人民奋斗的榜样，但部分学生在选择调研样本时缺乏甄别能力，有的学生甚至调研到立志不高远但仍然取得成功的个案。这样的案例，大大地削弱了课堂教学效果。

（二）思想政治理论课实训室能有效消除不对称的教学环境

思想政治理论课的理论性、思想性和现实生活可能存在一定的落差，在现实生活中，不是每一个公民都会像敬畏法律那样去遵守道德约束。因此，这种理论和现实的落差，就决定了现实生活中的社会实践不能完全承担思想政治理论课的实践环节，然而，思想政治理论课最终的目的，又是照亮生活，回归现实。化解这种矛盾的方法就是构建思想政治理论课实训室。思想政治理论课实训室通过大数据、云计算和仿真模拟等现代技术，有针对性地消除不对称的教学环境，使模拟的环境最大限度地满足教学需要。

二、思想政治理论课实训室的功能定位

思想政治理论课实训室是基于思想政治理论课教学内容和现实生活两种环境生成的实训环境。实训室包含思想政治理论课教学教具开发、基于大数据的学生学情动态分析、基于大数据的情景剧设计、基于VR技术的情景感知等。其功能作用主要是课堂教具开发、筛选学生不良道德品质、体验功能、培养学生优秀的道德品质等。

（一）思想政治理论课实训室承担课堂教具开发功能

马克思主义的立场、观点、方法，科学高尚的人生观，积极进取的人生态度，社会公德、职业道德、家庭美德……针对这些抽象的理论概念，教师在以往讲授的过程中，往往通过举例论证和学理分析等传统形式，以一个或者多个案例来给学生论证什么是积极进取的人生态度，以一个逻辑来阐释什么是马克思主义的立场、观点、方法。但是，与记忆一个经典的案例或一套理论逻辑相比，高职院校的学生更喜欢看到一个立体的、能够用眼睛直接观察的思维模型。首先设计思维模型的课堂教具，然后用3D技术打印，在课堂中，通过这种立体的课堂教具，学生就能直观感受到理论与理论之间、思维与思维之间的直观联系，增强学生的形象思维，教师能将抽象的理论、逻辑通过直观的模型表达出来，更能达到预期的教学效果。

（二）思想政治理论课实训室承担思维体验功能

在思想政治理论课学习过程中，学生往往不能准确理解和把握一些概念、理论的发展历程。如学生在学习基础课中道德的起源时，不能深刻领会“天意神启论”“先天人性论”“情感欲望论”“动物本能论”产生的理论逻辑，思想政治理论课实训室通过运用大数据和云计算技术，对这一板块知识进行重构和仿真模拟，学生戴上VR眼镜就可身临其境地学习体验，在学习体验过程中，学生可以与设备进行交互互动，增强学生的学习兴趣和提高学习效率。

（三）思想政治理论课实训室承担“培养皿”的筛选功能

朱熹《四书章句集注》中写道：“有则改之，无则加勉。”这是自省的最高表现。在思想政治理论课理论学习过程中，部分学生很难做到对标对

表的自省，需要借助一定的外力。社会实践往往因其变量复杂，变量和变量之间又相互干扰，难以把握每一个变量的走势而收效不明显。运用思想政治理论课实训室的筛选功能，通过学生自我认定、心理学量表测试等方式，能够准确地甄别什么是真善美、什么是假恶丑，认识并找准自身存在的缺点和不足。进而通过情景剧演绎、VR实景体验等环节，在体验的过程中做到场景、剧情目标化，从而完成对学生不良情绪、不良人生观、不良思维方式的矫正。

（四）思想政治理论课实训室承担“培养皿”的培育功能

高职院校思想政治理论课承担着为学生树立正确的世界观、人生观、价值观、道德观、法治观教育的重任，引导大学生成长为自觉担当民族复兴大任的时代新人。通过理论教学，学生能够认清人生态度、人生目的、人生价值，能够认识到个人的前途命运必须和国家的前途命运紧密相连，能够认识到明大德、守公德、严私德的价值，能够理解党的初心和使命就是为中国人民谋幸福，为中华民族谋复兴。由于这些认识和理解是建立在理论基础上的，因此，这些理解和认识具有脆弱性、不稳固性。学生在接受理论知识学习后，必须要在一个特定的、干扰因素尽可能少的环境下持续培育、反复强化，才能将脆弱的思维认同转化为亲身践行。而且，社会实践在培育学生的正确认知和价值观念的过程中存在效果的不确定性，原因在于：一是社会环境变量多，各变量影响程度未知，变量本身在不停地发生变化，导致实践结果的随机性和不可回溯性；二是社会环境中变量与变量之间关系复杂，厘清它们之间的逻辑联系和因果关系是一个庞大的系统工程，部分社会环境中存在的变量在思想政治理论课实践教学过程中释放负能量。因此，通过在思想政治理论课实训室的仿真实训，能将学生在课堂上学习的脆弱的、不稳固的理论知识进行培育和强化，增强学生对课堂理论知识的认知自信，使学生能够在复杂多变的社会环境中目标清晰、信念坚定、取舍有方。在这个过程中，思想政治理论课实训室的培育功能无可替代。

三、思想政治理论课实训室实践机制

思想政治理论课实训室的建设，既要满足高校思想政治理论课教育教学需要，和国家的相关文件对标对表，又要在建设中突出本校特色、地方特色。

（一）思想政治理论课实训室包含要素

根据思想政治理论课实训室承担的教育实训功能、建设目标和建设意义，实训室应该规划固定场所和移动场所，固定场所包含大型立体放映设备、VR仿真设备、教具开发制作材料、道具、服装、特定剧本等，这些要素用以承担思想政治理论课实训室的教具开发、思维体验、“培养皿”的筛选、“培养皿”的培育等任务。

（二）思想政治理论课实训室运作流程

思想政治理论课教师是实训室的管理主体，负责有序组织学生进入实训室参加课内实践。如在学生学习基础课第一章“人生的青春之问”后，组织学生在实训室进行章节课内实践，章节课内实践为2学时，学生在实训室可通过大型立体放映设备观看革命历史题材电影，重温毛泽东、周恩来、邓小平等老一辈无产阶级革命家的信仰历程，也可通过大数据、云计算自主生成的情景，借助VR仿真设备人机交互体验不同的人生观对人生发展和社会发展的影响。学生在得到立体体验、科学启发后，能够更加深刻地理解和消化教师课堂讲的理论知识。

（三）思想政治理论课实训室工作保障

学校为思想政治理论课实训室的建设和运行提供空间保障、制度保障和经费保障，并组织专业技术人员对全体专兼职教师开展实训室设备使用培训，同时，配备技术人员和实训室管理员。思想政治理论课教师在实训室开展课内实训实践教学时，按照正常工作标准计算工作量。

四、结语

新形势下，高职院校思想政治理论课教育教学改革已经进入新阶段，教与学出现了新的问题和矛盾，需要广大教师深入学情分析、深耕教学内容和创新教学方法，让思想政治教育内容更好地指导学生成长成才，更好地完成培育时代新人的伟大使命。

参考文献

[1] 冯秀军，戚晓红．思想政治理论课改革创新要坚持灌输性和启发性相统一［J］．思想理论教育导刊，2019（7）：74-78．

[2] 宋友文．高校思想政治理论课“课堂革命”与理论思维［J］．北京教育（德育），2019（1）：61-65．

诗词+思政课：理念、实践、问题及其应对

唐　智*

摘　要：诗词的历史性是诗词和思想政治理论课（以下简称“思政课”）的共同特征，教育性是实现“诗词+思政课”的基本前提，趣味性是助力思政课的优势所在。诗词+思政课，主要体现为课前引导、课中佐证和课后拓展三种形式。在诗词介入思政课的时候，要注意把握节奏，频率不能过高；分清主次，任务不宜过重；把握关系，介入不宜过深。

关键词：诗词　思政课　教学

习近平总书记强调，推动思想政治理论课改革创新，要不断增强思政课的思想性、理论性和亲和力、针对性。办好思政课，增强学生的存在感、获得感、幸福感，必须依赖于思政课的守正创新。

我国的古诗词有着几千年的历史，是我国传统文化的瑰宝，在几千年的中国教育中，古诗词中所蕴含的教育哲理、审美价值与艺术感染力等一直贯穿在我国的思政教育中。诗词是思政课建设的重要资源，能够为提升思政课教育教学实效、实现思政课改革创新发挥应有的作用。

一、理念：“诗词+思政课”——或叠加，抑或鳌合

（一）历史性：诗词和思政课的共同特征

诗词是文学作品中的一种类型。它是一定时代背景下，对真实社会生活

* 唐智：江苏农林职业技术学院马克思主义学院讲师。2010年毕业于河南大学马克思主义民族理论与政策专业，研究方向为思想政治教育，主讲课程为“思想道德修养与法律基础”“毛泽东思想和中国特色社会主义理论体系概论”。主持教育部人文社会科学研究专项任务项目（中国特色社会主义理论体系研究）、全国学校共青团课题等10多项，以独撰或第一作者发表论文40篇，和他人合作在《光明日报》发表论文1篇。

的一种特殊描述。它记录着诗人（词人）的所见、所闻、所思、所感，是真实历史情境和历史事件的见证者。在实施思政课教学的时候，一定离不开特定的历史背景，离不开历史人物、历史事件和历史情境的佐证，否则，讲起思政课来必然会如同镜花水月，无所依归。这样，历史性就构建起二者之间的必然联系。

（二）教育性：实现“诗词+思政课”的基本前提

一定时代的诗词，也是一种宣传、教育、熏陶的工具。古典诗词中包含着大量的爱国主义情怀和维护祖国完整的教育精神，也有着培养正确的友情观和爱情观的教育。人们通过诗词，可以更好、更便捷地认识历史、看懂社会、学会取舍、知所趋赴，从某种意义上说，这其实就是一种思想政治教育。例如，我们会从某位诗人的诗句中，读出其志向之远、抱负之大、亲情之暖、爱情之深、失望之切，并很容易被这种情绪、情感所触动、感染。

思政课，承担着立德树人、铸魂育人的重要使命。这种使命绝对不是强加可以实现得了的。它必须加紧创新，用更加新颖的形式、更加活泼的方式、更加有效的言语、更加深度的震撼，实现思政课教学“‘配方’先进、‘工艺’精湛、‘包装’时尚”。要想让思政课沁人心脾、感人肺腑、动人心弦、发人深省，不动一番脑筋，是很难实现的。用诗词嵌入其中，就是一种很好的尝试。诗词的语言比思政课的常用语言生动、可亲，感情表述比思政课要真挚、浓烈。通过它，可以弥补思政课的不足，拉近思政课与青年大学生之间的距离。

（三）趣味性：诗词助力思政课的优势所在

因长时间陈陈相因，某些教师照本宣科，某些课堂索然无趣，思政课很难获得学生的真正喜爱。在大学的校园里，思政课往往是分化最大的课——最受欢迎的可能是思政课教师，课堂也因为“亲其师，信其道”而受到认可；最不受欢迎的可能也是思政课教师，他们得不到学生的认可，甚至引起怨言无数。夹在二者之间的，还有部分普通的思政课教师，他们偶尔能让学生沉寂的内心泛起涟漪，更多的时候则是师生各行其是。

对于这种情况，诗词其实可以起到很大的“拯救”作用。那些优秀课堂，可以因诗词的华丽辞藻、动人场景而锦上添花；那些一般课堂，可以因诗词的真挚感情、唯美意境而增色不少；那些堪忧课堂，可以因诗词的独特表达、深邃道理而雪中送炭。

综上所述，诗词可以让思政课课堂发生物理上的叠加、化学上的螯合，让思政课更加彰显人文情怀和人性关怀。我们可以借此，让诗词科学介入、良性布局、产生效果。

二、实践：诗词与思政课的深度融合

本专科学生的思政课一共有四门，即“思想道德修养与法律基础”（以下简称“基础”）、“毛泽东思想和中国特色社会主义理论体系概论”（以下简称“概论”）、“中国近现代史纲要”和“马克思主义基本原理概论”（以下简称“原理”）。每门课有不同的任务，在立德树人方面有各自的侧重。相同的是，都可以将诗词嵌入各门课之中、嵌入课堂之内，使得思政课别具风味、独具特色。总体而言，这种深度融合包括三种形式。

（一）课前：用诗词引导

经过多年来的思考，笔者尝试将思政课教材中的内容进行“诗词化”，即将思政课教材转化成诗词，并在正式讲授教学内容前，将这些诗词用一定的方式（如蓝墨云班课、微信订阅号等）传递给学生。这样做有几个作用：其一，吸引学生的兴趣，让学生知道除了思政课的教材，还有一首更加“文艺范儿”的诗词。其二，引导学生加强对内容的预习。在推送特定诗词时，布置相应的任务（主要是要求学生分析诗词的每一句话分别对应思政课教材中的什么内容，这样学生就会较为认真、有针对性地去阅读和查找资料），加强学生学习的主动性和深度。其三，激发学生的创新精神。将“诗词”和“思政课”构建起特殊的联系，让学生感知诗词魅力的同时，也领略到思政课的无穷可能。在此，特举两个例子进行说明。

笔者将基础课第一章“人生的青春之问”第一节“人生观是对人生的总看法”的内容概括为：

人生在世各斑斓，你来我往一人寰。
自古圣贤重八德，而今识人看三观。
蜘蛛蜜蜂爱“劳作”，此劳非劳有洞天。
劳动之中生人类，自知之明是肇端。
社会关系之总和，人的本质始开篇。
人生观有三方面，各各有别却相关。
人生目的有同异，缘何活着是为先。

人生态度分优劣，如何存世见愚贤。
人生价值别高下，为人为己记心间。
小小寰球成世界，人与世界一线牵。
人人共处人人世，人人同享人人欢。
我皆人人多奉献，人人皆我塑新颜。
莫待急时拜佛脚，平日善行胜千言。
中华命运共同体，复兴路上好登攀。

（来源：笔者原创）

又如，笔者将概论课第一章“毛泽东思想及其历史地位”第一节“毛泽东思想的形成和发展”的内容概括为：

阿芙乐尔震天涯，马列主义到中华。
庶民胜利心鼓舞，主义成功路畅达。
南陈北李约建党，石库南湖传佳话。
帝国主义称霸主，战争硝烟蔽云霞。
无产阶级有壮志，革命豪情竞勃发。
思想生成各有源，理论成型须实践。
矢志北伐正青年，国共携手同向前。
国民革命遭苦厄，白色恐怖彻心寒。
起义剩勇聚井冈，道路从此有肇端。
莫忧丁少马不壮，星星之火可燎原。
日寇横行十四载，全民抗战保家园。
中流砥柱堪大任，民心如水载大船。
七大党章明思想，革命建设作指南。
驱除贼寇重开战，摧枯拉朽卷狂澜。
廿八年来多生死，大国初立民心安。
三大改造惊风雨，艰辛探索路蹒跚。

（来源：笔者原创）

经过发布诗词的“吸引”，任务布置的“鞭策”，学生们对课前的预习有了更多的关注和用心。这样，在课堂教学的时候，有了更好的现实针对性。这样的活动，无形之中契合了全面复兴传统文化的重大国策，也践行了文化自信。笔者认为，这可以是而且应该是一些文学素养较好的思政课教师的选择路径。

（二）课中：用诗词佐证

思政课是说理的课程，是通过说理的方式，让青年大学生对思想政治理论能有所了解、真正信服。说理的方式各不相同，用诗词进行辅助，只是众多方式中的一种。用诗词，不需千言万语、连篇累牍，只要短短的一首、寥寥的几句，往往就能让人茅塞顿开，深以为然。

例如，基础课第二章“弘扬中国精神”第二节“爱国主义及其时代要求”中给爱国主义的定义为：“爱国主义体现了人们对自己祖国的深厚感情，揭示了个人对祖国的依存关系，是人们对自己家园以及民族和文化的归属感、认同感、尊严感与荣誉感的统一。它是调节个人与祖国之间关系的道德要求、政治原则和法律规范，也是中华民族精神的核心。”如果按照常规的解释，分个甲乙丙丁、子丑寅卯，学生听来肯定索然无味。此时，如果先插入一首（或者几首）诗词，那效果一定大不相同。笔者在讲授此内容时，经常引用的是岳飞的《满江红》。

满江红

岳飞

怒发冲冠，凭栏处、潇潇雨歇。
抬望眼、仰天长啸，壮怀激烈。
三十功名尘与土，八千里路云和月。
莫等闲、白了少年头，空悲切。

靖康耻，犹未雪。
臣子恨，何时灭。
驾长车，踏破贺兰山缺。
壮志饥餐胡虏肉，笑谈渴饮匈奴血。
待从头、收拾旧山河，朝天阙。

诗词朗诵（或播放）以后，再随机提几个问题，如岳飞为什么“怒”，为什么“耻”；讲的是什么历史事件，等等。带着问题去学习（或查找资料），学生自然而然就能引发思考，得到教育。词中“怒发冲冠”“靖康耻，犹未雪。臣子恨，何时灭”“踏破贺兰山缺”“壮志饥餐胡虏肉，笑谈渴饮匈奴血”等话语，再辅之以重要史实，既能完美地解释爱国主义的内涵，更能让学生身临其境地感受到爱国主义的真谛。这种教育润物无声、春风化雨，较之于学理上的条分缕析，效果似乎要好得多。

又如，概论课第二章“新民主主义革命理论”第三节“新民主主义革命的道路和基本经验”，在讲述的时候，既有历史的铺陈，又有理论的分析，难度较大。笔者在讲授的时候，利用江苏农林职业技术学院地处茅山革命老区的优势，选择了与新四军、与驻地（江苏省句容市）有密切关系的诗词进行佐证，效果很好，如陈毅、粟裕在新四军韦岗伏击战胜利之后的抒怀诗。

陈毅的为：

卫岗❶初战

弯弓射日到江南，终夜喧呼敌胆寒。
镇江城下初遭遇，脱手斩得小楼兰。

粟裕的为：

卫岗初胜

新编第四军，先遣出江南。
韦岗斩土井，处女奏凯还。

在课堂上，既用这两首诗佐证内容，也提供线索，让学生们身临其境地感受到：原来革命战争曾经就在身边，战火硝烟竟是如此的真切。这样，能让学生更加用心地关注、更加深入地思考，进而提升教育教学的效果。

再如，原理课第一章“世界的物质性及其发展规律”第二节“事物的联系和发展”的各目，都可以从中国古典诗词中找到完美的佐证诗句。如王籍《入若耶溪》名句“蝉噪林逾静，鸟鸣山更幽”，杜甫《望岳》名句“会当凌绝顶，一览众山小”能充分印证“对立统一规律是事物发展的根本规律”；杜甫《奉赠韦左丞丈二十二韵》名句“读书破万卷，下笔如有神”，刘禹锡《浪淘沙》名句“千淘万漉虽辛苦，吹尽狂沙始到金”能充分说明“量变质变规律”，等等。

（三）课后：用诗词拓展

思政课的教育教学，并非局限于课堂上的每一节几十分钟，它是课前、课中、课后，线上、线下，教室、校园、社会等众多时间、空间因素的综合体。课后，思政课教师可以通过一定的形式，引导学生花费一些时间、精力去关注小课堂之外的大社会，去理论联系实际，去认识世界、分析原委、解决问题。在这方面，诗词也可以发挥其应有的作用。例如，可以引导和鼓励学生课后阅读、朗诵毛泽东等老一辈无产阶级革命家的诗词作品，观看中央电视台诗词相关节目《平“语”近人——习近平总书记用典》《中国诗词大会》等。

❶ 卫岗：村名，系“韦岗”之误，隶属于江苏省镇江市丹徒区韦岗街道，与句容市边城镇交界。

《平“语”近人——习近平总书记用典》是一档有温度、有深度的节目。该节目以创新的形式和内容，探索出一个传播中国特色社会主义意识形态的新型有效平台。它形式新颖、勾连广泛、纵横起伏、耐人寻味。节目中，主持人总揽全局，经典释义人阐释优秀传统文化要义，思想解读人阐释习近平总书记的深刻思想，间或邀请一些见证人参与其中，节目张弛有度、收放自如。事实证明，用它构建起习近平总书记伟大思想、勇敢担当、真挚情怀、卓越作为和青年大学铸魂育人之间的关联，构建起习近平总书记传承弘扬优秀传统文化与青年大学生自觉践履之间的关联，构建起古典诗词等非物质文化与青年大学生成长成才之间的关联，不单是应该的，而且是可行的。

三、问题："诗词+思政课"教学中的"适应不良"及其应对

（一）把握节奏：频率不能过高

每一名大学生都有其自身的文化禀赋和自身特点，对思政课学习也有其自身的个性化追求。这就决定了在思政课教学的时候，不能过于频繁地使用“诗词”的形式与手段。使用诗词过于频繁，就将失去思政课的本来面目，变成语文课、文学课、诗词鉴赏课的翻版。同时，过于频繁也会消解学生的兴趣，毕竟天天可见、节节课见，也就没有任何神秘可言。此外，过于频繁也容易让学生产生疑惑：这门课到底是思政课还是文学课？任课教师到底是思政课教师还是文学课教师？这个频率把握得不好，反而会弄巧成拙。

（二）分清主次：任务不宜过重

无论是课前、课中还是课后，要想让诗词在思政课教育教学中发挥作用，就免不了任务的驱动。任务可大可小，可难可易，可多可少。但是，作为思政课辅助方的诗词，所附带的任务应该适度，不应过大、过难、过多。例如，在用《满江红》的时候，要求学生弄懂词中的每一句话，弄清词中每一个人物、事件、典故的来龙去脉，并将这首词背诵下来，这样的任务就不太适宜。因为这毕竟不是文学课，也不是历史课。使用这首词，也仅仅是更好地帮助学生实现对“爱国主义”的情境化理解，目的达到了，也就可以了。如若过分地追求对于诗词本身的理解和把握，而不能围绕思政课教学的初心和使命，那就失去了重心、迷失了方向，于思政课教育教学而言，反而是无益的。

（三）把握关系：介入不宜过深

其实，思政课可以不需要诗词。但是，既然选择了诗词，在思政课教学中嵌入本没有的诗词，就一定要确保其合理性和必然性，让诗词在思政课教学中发挥应有的正面的、积极的作用。这种作用的发挥，必须有思政课教师的适当介入。这种介入，不能过深，以免喧宾夺主；也不能过浅，避免学生无动于衷。教师在引用诗词的时候，一定要让学生清晰地了解，诗词的使用是相关的（与课程内容，尤其是重难点内容相关）、有效的（诗词能有助于课程内容的学习和理解）。换言之，不能漫无目的地硬性“植入”诗词，既不进行解释，也不阐释关联，令人莫名其妙；也不能毫无分寸地使用诗词，以致无益于知识、理论的理解，反造成思政教育的混淆；更不能肆意妄为地解读诗词，随意揣测或评判原本没有的意蕴，等等。

四、结语

诗词+思政课，可以令思政课产生一种物理上的叠加、化学上的螯合。诗词的历史性是诗词和思政课的共同特征，教育性是实现“诗词+思政课”的基本前提，趣味性是助力思政课的优势所在。诗词介入思政课，辅助思政课教学，主要体现为三种形式：课前的引导、课中的佐证和课后的拓展。但是，在使用诗词的时候，要注意把握节奏，频率不能过高；分清主次，任务不宜过重；把握关系，介入不宜过深。应该在系统规划、宏观掌控、合理使用的过程中，发挥“诗词+思政课”教育教学的最大化效用，助力思政课成为“大学生真心喜爱、终身受益、毕生难忘的优秀课程”。

参考文献

［1］习近平主持召开学校思想政治理论课教师座谈会强调：用新时代中国特色社会主义思想铸魂育人　贯彻党的教育方针落实立德树人根本任务［N］. 人民日报，2019-03-19（1）.

［2］赵紫文. 中国传统诗词文化在高校隐性思政教育中的功能拓展研究［J］. 汉字文化，2017（15）：56-57.

［3］牛晓玉. 浅析古诗词文学作品在思政教育中的作用［J］. 语文建设，2013（26）：48-49.

［4］张烁．道理如何讲得有滋味（解码·思政课怎么讲）［N］．人民日报，2019-05-24（12）．

［5］本书编写组．思想道德修养与法律基础（2018年版）［M］．北京：高等教育出版社，2018：55．

［6］邓荫柯．中华诗词名篇解读［M］．北京：商务印书馆，2014：315．

［7］郁葱．抗战诗篇［M］．石家庄：花山文艺出版社，2015：22．

［8］周道中，钟陵．现代诗人咏江苏［M］．北京：中国文联出版社，2006：6．

［9］郭明明．电视节目《平“语”近人》的传播特征［J］．青年记者，2019（14）：70-71．

［10］努力把高校思想政治理论课建设成为学生真心喜爱终身受益毕生难忘的优秀课程——教育部部长袁贵仁与高校思想政治理论课骨干教师研修班全体学员座谈时的讲话［J］．思想理论教育导刊，2010（6）：4-6．

以问题为导向的思想政治理论课实践教学项目化探索*

赵爱琴**

摘　要： 问题导向是一种以学生为中心的教学模式。针对思想政治理论课传统教学中存在的问题，尝试用问题导向的思想政治理论课实践教学模式组织教学，这种教学模式于学校、学生和课程本身而言都具有非常重要的意义。因此，从以问题为导向的思想政治理论课实践教学的理念创新、思路创新、教学内容和形式创新及教学的参与力量创新入手，构建思想道德教育、文化知识教育、社会实践教育项目化体系，探索出行之有效的思想政治理论课实践教学常态化模式，形成规范的管理制度，来提高思想政治理论课实践教学的教学效果，增强立德树人的育人成效。

关键词： 问题导向　思想政治理论课　实践教学　项目化

我国高职教育近几年虽然实现了跨越式发展，但是在立德树人工作方面仍与社会现实需求存在脱节，特别是高职院校偏重学生的技能培养，忽视学生的全面发展，立德树人工作往往停留于表面。2018年9月，习近平总书记在全国教育大会上就“培养什么人、怎样培养人、为谁培养人”这一教育的

* 本文是2018年度广东省高职高专思想政治理论课建设联盟重点资助课题“以问题为导向的思想政治理论课实践教学项目化研究”（课题编号：2018LMKT002），广东省教育科学“十三五”规划研究项目（德育专项）“文化自信视域下高职院校工匠精神培育路径研究”（课题编号：2018JKDY30）的阶段性成果；2017年度广州市哲学社会科学“十三五”规划课题“自媒体时代高校马克思主义大众化面临挑战与推进路径研究”（课题编号：2016GZMZYB37）的阶段性成果。

** 赵爱琴：广东交通职业技术学院马克思主义学院副教授。2007年毕业于中共广东省委党校中共党史专业，法学硕士，主要研究方向为马克思主义理论与思想政治教育。主讲课程：“毛泽东思想和中国特色社会主义理论体系概论”。主要学术成就：公开发表学术论文31篇，其中核心4篇，主持省厅级课题12项。

根本问题进行了阐述，指出学校要立德树人，培养德智体美劳全面发展的社会主义建设者和接班人。本文以立德树人为宗旨，以部分“95后”“00后”大学生在理想信念等方面存在的问题为导向，进行思想政治理论课实践教学项目化探索，旨在通过项目化的思政课程统筹实践活动，使实践教学系统化。这是增强高职院校思想政治理论课实践教学实效性的重要途径，也是实现高职院校实践育人、践行“立德树人”根本任务的重要载体，更是落实和加强思想政治理论课实践教学文件精神的内在需要。

一、高职院校开展以问题为导向的思想政治理论课实践教学的现实意义

（1）就学校层面而言，开展以问题为导向的思想政治理论课实践教学项目化模式可以逐步解决因高职院校思想政治理论课课时有限、授课时间相对较短、各种文化素质课程相对分散，难以形成思想政治教育课程合力的问题。通过“以问题为导向、过程控制、项目化管理”的思想政治理论课实践教学，可以实现思想政治理论课教学课内课外、校内校外、线上线下的有机统一，形成思政课实践教学与专业课实践教学、顶岗实习、校园文化活动等同向同行、协同育人的局面，从而增强高职院校立德树人的育人效果。

（2）就学生层面而言，马克思主义理论认为：“理论是实践的先导……实践是理论的现实化和具体化。”从知行转化的规律来看：“人的思想品德形成和发展必须经过‘知、情、信、意、行’的发展过程，从知到行的转化和统一过程中，社会实践起到了非常关键的作用。”高职院校在思想政治理论课教学中，一定要重视实践教学。因为大学生只有通过社会实践，才能检验所学的理论知识是否掌握，才能进一步达到知行转化的目的。因此，进行项目化的思想政治理论课实践教学是增强大学生对思想政治理论课的喜爱度和获得感的重要途径，也是达到知行合一的重要手段。

（3）就课程层面而言，思想政治理论课实践教学是以激发学生主动学习的能力为目的，以项目化的实践活动为手段，将大学生的知、情、信、意、行有机地统一起来，在提高其思想政治素养、文化知识水平和实践能力的基础上，培养出德智体美劳全面发展的高素质技术技能型人才。以问题为导向的思想政治理论课项目化课程设计可以有效解决传统的实践教学针对性不强、参与学生少、流于形式等瓶颈问题，提高思想政治理论课教学的实效性、时效性和针对性，使思想政治理论课真正达到“内化于心、外化于行”的育人效果。

二、高职院校开展以问题为导向的思想政治理论课实践教学的创新之处

以问题为导向的思想政治理论课实践教学是在思政教师的指导下，在理论教学的基础上，针对大学生身上存在的现实问题设计好实践教学目标、实践活动主题和实践教学多维评价体系等，组织大学生积极参与各种主题的社会实践活动，以提高大学生的思想道德修养、知识文化水平和社会实践能力为目标的教学方式。

（1）实践教学的理念创新。思想政治理论课实践教学以理想信念教育为核心，以爱国主义教育为重点，以思想道德建设为基础，以实践能力提高为目的，以培养德智体美劳全面发展的大学生为目标，结合高职院校的办学特点和专业特色，形成培养“思想品德好、职业素养高、实践能力强”的高端技术技能型人才，多方联动、协同创新的思想政治理论课实践教学理念。

（2）实践教学的思路创新。对思想政治理论课实践教学进行总体规划，紧紧围绕“立德树人”这一人才培养核心问题，结合高职院校办学定位与思想政治理论课课程设置特点、理论教学现实需求和实践教学自身发展规律，科学规划、合理布局，系统整合实践教学资源，规范实践教学体制机制，构建一种新的以实践教学考核方式为核心的实践教学体系，实现实践教学的课程化、全程化、系统化和规范化。

（3）实践教学的内容和形式创新。运用“教学做合一”的教育理论，按照问题导向、任务驱动和项目引领的实践教学运作方法，将思想政治理论课的实践课程进行项目化分解，形成以“大学生诚信状况调查”、“勤学修德明辨笃实”为主题的践行社会主义核心价值观实践活动、“‘我心中的党’演讲活动”等实践主题活动为主的思想道德教育项目化体系；以“法律知识竞赛”“模拟法庭”、“大学生与法”微电影制作、“党史知识竞赛”和“人文大讲堂之热点透视”等实践主题活动为主的文化知识教育项目化体系；以“义务劳动周”“微尘公益劳动”和“青年志愿者活动”等实践主题活动为主的社会实践教育项目化体系，有效解决了传统实践教学学生参与面窄、流于形式等瓶颈问题。

（4）实践教学的参与力量创新。充分发挥思想政治理论课主渠道、主阵地作用，构建涉及中国优秀传统文化、心理健康、法律知识体系、人文素养提升等方面的实践课程项目化体系，形成全员、全过程、全方位的思想政治

理论课实践育人体系，使得学校、家庭、企业、社会多方联动，共同达到立德树人的目的。

三、以问题为导向的思想政治理论课实践教学项目化路径探索

以习近平总书记2018年9月在全国教育大会上提出的“立德树人……培养德智体美劳全面发展的社会主义建设者和接班人”为宗旨，坚持以“问题导向、项目化教学”的改革思路着手，进行思想政治理论课实践教学项目化探索。具体运用“教、学、做合一”的教育理论，推动项目引领、任务驱动的实践教学运作方法，让学生既可以系统地学“深”，又可以联系实际学“活”，实现思想政治理论课由课堂空间到社会空间、由理论抽象到具体实际、由理论知识到实践生活的拓展，行成实践教学项目化体系。

（一）以问题为导向，构建思想政治理论课实践教学项目化体系

课程设计上的“问题性”和“情境性”是问题导向教学模式的重要特征之一，也是问题导向教学模式首先要考虑到的环节。因此，构建以问题为导向的思想政治理论课实践教学项目化体系首先要针对当前大学生存在的现实问题设计实践活动的主题，以求实践课程能取得实效。

（1）构建思想道德教育项目化体系。针对部分“95后”“00后”大学生缺乏对崇高理想信念的执着追求，缺少对“道路自信、理论自信、制度自信、文化自信”的认同和信念、缺乏对践行社会主义核心价值观的热情和耐心等问题，构建思想道德教育项目化体系，即在思想政治理论课实践教学上进行“大学生诚信状况调查”、“青春正能量，放飞中国梦”微电影制作、“勤学修德明辨笃实”为主题的践行社会主义核心价值观实践活动、“‘我心中的党’演讲活动”等实践主题活动，以锤炼大学生的道德品质，坚定广大青年学生的理想信念，培养他们的爱国主义情操。

（2）构建文化知识教育项目化体系。针对高职院校学生文化知识缺乏、自主学习能力差、不爱学习枯燥的理论知识等问题，构建文化知识教育项目化体系，即在思想政治理论课实践教学上进行“法律知识竞赛”“模拟法庭”和“大学生与法”微电影制作等实践活动，增强大学生的法律意识和对法律知识的学习与掌握；开展“爱国主义主题朗诵比赛”“红色电影观看与研讨”“党史知识竞赛”和“人文大讲堂之热点透视”等实践活动，引导大学生增强

对党的历史知识的掌握和帮助大学生全面深入地认识当今所面临的国内外形势，形成冷静理性的态度，培养用正确的方式爱党爱国的情怀。

（3）构建社会实践教育项目化体系。为了培养德智体美劳全面发展的社会主义建设者和接班人，也针对当代一些大学生劳动意识淡薄、不喜欢动手劳动、不尊重他人劳动成果等问题，构建社会实践教育项目化体系，即在思想政治理论课实践教学中进行“义务劳动周”“微尘公益劳动”和“青年志愿者活动”等实践活动，在大学生中弘扬劳动最光荣的精神理念，引导大学生崇尚劳动、尊重劳动、热爱劳动，养成在工作中诚实劳动和尊重别人劳动成果的良好习惯。

实践教学是思想政治理论课教学的重要组成部分。实践教学成功与否直接关系到思政课程的教学成效，关系到思政课程能否入学生的心和脑的问题。因此，实践教学是思想政治理论课课程教学的重要环节。从实践方面来看，以问题为导向的思想政治理论课实践教学能真正把课堂讲授的理论知识与现实问题紧密结合起来，有效培养大学生的问题意识、探究精神和实践能力，引导其树立正确的世界观、人生观和价值观。

（二）以问题为导向，探索行之有效的思想政治理论课实践教学常态化模式

要常态化地开展思想政治理论课实践教学，除了要设计好科学的实践教学体系外，还应该探索出适合大学生德智体美劳全面发展的思想政治理论课实践教学常态化模式。

（1）实践教学项目化要有可操作性。为了进一步坚定当代大学生的理想信念和提高他们的道德修养，大学一年级学生必须在思想道德教育项目化体系的“4”个实践主题，即“大学生诚信状况调查”、“青春正能量，放飞中国梦”微电影制作、“勤学修德明辨笃实”为主题的践行社会主义核心价值观实践活动、“‘我心中的党’演讲活动”中自行选取“2”个主题完成，这是必选项目，也可以从文化知识教育项目化体系和社会实践教育项目化体系中限选“1”个实践主题完成。每个实践主题的实施时间、实施内容和实施过程要严格依据每个实践项目的具体要求进行，全程要有思想政治理论课教师给予指导和把控，最后思想政治理论课教师要根据学生实践主题的完成情况给予相应的“优”“良”“中”“差”的形成性评价。

（2）实践教学项目化要具有实践性。为了督促大学生熟练掌握和运用法律知识、党的知识、中国近代史知识等，大学二年级学生必须在文化知识教

育项目化体系的“7”个实践主题，即“法律知识竞赛”“模拟法庭”、“大学生与法”微电影制作、“爱国主义主题朗诵比赛”“红色电影观看与研讨”“党史知识竞赛”和“人文大讲堂之热点透视”中自行选取“2”个主题完成，这是必选项目，也可以从思想道德教育项目化体系和社会实践教育项目化体系中限选“1”个实践主题完成。同样，每个实践主题的实施时间、实施内容和实施过程要严格依据每个实践项目的具体要求进行，学生完成后要在思想政治理论课实践手册上做好登记，并交给每个项目的负责老师做好过程考核登记。

（3）实践教学项目化要具有实效性。为了解决大学生未来将要从事的职业所必须具有的职业态度与兴趣、职业责任与纪律等问题，针对大学三年级学生马上要走上工作岗位的现实，要求大学三年级学生在社会实践教育项目化体系的“3”个实践主题，即“义务劳动周”“微尘公益劳动”和“青年志愿者活动”中自行选取“1”个主题完成，这是必选项目，也可以从思想道德教育项目化体系和文化知识教育项目化体系中限选“1”个实践主题完成。学生根据自己的兴趣、爱好选取相应的实践主题，按照每个实践主题的实施时间、实施地点和实践过程来完成，完成后在实践手册上做好登记，并找到相应的指导老师给予考核成绩。

总之，高职三年结束时学生要从三个项目化体系中选择“5”个实践主题并完成，共计1学分，16个学时。如果每位学生在毕业时能取得“5”个实践主题的合格成绩，该学生就完成了思想政治理论课实践课的教学内容。把这种项目化教学以一定形式固定下来，就形成了思想政治理论课实践教学常态化模式。

（三）以立德树人为宗旨，形成规范的管理制度，以保证思想政治理论课实践教学落到实处

实践教学对提高思想政治理论课的教学成效具有重要的意义，但现实情况往往是高职院校普遍面临着实践活动组织管理不到位，学生安全的压力、实践课指导教师人手不够和实践活动经费受限甚至课时不够等问题。为此，要以立德树人为宗旨，把思想政治理论课实践教学形成规范的管理制度，以保证实践教学落到实处。

（1）实践教学要做好过程控制，以求实效。首先，要制定好思想政治理论课实践教学的课程标准。因为课程标准是一门课程的基本规范和质量要求。有了课程标准后实践课程的实施要严格按照课程标准的要求完成。其次，要

做好实践教学的组织管理体系。每个实践活动的时间、地点、主题、参与学生、指导教师、考核评价及成效反馈都要有严格的组织管理体系，以确保实践课程取得实效。最后，要做好实践教学的监督体系。思想政治理论课实践教学的监督体系包括实践课指导教师对学生的指导、督促、考核和评价，也包括教务处对思想政治理论课教师的考核与监督。在思想政治理论课实践教学实施的整个过程中，要精心策划、认真组织，以问题为导向，做好过程控制，以求思想政治理论课实践教学能取得实际效果，达到立德树人的育人目标。

（2）实践课指导教师要加强培训，以保证质量。邓小平曾经指出："中国的事情能不能办好……关键在人。"开展高职院校思想政治理论课实践教学的成败在很大程度上取决于思想政治理论课教师的整体水平和素质。因此，要从以下几方面着手：首先，对广大思想政治理论课教师而言，要主动学习，认真学习，树立终身学习的理念，不断提升自身的政治素养、理论水平和教学能力；其次，对二级部门而言，要经常组织教学教研活动，让优秀的教师分享自身的经验，以点带面，从而带动整个思想政治理论课教师队伍素质和能力的提升。最后，对高职院校而言，要加强对思想政治理论课教师的培训力度，要鼓励、支持、组织思想政治理论课教师走出去向兄弟院校学习、参观、进修和培训，不断提高思想政治理论课教师的理论水平、创新能力和实践能力。

（3）实践活动所需经费要保障落实，以求长效。马克思主义基本原理告诉我们：经济基础决定上层建筑。开展思想政治理论课实践教学，只有经费得到了保证，才能顺利完成各项实践活动，才能长期实施下去。因此，对高职院校而言，要严格按照上级文件精神把实践教学经费纳入预算，进行专款专用。对二级学院而言，在进行思想政治理论课实践教学时要节约使用教学经费，保证每一分钱都用到实处。对思想政治理论课教师而言，在进行实践教学活动时每个实践活动都要做好预算，不浪费，以便实践教学能够有持续的经费保障。经费的投入与管理是加强高职院校思想政治理论课"立德树人"工作的基本前提。只有实践教学的经费有了保障，才能顺利实施实践教学项目化模式，才能使实践教学向常态化发展，才能永葆立德树人的育人成效。

四、结束语

以问题为导向的教学模式是以学生为中心，激发学生学习的主动性，让学生在探索、学习和反思中获得知识与技能。高职院校以问题为导向的思想政治理论课实践教学要取得成功，必须要摒弃目前个别学校存在的实践活动走过场、学生参与度不高、流于形式等问题，要以问题为导向，科学设计和规划实践教学的主题，构建符合高职院校学生特点并且适应高职院校发展要求的实践教学项目化体系，实现思想政治教育实践教学课程化建设，形成可持续发展的实践育人长效机制。

参考文献

[1] 马克思恩格斯文集：第1卷 [M]. 北京：人民出版社，2009：316.

[2] 石涓. 高职院校社团活动与思想政治理论课实践教学的融合研究 [J]. 鄂州大学学报，2018 (4)：30.

[3] 培养德智体美劳全面发展的社会主义建设者和接班人——习近平总书记重要讲话引领教育战线新思考新作为 [N]. 学习时报，2018-09-12 (1).

[4] 邓小平文选：第2卷 [M]. 北京：人民出版社，1994：128.

[5] 赵爱琴，王世海. 以企业需求为基点推进思想政治理论课教学创新 [J]. 教育与职业，2017 (8)：93.

高职高专思政课特质及实践教学理论思考*

喻长志**

摘　要： 高职高专思想政治理论课（以下简称“思政课”）的特质，可以归纳为方向性、时代性、理论性、职业性、实践性、创新性、实效性。而实效性是最终目的。高校思政课实践教学与理论教学是统一的整体，相互作用。思政课实践教学，建立在理论教学基础之上，与之紧密联系，是寓思政理论教育于实践之中的教学过程和教学方法，具有六方面的要素。要坚持改革创新，有效提高思政课实践教学的供给能力和水平，努力打造高校思政课“金课”，把立德树人的根本任务落在实处。

关键词： 高职高专　思政课特质　实践教学　理论思考

高职高专是我国高等教育体系的重要组成部分，其招生规模占据全国高等院校招生数量的“半壁江山”。高职院校是培养具有中国特色高素质技能型人才的重要阵地，其人才培养质量如何，直接关系到中国特色社会主义建设、共产党治国理政、伟大的中国梦和社会主义现代化强国建设的成败。在高职高专人才培养体系中，思政课是落实立德树人根本任务的关键课程，不可替代，有着区别于本科教育的独特的特征和性质。实践教学是思政课教学的重要组成部分，需要从理论上思考并且在实践中切实加强。

一、高职高专思政课特质的初步思考

高职高专思政课的特质归纳起来有“七性”，即方向性、时代性、理论性、职业性、实践性、创新性、实效性。

* 本文是教育部2017年度高校示范马克思主义学院和优秀教学科研团队建设项目重点选题“职业院校思想政治理论课实践教学研究”（编号：17JDSZK031）阶段性成果。

** 喻长志：马鞍山师范高等专科学校党委书记，教授。主要从事高校管理和思想政治教育研究。

（一）方向性

培养什么人、怎样培养人、为谁培养人，这是教育的根本问题。我国是中国共产党领导的社会主义国家，教育的根本任务就是培养造就社会主义建设者和接班人。教育的根本问题和根本任务，决定了教育的阶级性，确定了思政课的方向性。习近平总书记强调：“我们的高校是党领导下的高校，是中国特色社会主义高校。”高职高专思政课要牢牢把握社会主义办学方向，坚持以习近平新时代中国特色社会主义思想为指导，坚持党对高校的领导，全面贯彻党的教育方针，培养“为人民服务，为中国共产党治国理政服务，为巩固和发展中国特色社会主义制度服务，为改革开放和社会主义现代化建设服务”的中国特色社会主义高素质、技能型人才。

（二）时代性

中国特色社会主义进入新时代，社会主义初级阶段的主要矛盾发生变化，新的“两步走”发展战略已经明确，这对人才培养提出了新的要求。思政课是立德树人的主阵地、主渠道，理应体现和突出时代性。为适应这种变化，高职高专思政课必须顺应这个时代要求，站在时代方位的角度上去看待问题，乘势而上、顺势而为，突出思政课的时代性，不断增强思政课育人效果。世界处于百年未有之大变局，习近平总书记强调，要教育引导学生正确认识世界和中国发展大势。高职高专思政课要结合自身特点，自觉融入国家的发展战略中，努力增强大学生的时代责任感和历史使命感，培养出一批又一批拥护中国共产党领导和我国社会主义制度、真心实意为中国特色社会主义事业奋斗终身的实用人才。

（三）理论性

高校的“思想政治理论课”和中学的“思想政治课”虽然是一个体系，发挥着一致的功用和实效，但从字面上不难看出，高校思政课要突出理论性。习近平强调：“要坚持不懈传播马克思主义科学理论，抓好马克思主义理论教育，为学生一生成长奠定科学的思想基础。”思政课传播的是真理、树立的是信仰、培养的是品德、造就的是人才。毋庸置疑，高职高专思政课要把理论的传授作为课程重要目标之一，“内容为王”，不能降低甚至忽视高职高专思政课对理论方面的要求和标准，思政课教学决不能娱乐化、浅显化和庸俗化。基于高职高专思政课使用的是同本科教学相同的教材，思政课理论教学中要结合高职高专学生实际，务必要把握好“度”，把“理”讲清楚。理论的清醒才能促成信仰的坚定，学生在理论学习上收获满满，对马克思主义的信仰和中国特色社会主义的信念才更加坚定。

（四）职业性

在人才培养上，高等职业教育有着与普通本科教育不同的人才培养目标。习近平总书记强调："职业教育肩负着培养多样化人才、传承技术技能、促进就业创业的重要职责。"高职高专秉持的是"以德为先、以技为长"，培养高素质、技能型人才的办学理念，这就要求高职高专的思政课要充分彰显职业性。为适应培养服务地方经济社会发展的高素质技能型人才的需要，思政课要把职业性和专业性深度融入教学全过程，使其既具有信仰的"味道"，也具有职业的"味道"，坚决杜绝"两张皮"现象。发挥思政课职业性功能，是高职高专思政课的使命所在。紧扣立德树人根本任务，结合现代职业教育新理念、新要求和新举措，立足当下、谋划长远，思政课要从职业道德、职业理想、职业情怀和职业规划等方面，多方位、多角度进行理论教育和思想引领。在帮助学生提升思想道德素质和人文素养的同时，提升他们的职业自信和职业自豪感，努力培养既有家国情怀又有精湛技艺的新时代大国工匠。要毫不动摇地开展思政课的职业性育人工作，切实从政治的高度、职业的精度、情感的温度等方面提升思想政治教育的功用。

（五）实践性

在学校思想政治理论课教师座谈会上，习近平总书记强调要"用科学理论培养人，重视思政课的实践性，把思政小课堂同社会大课堂结合起来，教育引导学生立鸿鹄志，做奋斗者"。高校思政课实践教学是思政教学体系中的重要组成部分，是课堂教学的一种拓展和延伸，对培养学生的思想道德水平和实践能力具有特殊的作用。由于高职高专院校人才培养的特殊性，思政课的实践性在育人过程中显得尤为重要。思政课的实践性是马克思主义认识论在思想政治教育中的重要体现。思政课实践教学要立足于党和人民伟大的实践，在中国特色社会主义伟大实践中广泛汲取营养、丰富思想、坚定理想。高职高专思政课的实践性要紧密地与职业挂钩、与专业挂钩，通过实践教育，让课堂理论和社会实际有机联系，有利于进一步促成课堂理论知识内化于心、外化于行，从而达到"知行合一"；有利于进一步增强学生的社会责任感和使命感，积极投身到实现中国梦的伟大实践中；有利于进一步增强对中国特色社会主义道路的认同感，用实际行动体现"爱国情、强国志、报国行"。

（六）创新性

中国特色社会主义进入一个创新创业的伟大新时代，职业教育“肩负着培养多样化人才、传承技术技能、促进就业创业的重要职责”，这向职业教育提出了更高要求。创新催生创业，创业带动创新。大众创业、万众创新已经深入人心，并成为国家经济发展的战略引擎，在这一背景下，对创新性人才的需求就更加迫切，可以说，高职高专的教育之路任重而道远。思政课是落实立德树人的关键性课程，发挥思政课的创新性效应，是高职高专完成创新性高素质技能人才培养的重要支撑。习近平总书记强调，“推动思想政治理论课改革创新，要不断增强思政课的思想性、理论性和亲和力、针对性”，这是新时代高职高专进行思政课创新改革的重要遵循。创新之源在于人，思政课教师在创新中起着关键性主导作用，要充分发挥积极性、主动性、创造性，以“八个相统一”为引领，因事而化、因时而进、因势而新，确保做到“三进三入”：教师要做到马克思主义中国化最新理论成果进教材、进课堂、进学生头脑，要让学生做到入心、入脑、入行。

（七）实效性

思政课的方向性、时代性、理论性、职业性、实践性和创新性，最终落脚点是实效性，实效性才是思政课的终极目标。在2019年3月18日学校思想政治理论课教师座谈会上，习近平总书记特别强调办好思政课的重大意义和根本问题，这为高职高专建设思政课提供了理论遵循和方向指导。要切实提高政治站位和思想认识，认真履行思想政治教育的主体责任，在体制机制、人才引进、师资培养等方面进一步规范管理、深化改革，全力培养一支政治强、情怀深、思维新、视野广、自律严、人格正的思政课教师队伍。思政课教师要遵循思想政治工作规律、教书育人规律、学生成长规律，使思政课在推进中改革、在深化中创新，为学生成才成长提供不竭精神动力和思想源泉。要围绕学生、关照学生、服务学生，让思政课教学更加贴近现实、贴近实际、贴近学生，要把思政课上成有情感温度、思想深度、学生喜爱且终身受益的课程，切实提高思政课的实效性。

二、思政课实践教学的理论思考

改革开放以来，高校的思政课实践教学得到逐步加强，对思政课实践教学的认识在逐步深化。教育部《新时代高校思想政治理论课教学工作基本要求》(教社科〔2018〕2号文件)对实践教学提出了明确要求:“实践教学作为课堂教学的延伸拓展，重在帮助学生巩固课堂学习效果，深化对教学重点难点问题的理解和掌握。要制定实践教学大纲，整合实践教学资源，拓展实践教学形式，注重实践教学效果。”经过40多年的改革创新实践与理论研究，人们对高校思政课实践教学的一些理论问题逐步达成了共识。

(一)高校思政课实践教学十分重要且非常必要

马克思主义基本原理告诉我们，实践是认识的基础，实践是认识的来源、动力、目的，实践是检验真理的唯一标准。实践是马克思主义哲学最显著的特征。认识世界的目的就在于改造世界，认识世界侧重于理论认识，而改造世界则侧重于实践活动。由实践到认识，再由认识指导实践。毛泽东在《实践论》中明确指出:“实践、认识、再实践、再认识，这种形式，循环往复以至无穷，而实践和认识之每一循环的内容，都比较地进到了高一级的程度。”这是认识运动过程中的辩证关系，认识在实践的基础上进一步深化，实践在认识的指导下进一步推进。高校思政课教学，在高质量课堂教学的基础上，必须遵循马克思主义认识论的原理，通过实践教学，深化对理论的认识，加深现实体验，站在实践的基础上分析现象、看清本质、把握规律，坚定理想信念。要让大学生在实践中感受体验中国共产党好不好，中国特色社会主义道路、理论、制度、文化行不行，西方资本主义能不能救中国，等等。以事实说话，在实践中验证，在实践中得出答案。“纸上得来终觉浅，绝知此事要躬行”，只有这样，才能让大学生对正确的思想政治理论真学、真懂、真信，才能“入脑”“入心”，内化于心，外化于行，促进正确的世界观、人生观、价值观的形成，指导自己的言行，达到“入行”的自觉行动的境地。

(二)高校思政课理论教学与实践教学的关系

高校思政课理论教学是指以教师讲授为主要形式，以课堂为主阵地，以思政课教材为主要内容，以传授思想政治理论知识为主要任务所进行的教学活动。而高校思政课实践教学是指“在思政课理论教学的基础上，教师主动引导，学生主动参与，开展与思想政治理论课内容相关联的教学实践活动。高校思政课理论教学与实践教学统一于思想政治理论课教学过程整体之中”，是不可缺少、不可分割的两大组成部分，两者既相互联系、相辅相成，又相对独立、有所区别。理论教学与实践教学是有机统一的整体，相互作用，“知者行之始，行者知之成”，实践教学是以理论教学为依据的，在理论教学的基础上，开展实践教学才能有的放矢，才能实现育人的既定目标。而实践教学又加深了“对理论的理解，在实践中对抽象的理论具体化，通过生动鲜活的实际，深化对重难点的认识，加深对理论的认同”，并且进一步达到升华。从这种意义上来看，理论教学在前，实践教学在后，“实践教学作为课堂教学的延伸拓展”，是理论教学的拓展、延伸和补充。理论教学和实践教学之间的区别主要在于：理论教学场所的相对确定性与实践教学场所的相对不确定性；理论教学内容的抽象性与实践教学内容的具体性；理论教学考核重在结果呈现与实践教学考核重在过程体验；理论教学过程中学生对理论灌输的相对被动性与实践教学过程中学生对实践参与的相对主动性。2017年2月，中共中央、国务院《关于加强和改进新形势下高校思想政治工作的意见》明确指出，“注重理论教育和实践活动相结合”，“要强化社会实践育人，提高实践教学比重，组织师生参加社会实践活动”。理论教学与实践教学绝不能割裂开来，否则都会失去必须具有的“另一重要部分”，那样就会削弱思政课的整体功能。所以，高度重视思政课实践教学，与理论教学有机结合，才能有效发挥思政课立德树人关键性课程的作用。

（三）高校思政课实践教学的内涵分析

近年来，对思政课实践教学的研究进一步深化，主要观点是趋向于理论与实践相结合的“知行合一”的观点，认为思政课实践教学“是建立在理论教学基础上，与理论教学紧密联系，寓思想政治理论教育于实践之中的教学过程和教学方法”。实践教学定位是“作为课堂教学的延伸拓展”，重要任务是“重在帮助学生巩固课堂学习效果，深化对教学重点难点问题的理解和掌握”。具体可以表述为：“以理论知识为依据，以强调创新性和实践性的主体活动为形式，以激励学生主动参与和主动思考为特征，通过引导学生有目的地参加课内与课外、校内与校外的各种实践活动，对社会现实生活广泛参与和体验，使其主观世界得到感性的再教育和主体能力得到优化的过程和方法。”这样的内涵确定，可以解决对思政课实践教学认识上的三个误区：“一是仅以教学区域作为理论教学和实践教学的划分标准，把课堂内和课堂外，乃至校园外作为区别的主要因素。其实我们很清楚课堂教学不等同于理论教学，课堂也有实践教学的成分，一些‘小辩论’‘模拟情景’等都是实践教学的内容。二是把所有的实践活动都作为思想政治理论课实践教学的内容。大学生在学习期间，有很多的实践活动，包括专业实践、假期休闲旅游实践等。”当然这之中有一些思想政治教育的成分，但是有些活动组织的主要目的并非为了加深大学生对思想政治理论的理解，而是缺乏前期准备，导致思想政治理论教育效果甚微，甚至没有效果。“三是把学生自发的、缺乏学校组织的社会活动，也作为思想政治理论课实践教学的内容。”大学生理应有自己的社会活动安排，这是正常的而且值得提倡。他们的活动虽然具有实践性，但是没有必要的思想政治理论做前提，也没有思政课教师的指导组织，实践后缺乏总结提升，这也不是思政课实践教学的范畴。

综上所述，“思想政治理论课实践教学的要素可以归纳为六点：一是有思想政治理论课相应理论教学基础；二是有和理论教学相配套的实践教学计划；三是有具体活动的策划及实施方案；四是思想政治理论课教师主导、学生主体广泛参与；五是教学过程体现出实践性、主动性、创造性；六是活动后的总结、归纳、提升，反馈理论教学，直至思想政治理论及情感升华”。

明确高职高专思政课的特质，就要科学地把握高职高专思政课的内在规律，为进一步实现其目标、任务，提高教学质量和水平打下坚实的基础。实践教学是新时代打造高校思政课“金课”的重要过程和方法，是增强思政课针对性和亲和力、感染力的有力举措，是增强思政课供给侧改革的重要内容。我们必须深化改革、努力创新，提高思政课供给能力和整体水平，把立德树人的根本任务落在实处。

参考文献

［1］习近平．在全国高校思想政治工作会议上强调：把思想政治工作贯穿教育教学全过程　开创我国高等教育事业发展新局面［N］．人民日报，2016-12-09（1）．

［2］奏响加快发展职业教育的时代强音［N］．人民日报，2016-06-24（1）．

［3］习近平主持召开学校思想政治理论课教师座谈会强调：用新时代中国特色社会主义思想铸魂育人　贯彻党的教育方针落实立德树人根本任务［N］．人民日报，2019-03-19（1）．

［4］毛泽东选集：第1卷［M］．北京：人民出版社，1991：296-297．

［5］喻长志．高校思政课实践教学对策研究［J］．学校党建与思想教育，2019（8）：38-39．

［6］中共中央国务院《关于加强和改进新形势下高校思想政治工作的意见》［N］．人民日报，2017-02-28（1）．

［7］柳礼泉．论思想政治理论课实践教学的形式［J］．思想理论教育导刊，2007（3）：66．

新时代习近平生态文明思想“进教材、进课堂、进学生头脑”的实效性探析*

杨春桃**

摘　要：习近平新时代中国特色社会主义思想是高校思想政治理论课教育教学的指导思想和行动指南。本文以习近平新时代中国特色社会主义思想之生态文明思想为视角，以生态文明制度建设为主线，重点阐述了三个方面的内容：一是生态文明建设要依靠法治来保证和维护；二是生态立法和配套法律制度完善是生态文明建设的制度基础；三是法律责任制度是生态文明建设的制度保障。针对新时代下思想政治理论课培育大学生生态文明观面临的教材、理论教学和实践教学等诸多困境，提出了三大对策：一是将党的十九大报告中生态文明思想写“进教材”，作为最直接的教学素材；二是结合新教材，进行环境保护和生态文明观培育的经典案例教学，使生态文明思想“进课堂”；三是理论联系实际，带领学生到生态巨变地区进行调研考察，使生态文明思想“进学生头脑”。

关键词：习近平新时代中国特色社会主义思想　生态文明思想“进教材、进课堂、进学生头脑”

---

* 本文是北京高校思想政治理论课高精尖创新中心重大课题委托项目“基于《概论》课理论体系的实践教学模式研究”（项目号：18GJJA002）的阶段成果。

** 杨春桃：北京青年政治学院马克思主义学院副研究员。法学博士，先后毕业于华北电力大学（北京）、首都经济贸易大学和北京航空航天大学，研究方向为环境法、经济法和思想政治教育。主讲课程：“思想道德修养与法律基础”“经济法”“以案说法”。入选北京市属高等学校人才强教深化计划“中青年骨干教师”，曾获“首都大中专学生暑期社会实践先进工作者”“北京高校青年教师社会调研项目优秀成果奖”等荣誉。在《经济与管理研究》《环境保护》《人民论坛》等报刊发表学术论文20余篇，主持和参与北京市社会科学基金项目、全国教育科学规划办项目等科研项目10余项。

党的十九大报告首次正式提出“习近平新时代中国特色社会主义思想”这一科学概念，提出了决胜全面建成小康社会、建设富强民主文明和谐美丽的社会主义现代化强国和实现中华民族伟大复兴的新思想、新战略和新目标。高校思想政治理论课作为国家意识形态的主战场和高校立德树人的主渠道，必须深入贯彻落实党的十九大精神，着力提高习近平新时代中国特色社会主义思想“进教材、进课堂、进学生头脑”的实效性。本文重点对习近平新时代中国特色社会主义思想之生态文明思想“进教材、进课堂、进学生头脑”的实效性进行探讨。

一、习近平生态文明思想的重要内容

全面依法治国是习近平新时代中国特色社会主义思想的重要内容，是新时代坚持和发展中国特色社会主义基本方略的重要方面，是建成法治国家、法治政府和法治社会的根本途径。依靠法治来推进生态文明建设是习近平生态文明思想的核心理念。党的十八大以来，以习近平生态文明思想为指导，党和国家高度重视生态文明建设，将生态文明建设纳入全面依法治国的法治框架内，并有序推进，取得了伟大的成就；党的十九大在生态文明思想上与党的十八大一脉相承，党的十九大报告进一步提出“加快生态文明体制改革，建设美丽中国”的新思路，提出了人与自然是生命共同体的新论断，为推动形成人与自然和谐共生现代化建设新格局指引了方向。从制度层面来剖析，习近平生态文明思想的重要内容可以概括为以下三个方面。

（一）生态文明建设要依靠法治来保证和维护

党的十八大以来，习近平对生态文明建设提出了一系列新观点、新论断和新思想，明确了生态文明建设要依靠法治来维护的理念，形成了系统、完整和科学的理论体系。党的十八大报告第一次明确提出了“五个文明建设”的概念，把生态文明建设纳入中国特色社会主义事业“五位一体”总体布局，明确指出“要更加自觉地珍爱自然，更加积极地保护生态，努力走向社会主义生态文明新时代”，并首次把“美丽中国”作为生态文明建设的宏伟目标。党的十八届三中全会进一步提出加快建立系统完整的生态文明制度体系。党的十八届四中全会要求用严格的法律制度保护生态环境。党的十八届五中全会提出“五大发展理念”，将绿色发展作为“十三五”乃至更长时期经济社会发展的一个重要理念，成为党关于生态文明建设和社会主义现代化建设规律性认识的崭新成果。党的十九大把“坚持人与自然和谐共生”纳入新时代坚持和发展中国特色社会主义的基本方略；提出在2035年“生态环境根本好转，美丽中国目标基本实现”；21世纪中叶“把我国建成富强民主文明和谐美丽的社会主义现代化强国”。

习近平总书记不仅强调生态文明建设和绿色发展重要理念，而且特别重视依靠法治手段来保证生态文明建设；不仅强调通过国内法来推进生态文明建设，还对国际法在保障生态文明建设中的作用予以充分关注，将生态文明建设的重要性提高到了“讲政治”的高度。2013年5月，在中共中央政治局第六次集体学习时，习近平总书记指出：“只有实行最严格的制度、最严密的法治，才能为生态文明建设提供可靠保障。”2015年11月，习近平在气候变化巴黎大会开幕式上发表重要讲话，指出：“要提高国际法在全球治理中的地位和作用，确保国际规则有效遵守和实施，坚持民主、平等、正义，建设国际法治。”

（二）生态立法和配套法律制度完善是生态文明建设的制度基础

党的十八大以来，以习近平同志为核心的党中央高度重视生态立法工作和相关配套法律制度完善在法治建设中的重要作用。自党的十八大明确提出全面建成小康社会的奋斗目标之后，党的十八届三中全会提出全面深化改革的基本方略，党的十八届四中全会提出全面依法治国的系统部署，党的群众路线教育实践活动总结大会上又明确提出全面推进从严治党的要求。至此，“四个全面”战略布局形成和确立，标志着习近平新时代中国特色社会主义思想的初步形成。就“全面依法治国”来论，习近平高度重视法治国家建设，强调建设法治中国必须“坚持依法治国、依法执政、依法行政共同推进，坚持法治国家、法治政府、法治社会一体建设”。在党的十九大报告中，习近平提出新时代坚持和发展中国特色社会主义的十四条基本方略，在“坚持人与自然和谐共生”方略上，习近平提出要实行最严格的生态环境保护制度，这些制度包括“提高污染排放标准，强化排污者责任，健全环保信用评价、信息强制性披露、严惩重罚等制度”“完善生态环境管理制度”等。

从党的十八大以来“砥砺前行　辉煌成果”来看，过去五年，中国特色社会主义在实践上取得了全方位的开创性成就，中国发生了深层次的根本性变革。就法制建设来说，以宪法为核心的中国特色社会主义法律体系不断完善，截至2017年9月，我国现行有效法律261件，行政法规751件，地方性法规10500余件。自2012年11月8日至2017年8月31日，五年来国务院共提请全国人大常委会审议法律议案45件，制定修订行政法规48件，并通过“一揽子”方式修订行政法规130件，为统筹推进“五位一体”总体布局、协调推进“四个全面”战略布局提供了有力的法治保障。就生态立法和配套法律制度来看，一大批法律法规和规范性文件如雨后春笋般涌现。代表性立法：2014年4月24日，十二届全国人大常委会第八次会议表决通过了修订后的《中华人民共和国环境保护法》，其被称为史上最严的环境保护法，从2015年开始实施。2013年9月，国务院印发《大气污染防治行动计划》；2015年4月，国务院印发《水污染防治行动计划》；2016年5月，国务院印发《土壤污染防治行动计划》等。

（三）法律责任制度是生态文明建设的制度保障

生态文明建设要纳入法治轨道，关键是要建立法律义务和职责制度及二者相配套的法律责任制度。党的十八大以来，习近平作出了一系列关于生态法律责任制度和惩罚制度的重要论述。2013年5月，在中共中央政治局第六次集体学习时，习近平指出：“要建立责任追究制度，对那些不顾生态环境盲目决策、造成严重后果的人，必须追究其责任，而且应该终身追究。”“要牢固树立生态红线的观念。在生态环境保护问题上，就是要不能越雷池一步，否则就应该受到惩罚。”2013年11月，党的十八届三中全会通过的《中共中央关于全面深化改革若干重大问题的决定》将“建立生态环境损害责任终身追究制”以规范性文件的形式明确下来。

党的十九大关于加快生态文明体制改革作出了新部署，明确要求落实好责任主体的监管职责。党的十九大报告明确要求改革生态环境监管体制，“设立国有自然资源资产管理和自然生态监管机构”，“统一行使全民所有自然资源资产所有者职责，统一行使所有国土空间用途管制和生态保护修复职责，统一行使监管城乡各类污染排放和行政执法职责”。

二、新时代思想政治理论课培育大学生生态文明观面临的困境

党的十九大报告对生态文明建设进行了多方面的深刻论述，将“美丽”纳入国家现代化建设目标之中，甚至将建设生态文明提升为中华民族永续发展的“千年大计”。“生态文明”和“美丽中国”是党的十九大报告中的高频词汇，其中，“美丽中国”一词在报告中出现3次，彰显了党和国家对生态文

明发展和美丽中国建设的高度重视。生态文明观是人生观的重要组成部分，尤其在经济新常态发展与环境承载矛盾突出的新时代，大学生生态文明观的引领和培育显得极为重要。当前，思想政治理论课培育大学生生态文明观面临的困境主要体现在以下几个方面。

（一）新时代思想政治理论课教材内容有待与时俱进

现有“思想道德修养与法律基础”（以下简称“基础”）教材第三章“生态兴则文明兴，生态衰则文明衰”中对生态文明重要性的认识，与党的十九大的新提法、新论断和新理念有一定的差距，亟须修改，以期与党的十九大报告对接。例如，“人与自然是生命共同体”“坚持人与自然和谐共生”“绿水青山就是金山银山”“坚持节约资源和保护环境的基本国策”等表述可以直接引入教材。加大生态系统保护力度、着力解决突出环境问题已经成为全党、全国和全社会的共识，这是我们应该长期坚持的基本方略。习近平总书记在党的十九大报告中指出：“生态文明建设功在当代、利在千秋。我们要牢固树立社会主义生态文明观，推动形成人与自然和谐发展现代化建设新格局，为保护生态环境作出我们这代人的努力！”这体现了党和国家对生态文明建设的高度重视和责任担当，为习近平生态文明思想“进教材”指明了方向。

（二）新时代思想政治理论课理论教学方法有待丰富

高校思想政治理论课是对大学生进行全面系统的马克思主义理论和思想政治教育的主渠道，是一个具有丰富理论知识的课程体系。高校思想政治理论课的课程大多是以公共基础课的形式授课，一般来说，全校大学生不区分专业，都必须修读思想政治理论课。思想政治理论课本身理论性比较强，教学内容相对枯燥，再加上学生人数较多，师资力量有限，很多高校一般采用合班教学，动辄上百人甚至两三百人一起上课，这给教师课堂教学方法提出了巨大的挑战。因此，中国特色社会主义新时代下，丰富思想政治理论课理论教学方法至关重要。

除了传统的教学方法外，为了活跃课堂气氛，加深大学生对马克思主义基本理论知识的理解和内化，特别是为了深刻理解党的十九大报告和习近平新时代中国特色社会主义思想的精髓，思想政治理论课宜采用讨论式、辩论式的案例教学方法。

（三）新时代思想政治理论课实践教学有待创新

思想政治理论课的教学目标不仅包括知识目标，而且包括能力目标和素质目标。其教学目标不仅在于使大学生系统掌握马克思主义基本理论知识，还要培养大学生运用所学理论知识分析和解决实际问题的能力，更要引导大学生将课堂理论知识内化于心、外化于行，实现“知行合一”，达到培养良好道德素质和法律素质人才的目的。因此，思想政治理论课实践教学具有举足轻重的作用。

纵观各高校思想政治理论课实践教学环节，师资力量有限、教学资源欠缺等多方面的原因，导致实践教学环节不受重视或遭到忽视。在中国特色社会主义新时代下，思想政治理论课实践教学亟须加强，而且应该不断创新。除了继续进行传统的实践教学项目——爱国主义教育基地参观活动以外，还应与时俱进，在新时代深刻学习和领会党的十九大报告精神。例如，带领学生参观“砥砺奋进的五年”大型成就展、组织成立党的十九大精神学生宣讲团等。

三、新时代习近平生态文明思想“进教材、进课堂、进学生头脑”实效性提升的对策

习近平新时代中国特色社会主义思想是高校思想政治理论课教育教学的指导思想和行动指南。把党的十九大精神融入思想政治理论课教育教学，使党的十九大的主要内容、基本精神和战略部署与教材、课堂和大学生思想实际整体对接、系统融入，实现习近平新时代中国特色社会主义思想“进教材、进课堂、进学生头脑”，是思想政治理论课的重大政治任务。就提升新时代习近平生态文明思想的实效性而论，主要对策如下。

（一）将党的十九大报告中生态文明思想写“进教材”，作为最直接的教学素材

习近平新时代中国特色社会主义思想融入思想政治理论课，首先要从宏观和整体上贯彻落实党的十九大精神和习近平新时代中国特色社会主义思想的丰富内涵，党的十九大报告提出的新思想、新战略和新目标等，应该与教材内容深层对接、深度融入。其次要从微观和部分上贯彻落实习近平新时代中国特色社会主义思想的具体内涵，要以党的十九大精神审视教材的每一个

章节，用党的十九大精神提升理论基础课课程高度，充实更新教学内容，使党的十九大精神和习近平新时代中国特色社会主义思想有效地融入每一个教学章节中。

党的十九大报告中关于“人与自然和谐共生”的社会主义生态文明观、“绿水青山就是金山银山”的新理念、“实行最严格的生态环境保护制度”的新部署等表述是最经典、最直接的教学素材，应该写进教材。

（二）结合新教材，进行环境保护和生态文明观培育的经典案例教学，使生态文明思想“进课堂”

党的十九大报告提出，要倡导简约适度、绿色低碳的生活方式，反对奢侈浪费和不合理消费，开展创建绿色学校等行动。

思想政治理论课教师不仅要把党的十九大报告中生态文明的相关内容在课堂上向大学生宣讲并解读，还要梳理党的历次代表大会对生态文明观的表述，直观地呈现生态文明观的演进和完善，同时应结合环境保护和生态文明观培育的典型案例与经典人物事迹，进行案例教学。案例的选取遵循“新、典型、精准”的原则，通过引导大学生讨论案例，深入剖析环境破坏的严重后果，使大学生明白环境破坏带来的巨大损失，使大学生深刻理解党的十九大报告中关于生态文明建设和美丽中国建设的重大意义，塑造自身良好的生活习惯和正确价值判断，培育正确的生态文明观。

（三）理论联系实际，带领学生到生态巨变地区进行调研考察，使生态文明思想“进学生头脑”

“理论联系实际”是马克思主义理论的基础思想和根本方法，大学生生态文明观的培育既需要课堂理论知识的学习，也需要理论联系实际。结合学习马克思主义和习近平生态文明思想等基本理论，带领大学生深入社会基层进行调研考察，使大学生身临其境、耳闻目睹一些生态变化对生产生活的影响，从而坚定进行生态文明建设的自觉性和使命感。

作为基础课一线教师，笔者曾在北京青年政治学院党委宣传部、团委和社科部的统一领导与组织下，带领大学生骨干于2016年暑假赴河南省新乡先进群体精神教育基地进行调研考察。师生们重点调研考察了辉县十年治山治水保存最完好的宝泉水库和谭头水电站等水利建筑工程，考察了曾荣获“100位新中国成立以来感动中国人物”——吴金印所在的卫辉市唐庄镇西山生态绿化工程等。亲临雄伟壮观、撼动人心的生态巨变地区，学生们在领略惊天地、泣鬼神的英雄业绩的同时，更加坚定了建设富强民主文明和谐美丽的社会主义现代化强国的信念！

四、结语

习近平新时代中国特色社会主义思想是马克思主义理论的与时俱进，它博大精深，开辟了当代中国马克思主义发展新境界。其中，生态文明思想是其主要内容之一，依靠法治来推进生态文明建设是习近平生态文明思想的核心理念。习近平新时代中国特色社会主义思想亦是高校思想政治理论课教育教学的指导思想和行动指南，其生态文明思想为培育大学生生态文明观指明了方向。以党的十九大精神为指引，提升新时代习近平生态文明思想“进教材、进课堂、进学生头脑”的实效性是当前思想政治理论课教育教学的重要任务之一，应从教材、理论教学、实践教学等全方位着手，不断创新，与时俱进，扎实推进。

参考文献

［1］习近平．决胜全面建成小康社会　夺取新时代中国特色社会主义伟大胜利——在中国共产党第十九次全国代表大会上的报告［N］．人民日报，2017-10-28（1）.

［2］习近平．努力走向社会主义生态文明新时代［M］//习近平谈治国理政．北京：外文出版社，2014：210-212.

［3］习近平在气候变化巴黎大会开幕式上的讲话（全文）［EB/OL］.（2015-12-01）. http://news.xinhuanet.com/world/2015-12/01/c_1117309642.htm.

［4］中共中央文献研究室．十八大以来重要文献选编（上）［M］．北京：中央文献出版社，2014：72-77.

［5］习近平在中共中央政治局第六次集体学习时强调坚持节约资源和保护环境基本国策，努力走向社会主义生态文明新时代［EB/OL］.（2013-05-25）. http://www.mlr.gov.cn/xwdt/jrxw/201305/t20130525_1218934.htm.

“获得感”思维下的高职思政课教学质量提升研究

邵　阳*

摘　要：让高校思想政治理论课（以下简称“思政课”）更有吸引力，唯有从提高思政课教学质量入手，而这取决于教师给学生带来什么样的帮助，课程给学生带来什么样的引导。因此，教师应钻研教材、教法、学情、考法，从学生的需求问题切入，充内容之实、解思想之惑，把有效供给转化为学生学习需求，把思政课“有意义”上得“有意思”，增强学生学习“获得感”。

关键词：钻研　学情　转化　问题　需求

从词源学来看，“获得感”一词源自组织行为学中的激励理论，原指获取某种利益后所产生的满足感，这种满足感是组织中激励行为产生的内在驱动因素。马斯洛在需求层次理论基础上提出“满足前进律”，认为“较低层次需求的满足会带来满足较高层次需求的愿望”。而近来，“获得感”一词迅速流行来源于习近平总书记在中央全面深化改革领导小组第十次会议上的讲话，且使用范围出现固化趋势，现指人民群众共享改革成果的幸福感。广大教师针对当前思政课存在的普遍性问题进行教学改革，但仍满足不了学生深层次现实需求，解决不了学生深层次困惑，学生“获得感”不高，不喜欢上课、不认真听课的现象依然存在。如何提高“获得感”是我们当前所面临的问题和挑战。满足学生“获得感”，一方面取决于思政课教师给学生带来什么样的示范及价值引领；另一方面取决于思政课程给学生带来什么样的理论指导，理论知识能否转化为学生科学的思维方式、能否内化为学生自觉行为的理念。

---

* 邵阳：温州科技职业学院社科部主任，副教授。毕业于温州师范学院政治教育专业，长期从事思想政治教育研究。主讲课程：“思想道德修养与法律基础”“毛泽东思想和中国特色社会主义理论体系概论”“形势与政策”。主持参与省部级课题6个，曾获浙江省教学成果奖二等奖，入选温州市“四个一批”人才。

因此，思政课教学改革要按照这一目标进行，才能有效提升教学质量，大大提升学生“获得感”。

一、钻研教材、深学细悟、固本守正

本研究采用问卷调查法与访谈法，对温州科技职业学院在校学生就接受思政课的教学过程与效果问题进行调研。本次问卷调查的样本选取了温州4所高职院校的2018级在校学生（每所200份，共涉及25个专业，共800份），采用线上与线下问卷相结合的方式，共收集有效问卷747份。调查结果显示，90%以上的大学生认为喜欢听某一门课程的最主要原因是课程内容的有效性、生动性及教师风采。毋庸置疑，教学内容、教师魅力、教学能力对学生的课堂学习产生最直接的影响，也是提升学生课堂学习“获得感”的关键因素。

（一）把上课当成研究，强调课程价值效用性

思政课教师应具备“有责、负责、尽责”意识，将课程作为学术来研究，提升教学内容的学术品位，对教学内容要“真懂、真信、真讲”，发挥好课程的价值引领作用。思政课教师一方面要从本体论角度强调思政课的价值，即思政课程能给学生最新知识，对学生的世界观、人生观、价值观有正确的指导作用；另一方面要从方法论上讲清楚思政课对学生有什么用、怎样用，能够帮助学生解决哪些思想方面的问题。这样，自然而然会引起学生对课程的关注、自觉接受教师所教的课程内容，使学生知道思政课的受益者是学生自己，才能使学生对思政课价值教育的预期有先入为主的良好观感，从教学中感受师德的魅力，才能使思政课育人教育预期得以真正实现，学生才会有“获得感”。

（二）把课堂当成“战场”，强调课堂教学政治性

思政教师要有把思政课上成“有温度、有意思、有意义”的课程的教学理念，在大是大非面前立场坚定，利用课堂主渠道发挥好教学政治性、思想性的作用。一方面，课堂教学要敢于“斗争”。在课堂上面对错误的思潮和观点，坚决用正确的理论正面争鸣，坚定回应学生的任何质疑，避免用虚无主义口号来迎合学生，学生才能在不同观点的论证中甄别对与错，学生才能理清观点，树立正确的立场。另一方面，课堂教学要“扬正气”。用“大灌”与“滴灌”方式，在课堂上照着教学主题“活”讲中国理论、对着国内外疑难点“顶”讲中国方案、对着学生熟知的事“引”讲中国故事、对新时代新知识

“精”讲中国精神、对学生有效的课堂提问“特”讲中国形象，让学生从教师的课堂教学中感受理论战斗力、穿透力、说服力，才会主动思考、探索，接受社会主义核心价值观，思政教育效果才有质的提升。

（三）把问题当成学问，提升教学匹配度

思政课教师要把教学工作当成自己的事业来做，必须用科研精神去研究解决教学问题，要像做学问一样钻研教学，才能将课堂教学教得严谨细致、上得有声有色、做得扎扎实实。教师必须从学生的思想困惑、社会热点和教学的重点难点疑点中提炼出“问题”，将“问题”上升为学术研究的“课题”，再将教师学术研究成果转化为教学内容。思政教师要深入学生生活中去，针对学生聚焦的问题，用精湛的理论，批驳其弊端，赞许其益处，及时为学生答疑解惑。面对思政教材如何“有实效”“接地气”的问题，思政教师要做到三个讲清楚：讲清楚马克思主义中国化理论内涵，把红色文化融入课堂教学，讲好“中国理论”；讲清楚新时代社会中的矛盾和问题，对党和国家大政方针作出有说服力的理论解释，讲好“中国方案”；讲清楚新时代的发展历程及成果，利用中国经验和中国奇迹的合理内涵，宣扬中国精神，讲好“中国故事”，实现教学功效由虚到实。

二、钻研学情、集体磨课、传承创新

只有从学情入手，认识学生、了解学生、融入学生，挖掘学生容易接受的教学方法，才能提升学生对课堂教学的正面参与与正确认知。

（一）激活学生学习诉求点，以问题强化教学精准点

就课堂教学而言，面临自媒体爆炸性、碎片化信息冲击，同时也有不全面的甚至是错误的信息，课堂教学只有始终贯穿学生需求导向的原则，才能精准地了解学生的“困惑”，准确地问答学生的“问题”，完美地满足学生的“需求”。一方面，教师根据思政课功能将大学生的问题诉求转化为教学问题，以问题引导学生学习。在课堂上要用立足时代发展的家国情怀来满足学生个体成长发展需要，因势利导地讲现实讲案例、讲道理讲情理、讲事实讲真理、讲信仰讲认同，实现学生内在需求和社会价值统一。另一方面，教师结合高职学生学习能力，善于从学生熟悉的学习生活情境出发，问题设计要做到主题突出又清晰、观点准确又鲜明、环节有层次又清楚，讲好中国故事、宣扬

好中国精神、践行好中国方案，才能更好地引导大学生全方位了解新时代发展趋势，选择正确的人生发展方向。

（二）释放学生学习认同点，重塑思政课堂教学生态

要提升学生对思政课堂教学过程中的正面认知效果，必须对思政课程内容进行“再创作”。围绕从方法论的感悟到信仰确立再到境界提升的主线，不同专业背景、人生阅历的思政教师，从多学科、多维度分析和解读新时代的问题，使课堂教学内容的形态从平面走向立体、从静态变为动态、从面聚焦到点，实现对教材中核心观点、基本结论的深度讲解、分析，引导学生深入领会。例如，在课堂上讲授时不再单一要求学生为社会做贡献才是真正实现人生价值，而是先从心理学角度引导学生要爱惜生命，接着从伦理学角度强调快乐与幸福是人生的重要组成部分，再从哲学、社会学、政治学等角度循序渐进地引领学生感受新时代的中国精神，培养家国情怀，懂得责任与担当，让学生在课堂学习中感受理论的有效性，感受到思想的闪光点，让学生发自内心地微笑，让学生能真正打开心扉，获得思想上的认同。

（三）激发学生学习潜力点，经营好“思政课+”和“互联网+”教学

就高职学生而言，他们普遍学习积极性不高、动力不足，又缺乏社会阅历，但对网络有着强烈的依赖性，他们的思想观念、话语表达、生活方式深受网络影响。针对这种学情，教师必须具备在互联网时代“见微知著、查症开药”的敏锐性，善于对互联网信息中学生感兴趣的关键词进行抓取，并分类、甄别、分析，将学生所关注的网络焦点和热点问题纳入教学内容，相应设计事件、议题对接课堂教学环节，用正能量引导学生在同一问题上进行“思政课+”的融合。同时，还要为学生提供关于“互联网+”的信息内容，并且针对教学章节的教学内容，指定足够的经典文献或者推荐正能量的信息及相关网站，重新激活学生的学习潜力，扩大学生的学习视野。另外，教师要积极主动扮演好主导互联网正能量传播的新角色，对学生普遍关注的信息主动做好备案，针对学生信息介入为先，要协调好学习、生活与网络的关系，既不能一味跟着互联网的信息走或游离之外，又要防止矮化、弱化、虚化自己课堂教学的话语权，要从网络中帮助学生重新找到学习兴趣的切入点，在学生需要的时候适时地“站”出来，给予及时的启发、引导和帮助，使学生更愿意向教师袒露自己的真实看法，把网络“围观”升华到学习“关注”，从而确保课堂教学有效性。

三、钻研课堂、群策群力、打造“金课”

增强大学生思政课获得感，核心就是始终以解答学生个人的思想及现实困惑为目的进行教学设计，群策群力找到学生的情感共鸣点、理论到实践的转化点、讲与听的结合点，结合学生的专业背景、接受能力讲实理而不讲虚理，完成学生理解到理论领悟再到现实行动的过程，提升课堂教学的匹配度。

（一）找到学生的情感共鸣点，让课堂“活”起来

让课堂活起来，教师必须找到学生的情感共鸣点，提升课程的亲和力。其关键是在课堂教学上下功夫，结合地方特色、学校特点、学生学情，走出教材，走进学生，开展灵活多样的思政课课堂教学活动，在“讲”上有新意、接“地气”，在“听”中有实理、聚“人气”，拉近学生与课程的距离感，改变学生对思政课程僵化刻板的印象。如温州科技职业学院开展一堂课“六个一”统一教学活动，即“围绕一个主题、强调一个道理、述说一个案例、采用一个视频、设置一个讨论、布置一个活动”。“围绕一个主题”即依据教材章节，确定一堂课一个教学专题；“强调一个道理”旨在给高职学生一堂课讲清一个道理，传递一种正能量；“述说一个案例”旨在一堂课结合专业范例给学生讲一个身边故事，引起学生共鸣；“采用一个视频”旨在弥补一堂课理论表述所缺乏的形象性与生动性；“设置一个讨论”则是为了充分调动一堂课交流的互动性；“布置一个活动”旨在督促学生用所学知识和行动践行中国梦。教师如果在课堂上使用空洞、贫乏、单调、说教的语言，在学生中只会成为没有“跟随”者的独白。教师要善于合理使用教学语言，恰当使用网络用语来丰富教学用语，让学生听了倍感亲切，起到教学双向交流效果，从而提高亲和力、吸引力与说服力。

（二）找到理论到实践的转化点，让课堂“实”起来

由于各种原因，目前学生当中存在思政课是“水课”、思政课等于“放松课”的错误认识。为改变这一现象，思政课教学既要有内容之实，又要有解惑之实，让学生上完课后有值得激动与感悟、回味与收获的教学内容。学生只有走进实践，感悟理论，才能使课堂教学内容不断地满足学生的现实需要，解决现实问题。这就要求思政课堂贯彻理论联系实际的教学法则，思政课教师必须具有扎实的理论功底、教学实力与政治素养。一方面，在教学上除了正确地体现好教材的知识性、思想性、有效性，还要精准把握新时代思想脉

络，用新时代理论传授家国情怀的思想引领、中国人物正能量的价值引导，通过透彻的学理分析，讲出鲜活的新时代理论，避免课堂教学从理论到理论的枯燥，做到入理入情，在满足学生对知识渴求的过程中实现对学生的思想引领，充实其内容。另一方面，明确地把握好学生的困惑是什么、需求是什么、问题是什么，还要深入研究从理论到实践的结合点，以及如何把两者融合起来统一于课堂的教学方法。在教学中把握好学生的所思所感的度，结合专业、职业特点，用科学的逻辑思维说服学生，讲出生动的现实案例，避免课堂教学中由概念到概念的乏味，做到入脑入心，完成思政课教学价值引导与专业教育的深层融合，解答好学生之惑。

（三）找到讲与听的结合点，让课堂"动"起来

教师必须改变"一言堂"的传统PPT教法，以"主题或话题主持人"的新角色出现，用"微课堂"等方式将思政课价值功能与融媒体信息传播功能相结合，创新性运用问题启发式、参与互动等多种教学方式。一方面，以"教师主讲+分组交流+辩论"的形式，完成问题的引入、分析、解释、总结，做到由易到难、由个性到共性、由具体到抽象的"活学活教"，处理好课堂"大水漫灌与精准滴灌"的关系。课堂设计问题的难度必须与学生接受能力相适应，教师尽量不要浅谈，要作深入的交流，善于找出"学生交流+辩论"的闪光点和关注点来增强课堂的互动性。另一方面，可以学生的"手机+"为平台，由教师主持讨论，结合学生参与中存在的疑惑问题及学生生活和思想实际的问题，用"一事多访多谈"和"一议多对多话"等方式来积极引导学生参与，使每个学生都参与到讨论中来，使学生在课堂上围绕问题动起来，让大学生既"围观"又"关注"。为防止课堂出现"冷场"，应鼓励学生积极参与讨论并大胆发表意见，教师可把学生参与的点击率和话语质量作为平时考核的一部分，及时给予评价，让学生感受到学习成就感，提高课堂的参与活跃度。

（四）找到学与考的平衡点，让考核"顺"起来

思政课考试不是为了难倒学生，而是为了教育学生、帮助学生，促进学生自我发展、主动发展。针对目前存在的评价主体单一且过于强调一张卷的鉴定性的弊端，倡导建立多元评价体系，确立卷面考核与平时评价相结合、过程考核与结果考核相结合、朋辈评价与学生自我评价相结合的"大思政"考核方法。首先，确定多元化评价主体。改变对学生思政课程学习评价主要依托思政教师进行的现状，形成以思政教师为主与班级班委、小组之间、学

生自评为辅的多元评价主体。其次，确定多元化评价内容。改变倚重理论知识的现象，除了理论知识之外还要将学生到课率、课堂表现、项目活动、社会实践等表现及成果纳入考核内容。再次，确定学生学习评价全程化标准及流程。制定评价主体对学生学习过程中的质量评价的量化值，对理论、能力、素养、表现四者有具体流程考核规定。最后，确定多元化评价权重。教师可根据实际情况进行确定并赋予思政教师、班委、小组、学生自我评价四个方面不同的权重，所占的比例分别是50%、20%、10%、20%，让学生对自己的学习效果有清晰标准，为学生找回成就感、获得感。

总而言之，思政课教学既是师生融合、理解、践行、体验的相长过程，又是师生双向发力的过程。只有充分发挥好教师主导作用和学生主体作用，强化师生课程有效互动，才能实现教师“务实教”和学生“有效学”的有机统一，用学生“获得感”来衡量思政课教学质量，使其真正成为“有意义、有道理、有意思”的“金课”。

参考文献

［1］吴爱明．组织行为学［M］．北京：经济科学出版社，2008：107．

［2］聂锐，芈凌云，等．管理学［M］．北京：机械工业出版社，2011：103．

［3］肖伟光．让高校思想政治理论课更有吸引力［N］．人民日报，2019-01-25（9）．

［4］杨明．充分发挥思想政治理论课铸魂育人作用［J］．红旗文稿，2019（7）：9-10．

［5］李明．新发展理念与高校思想政治理论课教学改革研究［J］．河南社会科学，2018（7）：110-114．

［6］刘娜，吴纪龙．提高思想政治理论课实效性应着力实现“六个转化”［J］．思想政治教育研究，2019（3）：75-79．

新时代提升思想政治理论课亲和力探究

文国琴　屈　洋*

摘　要：中国特色社会主义进入新时代，习近平总书记在不同场合就思想政治理论课作出重要指示。新时代提升思想政治理论课亲和力是贯彻落实习近平总书记重要讲话精神的必然要求。具体来讲，提升思想政治理论课亲和力是应对意识形态斗争的迫切需要，是实现高校立德树人根本任务的必然要求；在"培养什么人"的重要原则、"怎样培养人"的关键原则、"为谁培养人"的首要原则三个重要原则指导之下，从提振教师队伍、创新实践教学两个重要举措上探索思想政治理论课亲和力的提升。

关键词：新时代　思想政治理论课　亲和力

2019年3月18日，习近平在主持召开学校思想政治理论课教师座谈会上强调指出："推动思想政治理论课改革创新，要不断增强思政课的思想性、理论性和亲和力、针对性。"思想政治理论课亲和力，是指思想政治理论课对学生的吸引力、感染力和说服力，决定着思想政治理论课凝聚力、说服力、吸引力与感召力，更是得到学生普遍认同和喜爱的关键点。在2016年全国高校思想政治工作会议上，习近平总书记明确指出："思想政治理论课要坚持在改进中加强，提升思想政治教育亲和力和针对性。"2018年教育部印发的《新时代高校思想政治理论课教学工作基本要求》中提出："把高校思想政治理论课

* 文国琴：重庆城市职业学院马克思主义学院讲师，思政教研室主任。2012年毕业于重庆邮电大学思想政治教育专业，研究方向为网络思想政治教育，主讲课程为"思想道德修养与法律基础"等。2015年主持重庆市高校人文社会科学研究项目"自媒体价值观传播机制研究"（编号：15SKG233），主持重庆城市职业学院校级课题1项，公开发表论文10余篇。

屈洋：教育学硕士，重庆城市职业学院马克思主义学院专任教师，国家二级心理咨询师。2018年毕业于重庆师范大学马克思主义学院学科教育（思政）专业。主讲课程为"思想道德修养与法律基础""毛泽东思想和中国特色社会主义理论体系概论""形势与政策""习近平新时代中国特色社会主义思想三十讲"。主要学术成就：2019年获重庆市"深化教育改革研究，助推高质量发展"论文征集比赛二等奖。

教学工作摆在更加突出的位置，更加重视加强和改进教学管理，更加重视提升教学质量，不断提升思想政治理论课的亲和力和针对性。”思想政治理论课的亲和力决定其凝聚力、说服力、吸引力与感召力，更是得到大学生广泛认同和喜爱的关键点。长期以来，学者们就思想政治理论课亲和力的提升作了不少研究与总结，这些成果相当丰富，为新时代思想政治理论课亲和力的提升研究提供了重要的理论依据。

一、提升思想政治理论课亲和力的必要性

（一）提升思想政治理论课亲和力是应对意识形态斗争的迫切需要

伴随全球化加速发展，西方价值观念、意识形态向外扩张毫无松懈的趋势。意识形态作为特定阶级或社会集团对特定社会经济基础和政治制度的反映后所形成的一种思想体系，它不仅具有建构人们精神家园、引领社会发展方向和指导现实社会建设等多重功能，而且对一个政党、国家、民族的生存与发展发挥着至关重要的作用。这是无可厚非的，但是西方不断加强对我国的意识形态渗透、围堵，特别是把青年作为其意识形态的主攻对象。如何应对这一复杂的思想文化斗争，维护我国意识形态安全已成为新时代一项重要而迫切的政治任务。意识形态工作的前沿就是思想政治理论课，因此，应对西方意识形态斗争，尤其要加强高校意识形态工作，提升思想政治理论课亲和力，巩固和加强马克思主义的指导地位。另外，当今世界各种信息和思潮交汇，大学生正处在“三观”形成和确立的关键时期，抓好这一时期的思想政治教育十分重要。应提升思想政治教育的亲和力，通过入脑入心的思想政治教育，用新时代大学生喜闻乐见的方式春风化雨般弘扬社会主流意识形态的同时解决大学生思想困惑，引导大学生在社会主流意识形态中汲取丰富营养、成长成才。

（二）提升思想政治理论课亲和力是实现高校立德树人根本任务的必然要求

习近平总书记在学校思想政治理论课教师座谈会上指出，办好思想政治理论课，最根本的是要全面贯彻党的教育方针，解决好培养什么人、怎样培养人、为谁培养人这个根本问题。世界一流大学都是在服务自己国家发展中成长起来的。我国高校是社会主义高校，培养的人是中国特色社会主义事业

的建设者和接班人。中国特色社会主义最本质的特征是中国共产党的领导，中国共产党自成立之日就把全心全意为人民服务作为党的根本宗旨。我国高等教育必须坚持为人民服务、为中国共产党治国理政服务、为巩固和发展中国特色社会主义制度服务、为改革开放和社会主义现代化建设服务。思想政治工作在高校人才培养大局中具有重要地位和特殊作用，主阵地和主渠道是思想政治理论课。因此，加强和改进高校思想政治工作，关键在于提升思想政治理论课亲和力，充分发挥好该课程在高校立德树人根本任务方面的重要作用。

二、提升思想政治理论课亲和力的重要原则

习近平总书记在学校思想政治理论课教师座谈会上指出，办好思想政治理论课，最根本的是要全面贯彻党的教育方针，解决好培养什么人、怎样培养人、为谁培养人这个根本问题。从这个意义上讲，准确把握培养什么人、怎样培养人、为谁培养人这一根本问题成为提升思想政治理论课亲和力的重要原则。

（一）“培养什么人”的重要原则

“人的本质不是单个人所固有的抽象物，在其现实性上，它是一切社会关系的总和。”因此，人终归成为社会人。从现实来看，任何国家无不是按照自己的政治要求来培养人。比如，美国学生从幼儿园开始就需要面向美国国旗宣誓效忠美利坚合众国，在特定时间还要通过宪法测试；还有一些欧洲国家是通过历史教育和国民课程为学生灌输本国历史和政治常识。有人说，诸如爱国主义之类的教育，在国外不仅“理直气壮”，也“无处不在”。

“我国是中国共产党领导的社会主义国家，这就决定了我们的教育必须把培养社会主义建设者和接班人作为根本任务，培养一代又一代拥护中国共产党领导和我国社会主义制度、立志为中国特色社会主义奋斗终身的有用人才。”德智体美劳全面发展的社会主义建设者和接班人是我国高等教育的重大任务，创新性回答了新时期新阶段高等教育“培养什么人”的根本问题。因此，培养德智体美劳全面发展的社会主义建设者和接班人成为提升思想政治理论课亲和力的重要原则之一。

（二）“怎样培养人”的关键原则

工作方法是中国共产党历来注重的一个问题，也是毛泽东同志在领导革命和建设中极为重视的问题。他说过：“我们不但要提出任务，而且要解决完成任务的方法问题。我们的任务是过河，但是没有桥或没有船就不能过。不解决桥或船的问题，过河就是一句空话。不解决方法问题，任务也只是瞎说一顿。”即便目标是正确的，如果没有好的工作方法来实现它，也会变成“空话”。

运用什么样的方法、通过什么样的手段或者途径来培养人，直接关系到我们党的思想政治工作目标的实现与内容的展开。应该说，对于“如何培养人”这一问题的回答，在很大程度上有助于实现培养民族复兴大任新人的根本目的。习近平总书记强调，我们的高校是党领导下的高校，是中国特色社会主义高校。办好我们的高校，必须坚持以马克思主义为指导，全面贯彻党的教育方针，引导学生掌握科学的世界观和方法论，用社会主义核心价值观教育学生，帮助他们“扣好人生第一粒扣子”。还要立足学生实际，加强人文关怀和心理疏导。思想政治理论课是铸魂育人的工作，应充分运用人文关怀，让思想政治理论课产生“润物细无声”的作用。

（三）“为谁培养人”的首要原则

之所以是首要原则，是因为“为谁培养人”在很大程度上决定着“培养什么人”以及“怎样培养人”的问题。纵观人类社会，任何一个民族和国家无不为满足自身发展需要而培养人，中国也不例外。我国是社会主义国家，中国特色社会主义最本质的特征就是中国共产党的领导，因此，为国家和党培养人是高度一致的。

习近平总书记在全国高校思想政治工作会议上强调：我国高等教育发展方向要同我们发展的现实目标和未来方向紧密联系在一起，为人民服务，为中国共产党治国理政服务，为巩固和发展中国特色社会主义制度服务，为改革开放和社会主义现代化建设服务。这一重要论述指明了我国高等教育的发展方向，鲜明地回答了高等教育“为谁培养人”的问题，成为提升思想政治理论课亲和力的首要原则。

三、提升思想政治理论课亲和力的重要举措

（一）提振教师队伍

“亲其师，信其道”，思想政治理论课亲和力的提升关键还在教师。党的十八大以来，习近平总书记对广大教师提出了“四有”好老师、“四个引路人”和“四个统一”等要求。在学校思想政治理论课教师座谈会上，习近平总书记对思想政治理论课教师进一步提出“六个要”的要求，这为提升思想政治理论课亲和力提供了根本遵循。具体来说，就是将思想政治理论课教师打造为可亲可敬的人。

思想政治理论课教师要有情怀。在学校思想政治理论课教师座谈会上，习近平总书记不仅对思想政治理论课建设的意义、要求和部署作了全面的论述，而且对思想政治理论课教师的作用和使命作了精辟阐述，尤其是对思想政治理论课教师提出了六个方面的要求，即政治要强、情怀要深、思维要新、视野要广、自律要严、人格要正。其中很重要的一条是“情怀要深”，即思想政治理论课教师要做一个有深广情怀的人。思政教师的情怀之一，就是家国情怀。习近平总书记多次论述并一再强调要发扬中华民族的爱国传统，弘扬伟大的爱国主义精神。在2018年9月的全国教育大会上，他提出培养社会主义事业建设者和接班人要在六个方面下功夫，其中之一就是要“在厚植爱国主义情怀上下功夫”，并就此作了精辟阐述。因此，作为一名思想政治理论课教师，一定要心系国家和民族，在党领导人民的伟大实践中关注社会、关注时代，汲取养分，丰富自己的精神世界，在教学中讲好中国故事就要多讲讲我国各行各业的爱国故事。同时以自己的爱国主义情怀感染学生，用自己的实际行动报效祖国。思政教师的情怀之二，就是仁爱情怀。“仁爱”是中国人精神世界里一种最美好的感情，是一种底蕴深厚的大爱。思想政治理论课教师要有这样的情怀，对宇宙万物有关切，对天下苍生有关注，尤其对于自己传道授业的学生要关心、关爱。以宽厚的仁爱之心帮助大学生答疑解惑，树立崇高而科学的世界观、人生观和价值观。思政教师的情怀之三，就是传道情怀。思想政治理论课教师要把宇宙人生的大道理传授给下一代，让下一代健康成长。这就要求思想政治理论课教师自己必须首先明大道。思想政治理论课教师当然要有非常广博的知识视野，但首要的是掌握马克思主义理论，传播马克思主义的真理力量，坚持以理服人、以德感人，以透彻的学理分析

回应学生，以彻底的思想理论说服学生，以真理的强大力量引导学生，帮助学生克服理想淡化、信仰缺失等问题，切实提高思想政治理论课教学实效，全面做好立德树人工作。

思想政治理论课教师的情怀当然不止这些，但作为思想政治理论课教师，家国情怀、仁爱情怀、传道情怀这三个方面是不可或缺的，甚至是影响思想政治理论课教师素养和水平的关键因素。陶行知先生说道：“学高为师，身正为范。”思想政治理论课教师要言行一致，以自己的实际行动教育学生，努力做一名听党话、跟党走，让国家满意、人民放心、学生爱戴的新时代好老师。

通过以上方面的努力，着力打造一支“可信、可靠、乐为、敢为”的思想政治理论课教师队伍。

（二）创新实践教学

马克思主义的实践观告诉我们，要使思想政治理论课立德树人的根本任务落地，必须充分发挥实践教学在思想政治理论课中的作用。因此，创新实践教学也是提升思想政治理论课亲和力的又一重要举措。

“情理相彰”。实践课程既要有深度、有力度，用精粹的理论释学生之惑，用真理的强大力量引导学生，让学生从实践中学到丰富的理论知识，培育认识世界的理智态度和判断能力，又要有温度、有情怀，创新实践方式方法，打造真正“有血有肉，有声有色，有情有义，有滋有味”的思想政治理论课实践教学模式，滋润学生心田，不断增强实践教学的针对性、实效性和亲和力。

“对分讲台”。改变理论讲授和实践教学截然分开的做法，将实践环节细化和融入日常课堂，教师与学生“对分讲台”，把讲台变成师生协作、共同教学的小舞台，弱化教师权威感，同时体现学生学习主体地位。教师透彻的学理分析和学生精彩的动情讲述相映成趣，用知识讲授滋养价值观念，用故事讲述印证理论观点，促成课程知识目标、能力目标、情感目标的有效实现。

“多元协同”。整合联动课内外、校内外、线上线下的优质教育资源，强化顶层设计和统筹衔接，将“网络微课堂”“思政课小课堂”“校园中课堂”和“社会大课堂”多元协同，形成思想政治理论课实践教学“四维课堂”小生态，使研习有平台、展示有载体、团队有保障、传导有效能，合力构建育人同心圆。

当然，提升思想政治理论课亲和力的举措不局限于以上两个方面，但提振教师队伍、创新实践教学是新时代思想政治理论课亲和力提升的最重要的举措。

参考文献

[1] 习近平主持召开学校思想政治理论课教师座谈会强调：用新时代中国特色社会主义思想铸魂育人　贯彻党的教育方针落实立德树人根本任务［N］. 人民日报，2019-03-19（1）.

[2] 陈妍，洪雁. 高校思想政治理论课亲和力影响因素分析及其对策［J］. 学校党建与思想教育，2019（11）：61-63.

[3] 习近平. 在全国高校思想政治工作会议上强调：把思想政治工作贯穿教育教学全过程　开创我国高等教育事业发展新局面［N］. 人民日报，2016-12-09（1）.

[4] 马克思恩格斯文集：第1卷［M］. 北京：人民出版社，2009：501.

[5] 靳诺. 高校思想政治工作根本任务的科学概括［J］. 思想理论教育导刊，2017（1）：9-13.

[6] 王洪元. 用习近平新时代中国特色社会主义思想铸魂育人［N］. 光明日报，2019-06-03（6）.

[7] 把思政课办得越来越好［N］. 人民日报，2019-03-19（1）.

“演出”让思想政治理论课“活”起来
——以“思想道德修养与法律基础”课为例

姜春英*

摘　要：通过开展课程演出可以让高校思想政治理论课“活”起来。以开展“思想道德修养与法律基础”（以下简称“基础”）课的课程演出为例，其实质是一种情境体验式的实践教学，由平时的课堂演出和期末的汇报演出两部分组成。其实施过程包括制订课程演出教学计划，教师做好指导监督、推进工作及总结与反思工作。其实施意义包括从难以落实到容易操作、从重说教到重体验、从抽象的道理走向具体的事例、从“大事”走向学生身边的“小事”、从教师的“讲坛”变为学生的“舞台”、师生关系从单向型变为双向型。学校的重视和支持、教师综合素质的培养及科学合理的评价奖惩机制是影响课程演出能否顺利开展的重要因素。

关键词：课程演出　思想政治理论课　基础课　汇报演出

在当代大学生的思想观念和价值取向呈现多元化的发展趋势下，如何激发大学生学习思想政治理论课的动力，如何在教学中实现理论与实践的结合，如何增强思想政治理论课教学的针对性、实效性、吸引力和感染力，是摆在每一名思想政治理论课教师面前的任务。为了能让思想政治理论课真正“活”起来，笔者尝试通过开展思想政治理论课的课程演出来达到提高学生兴趣、增强教学效果的目的。由于笔者长期担任基础课的教学工作，所以，就以开展基础课的课程演出为例，来谈谈如何让思想政治理论课“活”起来。

---

* 姜春英：重庆电子工程职业学院马克思主义学院副教授。硕士，2009年毕业于北京师范大学哲学与社会学学院，主要从事高校思想政治教育、国防教育方面的研究。

一、课程演出是基础课实践教学的一种重要形式

基础课的课程演出由平时的课堂演出和期末的汇报演出两部分组成，其实质是一种情境体验式的实践教学，是在教师的指导下，要求大学生结合基础课的主题思想和理论观点，主动地去观察分析发生在身边的关于理想信念、爱国情感、人生价值、感恩父母、校园友情与爱情、道德与法律、求职创业等素材，通过自创剧本、自组团队、自演角色的方式以演讲、朗诵、相声、小品、歌舞等文艺形式表演出来，通过用贴近实际、贴近生活、贴近教材、贴近学生的文艺作品来展现当今社会和校园中的生活百态，揭露社会和校园中的一切不文明行为，以宣传“真、善、美”，针砭“假、恶、丑”，把严肃刻板的思想政治教育寓于生动活泼的文艺活动中，达到寓教于文、寓教于情、寓教于乐的教学效果。

二、基础课课程演出的实施

（一）制订完备的课程演出教学计划

（1）分小组：要求学生按照自由组合的方式分成若干小组，每个小组由8人左右组成，选出小组长，制定组名、组口号及组歌，并且按照组长姓名首字母的先后顺序把所有小组用数字序号表示出来。

（2）平时课堂演出部分：每次上课都有节目表演的任务。为了让这种情境体验式的实践教学能够贯穿于学期的全过程，也为了增加学生参与的广度和深度，要求每次上课都有节目表演的任务。具体是这样做的：在课前，根据要讲授的主要内容设置表演主题，表演的节目要围绕主题开展，节目形式不限，表演时间限定在10分钟内。每个小组表演结束后由全班同学匿名打分并取平均分，该分数作为平时作业成绩。在小组表演结束后，有几分钟的学生自由评论时间，指出表演过程中的优点和不足，评论者进行加分，评论分数记入平时成绩。最后教师作评论和总结。

（3）期末汇报演出部分：为了调动学生参与的积极性，基础课的期末汇报演出可以采取比赛的方式展开，比赛分为班内初赛、院系复赛和学校总决赛三个阶段。首先，在学期初就向学生征集期末汇报演出的节目，要求自愿参加，节目形式不限，主题切中基础课内容，鼓励原创，节目可以是平时课

堂表演的作业，创作主体可以是个人也可以是小组，节目成员可以重新自由组合。其次，制定公平合理的评分标准，选出由校领导、不同学科的教师和高年级学生组成的评委团。最后，先进行班内初赛，选出3~4个节目参加院系复赛；在院系复赛中，选出3~4个节目参加全校总决赛；在总决赛中，通过网络投票评选出最受学生欢迎奖若干名，通过评委团现场投票选出一、二、三等奖若干名并颁发荣誉证书。

（二）在期末汇报演出准备过程中，教师做好指导、监督和推进工作

（1）在选定主题、策划节目、修改审定剧本方面进行指导。首先，由于节目的主题一定要紧扣基础课内容，但是学生对很多现象的理解力和辨别力有限，此时就需要教师严把大方向和主题关；其次，由于大多数学生以前没有策划节目和编写剧本的经验，此时就要求教师从专业的角度指导学生如何策划节目和编写剧本；最后，一个好的节目一定是经过千锤百炼、反复修改的，但是学生往往由于生活经验、学识视野，以及局中人的限制，难以发现节目的不足，此时就要求教师以局外人的身份，调动自己各方面的经验，去帮助学生修改并最终审定节目。

（2）在排练组织中学生出现畏难情绪时鼓励推进。节目剧本确定下来以后，就该排练了。但是大学一年级学生的课业任务比较繁重，业余时间较少，而且一个团队内部成员的个性、想法都不同，因此在排练中很容易出现各种问题，如角色如何分配、时间如何协调、角色如何演绎、如何找到道具等。一名学生在参加完汇报演出所写的感受中有这样一段话："如何集中剧组成员按时参加排练，消除越来越严重的排练懈怠？如何处理排练过程中的种种分歧？如何克服条件和资源缺乏的限制？如何克服技术上和知识上的欠缺？作为大学一年级新生，我们不得不学会用稚嫩的脸去面对这一系列难题。"这就要求教师利用各种途径，包括QQ、微信等积极主动和参赛学生进行沟通交流，了解他们排练的情况，并加以鼓励和疏导。

（三）做好总结与反思工作

在课程和期末汇报演出结束后，活动的所有参与者共同分享活动感悟，探讨活动的得失成败，一方面可以激励活动参与者获得继续行动的动力；另一方面可以为后继活动提供调控参照系。

（1）学生的总结与反思。要求学生就平时课堂表演和汇报演出所反映的社会、学校问题及本人的感悟与收获，以论文和班级交流的方式表达出来。

这将成为考核学生成绩的重要方面，还可以使教师真正了解学生的内心变化和成长进步，从而确定课程演出是否达到了预期目标。

（2）教师的总结与反思。教师作为课程演出全程的策划者、指导者和参与者，很有必要作全面的总结与反思。从制订课程演出方案到指导参赛学生，再到活动的具体执行等各个方面都要进行经验总结，以便以后更好地开展教学活动。

三、基础课课程演出的实施效果

（一）从难以落实到容易操作

实践教学形式大致可以分为校外实践和校内实践两种基本模式，长期以来，校外实践模式是各个高校关注的重点，而校内实践模式没有引起足够的重视。但是仔细分析后就会发现，其实对于很多高校来说，校外实践模式缺乏实施的持久性和普遍性，难以真正落到实处。原因在于：一方面，学生出行的交通工具、人身安全和出行时间等制约因素使得校外实践模式难以对学生做到全覆盖；而在缺乏有效监督的前提下，化整为零或分组结伴等方式又难以保证每个学生都能自觉开展有效的实践活动。另一方面，经费缺乏、课时紧张、人员不足和后勤保障难以到位等诸多制约因素限制着校外实践模式的真正落实。而校内实践模式无论在时空选择的灵活性上、与课程的紧密结合上还是教师的跟踪指导上都比校外实践模式的可操作性更强。课程演出就是典型的校内实践模式，课程演出的全程都是在校园内部进行，不需要联络实践基地和考虑出行时间，也不需要担心学生安全问题，教师和学生都不会有奔波劳顿之苦，可以节省大量的时间与精力，教师指导学生也更加方便，因此，举办课程演出的可操作性非常强。

（二）从重说教到重体验

当代大学生有着很强的主动性、探索性，传统的说教式教育方法效果不大，而且容易激发学生的逆反心理，要让学生对理论有更深刻具体的认识，就必须跳出纯理论的怪圈。思想政治教育的过程实际上是"知与行"相结合的过程，即把社会的要求、规范通过学习、培育，逐渐内化为主体的知识、情感、信念，再外化为行为的过程，而内化和外化的互动只能在主体的社会实践活动过程中通过对生活的体验和感受才能实现。实施课程演出的优势在于，它是以学生为中心，强调课堂知识和现实社会的结合，充分实现了理论联系实际的效用，其全程体现出强烈的实践性，而这些正是传统思想政治理论课教学所欠缺的。课程演出通过表演这种喜闻乐见的方式提供给大学生亲身体验的机会，而且这种体验式教学手段几乎贯穿基础课的全过程，从最初的节目题材选定、材料收集、节目排练，到学期中的班级初赛，再到后来的院系复赛，直到最终的全校决赛，整个过程都注重学生的主动参与和亲身体验。在此过程中，学生不是一个被动的听众，而是一个主动的参与者；不是一个孤立的个体，而是组织中的一分子；不是教学的消极旁观者，而是主动的改造者。学生在亲身的经历体验中不仅锻炼了能力，更为重要的是，他们学会了疑惑、思考乃至自我批评，正是在这种疑惑、思考和自我批评中，学生在进行自教自律，而通过这种方式获得的结论，对学生的影响更为持久和稳定。思想政治教育由说教型向体验型转变，就是让学生在体验中加深理解和反思，体验可使学生亲自实践、增进理解和增加乐趣；理解可使学生建构知识，得到运用知识的物质基础；反思可使学生进一步思考、探究、自省和慎独，使经验达到理性层面上的升华，使学生实现真正意义上的自我超越。

（三）从抽象的道理走向具体的事例

感性认识是理性认识的基础，只有把抽象的理论具体化为学生容易理解感知的具体事例，学生们接受起来才会比较容易，而只有得到学生理解认可的东西，才能对学生的行为产生实效影响，才能将灰色理论和道德教条内化为学生的人生信念与道德情操。思想政治教育可接受性理论认为，思想政治理论教学效果的优劣主要取决于接受主体的可接受性，成长于网络文化和“快餐文化”影响下的当代大学生，对于思想政治理论有着怎样的接受特性呢？在接受内容上，他们易于或者乐意接受直观、简单、具体化的且与其生活经验、已有认知结构相接近的信息。基础课中有大量教学内容属于抽象的概念，如爱国主义、集体主义等，但落实到每个大学生身上却应该是非常具体的。例如，有学生根据爱国主义的主要内容创作了小品《我的家乡》，通过歌颂自己的家乡进而升华到热爱伟大的祖国；有学生根据集体主义的主要内容创作了小品《我心飞翔》，通过描写几个参赛选手在对待“谁将无法参加比赛”这个问题上的态度，反映出应该如何正确处理好个人与集体的关系。创作和表演节目的过程实际也是学生自身在体验剧情的过程，在这个过程中，抽象的理论已经潜移默化地影响学生并内化为自觉观念，学生通过自身的实践，深切地感受到了理论的魅力。

（四）从"大事"走向学生身边的"小事"

英雄模范事迹等"大事"是鼓舞人心的，但对学生来说有些遥远。从传播学来看，在传播的过程中，人们更倾向于接受身边的"小事"或者说接受"自己人"传播的内容。所谓"自己人"，就是与自己地位相当、处境相同、兴趣相似等的人。应立足于大学生现实的生活经验，着眼于大学生的发展需求，把思想教育观点的灌输寓于社会生活的主题之中，从与大学生生活密切相关的实际生活中开发有效的活动资源。举办汇报演出从关注学生身边的"小事"和"自己人"做起，让学生从"小事"和"自己人"中去体验做事的方法，感悟做人的道理，而且，通过"自己人"来表演节目，传播基础课的知识，更容易被学生所认可接受。

（五）从教师的"讲坛"变为学生的"舞台"

"90后"大学生最显著的特征就是富有朝气活力，有个性、有主见，乐于接受新生事物，热衷于参与社会各项活动，愿意展示自我。在传统思想政治理论课教学模式中，课堂是教师的"讲坛"，而课程演出的实施真正将课堂变为学生的"舞台"，学生可以在这个"舞台"自由表现，真正做到了把舞台从剧院搬到课堂。在整个思想政治教育过程中，教师只是导演、配角，学生才是演员、主角。学生能否积极地参与到思想教育中来，是教育能否成功的关键，这就要求教师大胆转变角色，克服传统思想教育中的"一言堂""满堂灌"等现象；教师要善于做导演，把学生推上"舞台"，由他们去"表演"，激发学生的学习兴趣，使其畅所欲言，大胆说出自己所想，引导学生正确塑造自己。这个"舞台"的突出优势在于以下几点：第一，强调平等的参与性。传统思想政治理论课比较注重灌输，往往忽视了青少年对于参与权的要求，而实施课程演出，就是从根本上依据青少年心理成长发展的需要，强调大学生的积极主动参与。第二，舞台表演符合大学生的心理特点。舞台表演这种极富现代化和艺术性的表现方式很适合当代大学生的心理特点，因为其不仅可以极大地满足他们的自我展示欲望，而且在表演中获得了他人的肯定后会极大地提高他们的自信心和自我认同感。第三，激发了学生的创造力。在节目策划、编写、排演的过程中，始终主要是学生自己动手动脑去完成每一个细节，这个过程激发了学生独立思考和探索发现的能力，使蕴藏在学生身上的创造力得以充分发挥。第四，锻炼了学生的综合能力。课程演出具有综合性的特征，要求学生用眼去看、用手去做、用嘴去讲、用心去体会、用脑去思考，是一个知、情、意、行相统一的教育过程。学生通过参与课程演出，提高了策划、组织能力和分析、解决问题的能力，锻炼了勇气、毅力和责任感，培养了团队协作意识和集体主义精神，树立起正确的世界观、人生观和价值观。

（六）师生关系从单向型变为双向型

长期以来，困扰高校思想政治理论课教学的一个突出问题就是单一的教学模式导致师生之间缺乏良性的互动。在日常思想政治教育中，思想政治教育者与学生应该进行双向沟通交流，是平等、和谐的关系，离开了思想政治教育者的引导，学生的发展可能会走弯路；然而，离开了学生的主体参与，思想政治教育者的引导就会变成无源之水。通过实施课程演出的形式可以很好地解决这一问题，在节目设计、编排、修改的过程中，教师和学生会经常接触交流，实现了师生之间的良性互动，避免了单一理论说教的消极作用，对学生思想道德的养成起到了潜移默化的作用，师生关系变得更加和谐。而且因为课程演出每年都要举办，教师每年都要面对不同的个体、指导不同的节目、反映不同的社会问题，在这种情况下，如果教师仍然采取一成不变的教学方法，就很难适应学生的要求，因此会促使教师不得不进行思想上的创新。同时，在和学生互动的过程中，教师也能够更新自己的思想理念、知识结构，不断和时代发展、学生的思想发展保持同步。

四、基础课课程演出需要注意的问题

基础课的课程演出在实施过程中必须把握好以下几个方面。

（一）学校的重视和支持

基础课的课程演出是一项涉及面较广的系统工程，它不仅是思想政治理论课教师的任务，也需要学校领导的高度重视并提供强有力的组织保障，如学校各部门的支持和通力合作、活动经费的保障等。只有这样，课程演出这一实践教学形式才能够顺利、有效和持久地开展下去。

（二）教师要注重提高自身综合素质

在指导课程演出过程中，思想政治理论课教师不再是单一的知识传授者，而是学生活动的策划者、组织者、引导者和参与者，教师的策划、组织、引导、参与的能力与程度决定着课程演出活动的成败，这就对思想政治理论课教师提出了更高的素质要求。首先，在策划方面，教师要培养自己的创新意识和思维，要敢于创新、善于创新，支持学生的创新行为；其次，在组织方面，教师要注重提高沟通能力、管理能力、协调能力和舞台统筹能力；再次，在指导方面，教师要提高自身的审美能力和艺术素养，能够从艺术的角度审视指导学生的作品；最后，教师要加强自身的学习能力，紧跟时代发展潮流，不断接纳和吸收新知识、新观念，形成开放、复合型的知识结构，并使其不断得到改造和更新。

（三）制定科学合理的评价奖惩机制

为确保教师和学生参与的积极性、主动性和持久性，要制定科学合理的评价奖惩机制予以保障。首先，对教师的评价奖惩。除了给教师发放课外辅导津贴外，还要根据教师辅导的节目进入期末汇报演出决赛的数量和质量情况进行加分并记入年度考核记录中；同时，根据节目得奖情况给相应的指导教师颁发荣誉证书和奖金。其次，对学生的评价奖惩。在期末汇报演出决赛中获得一、二、三等奖者分别给平时成绩加15分、10分、5分。

笔者曾经分别在学期初和学期末做了两次问卷调查，在学期初的问卷中，对于"你认可举办期末汇报演出吗？"这个问题，有68%的学生选择了"持观望态度"；而在学期末的问卷中，对于同样的问题，有83%的学生选择了"非常认可"这个答案。实践证明，为学生提供展现自我的平台，充分调动学生的学习积极性和参与性，彰显学生的主体性，就能极大地提高思想政治理论课的吸引力，使其成为大学生真心喜爱、终身受益的课程。

参考文献

[1] 刘桂芬．大学生主体性思想政治教育探索与实践［J］．思想教育研究，2010（7）：81．

[2] 罗建平，张维维．高校思想政治理论课实践教学内容建构的依据［J］．思想教育研究，2012（2）：65．

[3] 唐文红．大学生思想政治教育活动载体设计的价值与要素探析［J］．思想教育研究，2010（4）：86-87．

新时代新疆红色文化资源与高职院校思政课融合探究

陈彦哲*

摘　要： 中国特色社会主义文化熔铸于人民在党的领导下通过革命、建设、改革创造出的革命文化和社会主义先进文化，红色文化是中国特色社会主义文化的重要组成部分。新疆红色文化资源对高职院校思想政治教育有着树立标识、助力提升教育品质、落实立德树人根本任务等意义，将新疆红色文化资源与高职院校思想政治理论课（以下简称“思政课”）相融合是一项长期、系统的工程，本文在概括新疆红色文化资源的基础上，探究了新疆红色文化资源与高职院校思政课融合的途径。

关键词： 高职院校思政课　新疆红色文化资源　融合途径

党的十九大报告作出了“中国特色社会主义进入新时代”的重大判断，提出了要坚定文化自信，推动社会主义文化繁荣兴盛。而红色文化作为党领导人民在革命、建设、改革过程中形成的先进文化，成为中华优秀传统文化的排头兵。新疆红色文化更是凸显了边疆与祖国荣辱与共的命运。新时代，青年人坚定文化自信，关乎党和民族的命运及中国梦的实现，思想政治教育对拥有大量青年学生的高职院校来说尤为重要，而利用好新疆本土红色文化资源不仅对高职院校创新思想政治教育意义重大，对社会的发展也有着深远的影响。本文分析了新疆红色文化资源的概况及其对高职院校思想政治教育的意义，进而探讨新时代新疆红色文化资源与高职院校思政课融合的途径。

---

* 陈彦哲：新疆建设职业技术学院马克思主义学院教师。2018年毕业于新疆师范大学中国近现代史基本问题研究专业，研究方向为中国近现代社会史研究。主讲“毛泽东思想和中国特色社会主义理论体系概论”“形势与政策”课程。

一、新疆红色文化资源概述

文化是人类社会发展的智慧结晶，而红色文化开辟了中华优秀传统文化的新方向。近年来，红色文化成为社会热点话题，在人们的生活中红色电影、红色旅游等红色文化概念相继出现，红色文化成为中国主流文化中不可或缺的一环。而新疆的红色文化，是中国共产党领导新疆各族人民在长期发展实践中积淀而成的精神精髓，其能被人们开发与运用的物质、精神载体的总和构成了新疆红色文化资源，主要通过遗址遗迹、博物馆藏品、文艺作品三个方面呈现出来。

遗址遗迹方面，有旧民主主义革命时期（1840—1919年）的和田地区皮山县赛图拉哨卡遗址、喀什地区喀什市其尼瓦克英国领事馆、昌吉州玛纳斯县马桥古城等；新民主主义革命时期（1919—1949年）的乌鲁木齐市八路军驻新疆办事处旧址、克拉玛依克一号油井、阿克苏库车县第一女子师范学校旧址、哈密市民航站旧址、哈密伊吾四十天保卫战旧址、昌吉州木垒县色皮口碉堡遗址、巴州若羌县骑兵团军营旧址等；中华人民共和国成立以来（1949年至今）的伊犁州昭苏县灯塔牧场知青点旧址、乌鲁木齐市新疆各族人民烈士纪念碑、喀什英吉沙县依格孜亚乡冶炼遗址、阿勒泰布尔津县苏联航运办事处旧址及中苏通航码头遗址、昌吉州玛纳斯县新疆林校原玛纳斯校址等。

博物馆、纪念馆藏品方面，截至2019年8月新疆101家博物馆、纪念馆中有26家的馆藏包含了具有红色文化内涵的藏品，总数为3977件（套），其中主要为书籍、衣物、武器、家具、票据、公文、牌匾、像章及生活用品等。例如，收藏于新疆维吾尔自治区博物馆的陈振亚同志穿过的灰布军装、毛泽民同志的写字台板、毛泽民任新疆财政厅长时亲笔批的文件；收藏于乌鲁木齐市博物馆的新疆商业银行于民国二十七年发行的股票、林基路给父亲的家信；收藏于克拉玛依博物馆的“五号标杆队”旌旗、中苏石油股份有限公司职工勋章；收藏于呼图壁县博物馆的“为人民服务”像章、《毛主席语录》本片；收藏于叶城县博物馆的中华民国蒙疆银行十元纸币、民国和田行政长三两纸票等。

文艺作品方面，主要有中央电视台摄制的《这里是新疆》及《天山脚下》、新疆电视台推出的《美丽新疆40年》及《光荣岁月》等纪录片；新疆维吾尔自治区党委宣传部摄制的《翻身》、长春电影制片厂制作的《冰山上的来客》、天山电影制片厂摄制的《阿娜尔罕》等电影；袁鹰作词的《边疆处处赛江南》、凯传作词的《边疆泉水清又纯》、梁上泉作词的《小白杨》等歌曲。

由此可见，新疆红色资源有地域性突出、资源分布广泛、内容多元化的特点。这些新疆本土红色文化资源从革命战争年代到和平建设时期再到改革开放时代，客观记录了中国共产党带领新疆各族人民维护祖国领土完整、砥砺前行建设新疆的历程，反映了新疆的命运始终与伟大祖国和中华民族的命运紧密相连，凝结成团结奋进、开拓进取、扎根边疆等红色精神，用史实深刻印证了新疆是祖国不可分割的一部分这一客观事实，具有极强的史证实证作用。

二、新疆红色文化资源对高职院校思想政治教育的意义

党的十九大报告指出，文化是一个国家、一个民族的灵魂。坚定文化自信，是实现中华民族伟大复兴的必要条件，也是高职院校思想政治教育工作的目标。但思想政治教育的教材统一、理论性强，而新疆本土红色文化资源贴近新疆学生生活，有利于抽象内容的形象化，所以在高职院校思想政治教育中融合新疆红色文化资源对新时代高职院校思想政治教育创新方法、培育院校学生的文化自信有重要意义。

（一）为新疆高职院校思想政治教育树立起标识

高职院校学生基础文化课程水平较低，从而对理论知识感到乏味无趣。而新疆各族人民奋斗史对本地高职院校学生来说更贴近生活。把新疆本土红色文化资源融入高职院校的思想政治教育中，对来自新疆的学生来说，可以使抽象的理论具体化，树立起物质标识帮助学生理解抽象的精神信念，以新疆历史的人物事迹，让学生形象生动地体会到新疆革命建设的成功离不开中国共产党的领导和各族人民的艰苦奋斗，潜移默化地增强学生的“五个认同”意识。而且，现阶段新疆的高职院校学生多为独生子女，且大多数为“95后”和“00后”，受挫能力较弱，在高职院校思想政治教育中融合新疆红色文化资源，将艰苦奋斗、不懈努力的革命精神刻在院校学生心底，为学生树立正确的思想政治教育的精神标识，能够培养学生使命感，强化爱国主义情感，促使学生坚定理想信念。

（二）助力提升高职院校思想政治教育品质

在党的十九大报告中习近平总书记浓墨重彩地描绘了向第二个百年奋斗目标进军的宏伟蓝图，开启了全面建设社会主义现代化国家的新征程。高职院校思想政治教育工作也应当紧跟时代的步伐，与时俱进，丰富教育内容。新疆红色文化在中华民族伟大复兴的伟大征程中不断丰富发展，随着时代的变迁与时俱进。新疆高职院校思想政治教育难以符合院校学生需求，不能引起自主学习，且高职院校学生思维活跃、专注力不足，对党史了解少，浮于纸张的红色事迹对他们的教育效果微弱。新疆红色文化资源贴近新疆人民生活，其呈现出来的爱国情怀、道德追求、思想作风，契合了当前高职院校思想政治教育的方向。把摸得着、看得见的本地红色文化资源与思想政治教育相融合，加强体验感和演绎感，提升了高职院校思想政治教育品质，增强了感染力、说服力和亲和力。

（三）强化思想政治教育对落实立德树人根本任务的效果

立德树人是我们党对教育根本问题的时代性回答，习近平总书记强调，思想政治理论课是落实立德树人根本任务的关键课程。思想政治教育不是灌输理论知识，而是学生主动学习，通过实践设身处地地感受，融合红色文化资源就能达到这样的效果。新疆红色文化资源植根于新疆各族人民维护祖国领土完整的奋斗中，以爱国主义为精神内核，以中国共产党人的崇高理想和坚定信念为精神标识，发散出爱国爱党、团结奉献、勤劳勇敢等精神表现。因此，运用新疆红色文化资源开展思想政治教育，能够使新疆高职院校学生形成“新疆是中国领土不可分割的一部分；新疆各民族是中华民族的组成部分；新疆各民族文化是中华文化的组成部分；新疆历来是多种宗教并存的地区”等基本观点。这对于用新时代中国特色社会主义思想铸魂育人，增强院校学生“四个自信”，落实立德树人根本任务有积极意义。

三、新疆红色文化资源与高职院校思政课融合的途径

（一）让新疆红色文化资源贯穿高职院校思政课课堂教学

目前，内容理论性强、离生活远，枯燥难懂、模式刻板，是新疆高职院校的思想政治教育普遍存在的问题，加之青春期年龄特点影响，很难调动高

职院校学生的学习积极性。将新疆红色文化资源贯穿高职院校思想政治教学不但能突破这一困境，而且是新疆红色文化资源与高职院校思想政治教育融合的有效途径。通过编写以红色人物传记和红色文化为主要内容的书籍作为高职院校思想政治教育的辅助读物，创新教学方法，在思想政治理论的教学过程和教材中融入新疆红色文化内容，插入新疆红色文化资源的图片，让红色文化丰富充实高职院校学生思想政治教育的内容，促进学生对红色文化时代价值的认识。除了讲红色故事、看红色电影、听红色歌曲之外，还可以与时俱进，加强新疆高职院校与收藏有红色文化内涵藏品的各级博物馆的合作：引进博物馆的流动展览，让红色展览进校园；引进博物馆的数字化展览，通过多媒体的呈现，让红色数字化展览进课堂；引进博物馆的VR展览，让红色教学摆脱时间和场地的限制，把新疆红色文化资源有机地贯穿在高职院校思想政治教学中，丰富形式、优化载体，让学生在课堂上就能体验新疆红色文化资源。

（二）让高职院校参与新疆红色文化资源的开发利用过程

“纸上得来终觉浅，绝知此事要躬行”，实践是检验真理的唯一标准。传统的思想政治教育注重理论，单一的教学方法不能让高职院校学生留下深刻记忆，更无法引起共鸣，而实践是理论吸收最好的催化剂。让高职院校学生参与红色文化资源开发利用过程，可以有效促进院校学生主动接受思想政治教育。除了参观博物馆、参观纪念馆、在烈士陵园开展纪念活动等传统的新疆红色文化资源实践方式，还可以拓展思想政治教育的载体和方式，跟上时代的步伐，加强高职院校与红色文化遗址保护单位和博物馆的合作，让院校学生亲身参与到红色文化资源开发利用的过程当中。比如加强与博物馆、纪念馆的合作，在博物馆开展红色文物征集工作时，让院校学生跟随征集队伍参与征集工作，记录红色文物背后的故事，这样不仅大大提高了学生的积极性与参与性，还锤炼了心性、磨砺了性格；加强与文物保护单位的合作，让院校学生加入红色遗址调研和红色遗迹测量工作等，主动感受新疆红色文化资源的魅力，发掘其背后所蕴含的精神，主动树立正确的世界观、人生观和价值观。

（三）构建高职院校传承“红色基因”的氛围

“人创造环境，同样环境也创造人。”在高职院校构建一个传承红色基因的氛围是很重要的。在校园建设上营造良好的红色文化宣传氛围，将具有强大感染力的红色文化融合进校园文化，在校园文化景观设计中，加入具有新疆地域特色的红色文化资源元素，在校园里随处可以感受到新疆的红色文化，让艰苦奋斗、砥砺前行、开拓进取的精神时刻影响着高职院校学生的一言一行。同时，在开展校园文化活动时可以把新疆红色文化作为主题，定期召开红色文化主题班会；在节日或纪念日期间举办大型的新疆特色红色文化文艺汇演，以高职院校学生喜闻乐见的唱歌、舞蹈、情景剧等形式，传递和弘扬红色精神；组建以红色文化为活动主题的院校学生社团，组织社员开展去纪念馆、红色遗址进行志愿讲解、宣传红色事迹的社团活动，让学生在主动参与的同时熏陶思想、接受红色文化教育。还可以合理利用校园微信群、贴吧进行红色主题的研讨；运用校园广播播放红色歌曲、讲述革命故事；在校报上增加红色教育专版，宣传介绍新疆红色文化资源，构建高职院校“红色基因”传承氛围。

（四）“互联网+思想政治教育+新疆红色文化资源”

当前，5G时代的大门已被敲开，互联网已经成为思想政治教育与新疆红色文化资源融合中不可或缺的润滑剂。高职院校可以联合大学、政府机构、信息技术公司共同搭建集知识性、思想性和开放性于一体的教育服务网络平台，采取互动参与模式，人人可修改、人人可补充，背靠大数据和云服务，广泛收集新疆红色文化资源，并将其数字化，服务于思想政治教育，不论是教师还是学生均可共享网络技术带来的教学便利。同时，可以借助校园网平台积极开展新疆红色文化宣传活动，在校园网首页增设红色教育模块，包含革命事迹、新疆红色遗址介绍、红色影院等二级模块，鼓励学生参与网站红色教育模块网页设计，确保内容的新鲜度。此外，还可以依托在线教育平台开设红色教育网课，高职院校学生在思想教育课堂学习之余，有兴趣的还可以通过网课接受知识补充，内容上与传统课堂和课外实践形成互补，在网课增加“弹幕”功能和增设讨论区域，方便交流讨论。“互联网+思想政治教育+新疆红色文化资源”的模式，能让高职院校学生在日常的舆论氛围中感悟到新疆红色文化的精神实质，达到思想政治教育的目的。

综上所述，新时代新疆红色文化资源对高职院校思想政治教育意义深远，二者的融合具有长期性和系统性，需要高职院校和相关机构等多方合作，才能让新疆红色文化资源成为高职院校思想政治教育的“左膀右臂”。

参考文献

[1] 习近平．在全国高校思想政治工作会议上强调：把思想政治工作贯穿教育教学全过程　开创我国高等教育事业发展新局面［N］．人民日报，2016-12-09（1）．

[2] 中共中央国务院印发《关于加强和改进新形势下高校思想政治工作的意见》[EB/OL]．(2017-02-27)．http://news.xinhuanet.com/2017-02/27/c_1120538762.htm．

[3] 中华人民共和国国务院新闻办公室.新疆的若干历史问题（白皮书）[EB/OL]．(2019-07-21)．http://www.scio.gov.cn/zfbps/ndhf/39911/document/1659932/1659932.htm．

[4] 韩延明．红色文化与社会主义核心价值体系建设研究［M］．北京：人民出版社，2013．

[5] 张爱芹，王以第．红色文化与道德建设研究［M］．青岛：中国海洋大学出版社，2008：73．

[6] 孙秀玲．新疆红色资源在高校文化育人中的价值研究［J］．新疆师范大学学报（哲学社会科学版），2018（7）：56-62．

[7] 阮晓菁．传承发展中华优秀传统文化视域下红色文化资源开发利用研究［J］．思想理论教育导刊，2017（6）：145-149．

当前高职院校思政课实践教学现状调查及对策研究*

高玉平**

摘　要： 课题组通过对湖北省10所高职院校的2180名在校学生的调查，了解到当前湖北省高职院校思想政治理论课（以下简称“思政课”）实践教学取得了一些可喜的成绩，但也存在不少亟待解决的问题，如实践教学形式单调，实践活动范围主要局限于校内；校外教育实践基地少，未能发挥教育作用；评价方式单一，不能客观反映学生真实情况等。根据调查结果，课题组有针对性地提出了新时代加强和改进高职院校思政课实践教学的“五位一体”对策思路：构建思政课实践教学组织保障体系、建构思政课实践教学平台、构建思政课实践教学运行模式、打造一支优良的思政课实践教学师资队伍、构建思政课实践教学评价体系。

关键词： 高职院校　思政课实践教学　对策

2019年3月18日，习近平总书记主持召开学校思想政治理论课教师座谈会时强调，思政课“要坚持理论性和实践性相统一，用科学理论培养人，重视思政课的实践性，把思政小课堂同社会大课堂结合起来，教育引导学生立鸿鹄志，做奋斗者”。

习近平总书记所说的思政课的实践性具有丰富的内涵，其目的是促进理论与实践的有机结合。思政课实践教学是体现思政课实践性最基本、最重要的环

---

* 本文为2018年度湖北省职教学会科研课题“新形势下构建高职院校思政课实践教学体系研究”（课题编号：ZJGA201820）的阶段性研究成果。

** 高玉平：武汉铁路职业技术学院马克思主义学院教授。2001年毕业于华中师范大学政法学院思想政治教育专业，教育硕士。主要研究方向：思想政治教育。主讲课程：“思想道德修养与法律基础”“毛泽东思想和中国特色社会主义理论体系概论”“形势与政策”。主要学术成就：自2000年以来，在省级及以上学术期刊上共发表论文40余篇，主持完成或作为重要成员参与完成省级课题12项，其中有2项课题研究成果分别获得湖北省第六届、第七届全省教育科学研究优秀成果二等奖。

节，是把思政小课堂与社会大课堂结合起来的最佳途径。开展思政课实践教学有利于促进青年学生对马克思主义理论和党的路线方针政策的理解，有利于培养青年学生深入社会、了解社会、认识社会的能力，进而增强青年学生对中国特色社会主义的热爱，提升他们的综合素质，促进青年学生全面发展。

当前高职院校思政课教学现状如何？取得了哪些成绩？还存在哪些问题？最主要的问题是什么？为全面了解和深入分析高职院校思政课实践教学的实际情况，以便有针对性地提出解决问题的思路和方法，本课题组于2019年3至6月在湖北省部分高职院校中进行了问卷调查，现将调查情况总结如下。

一、调查对象与方法

课题组于2018年10至12月经过反复讨论，制定了“思政课实践教学调查问卷”。2019年3至6月，通过问卷星调查网分别在武汉铁路职业技术学院、武汉软件工程职业学院、武汉交通职业技术学院、湖北城市建设职业学院等10所高职院校的2180名在校学生中展开调查。调查工作是委托相关院校思政课教师在课堂上组织学生上网自主答卷完成的。

在调查进行过程中，问卷星网自动统计调查结果，并通过表格、饼形图、柱形图等多种方式随时更新统计结果，非常准确、高效和客观。

调查对象包括大学一年级、大学二年级、大学三年级三个年级的在校学生。其中，男生1263人，占比57.94%；女生917人，占比42.06%。大学一年级学生1448人，占比66.42%；大学二年级学生448人，占比20.55%；大学三年级学生284人，占比13.03%。在专业分布上，文科、理科、工科和艺术类均有学生参与，几乎涵盖了高职院校所有大的专业类别（图1）。

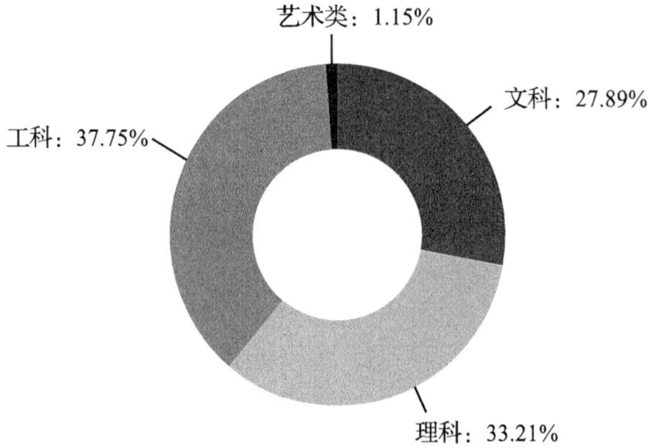

图1　调查对象专业构成情况

二、调查内容与结果分析

调查问卷共设计15道题目，分别就思政课实践教学开展情况、学生对思政课实践教学的态度和认识、当前高职院校思政课实践教学开展形式、影响思政课实践教学效果的因素、思政课实践教学评价方式等展开调查。

（一）关于思政课实践教学开展情况

在问及“目前几门思政课程中，你所在学校哪些课程开展了实践教学”（多选题）时，90.05%的学生回答“思想道德修养与法律基础”课开展了实践教学，93.9%的学生回答“毛泽东思想和中国特色社会主义理论体系概论”课开展了实践教学，83.9%的学生回答“形势与政策”课开展了实践教学。

在询问所在学校思政课实践教学开展形式是否丰富时，45.09%的学生认为很丰富，35.33%的学生认为比较丰富，认为一般或不丰富的学生占比19.58%（图2）。

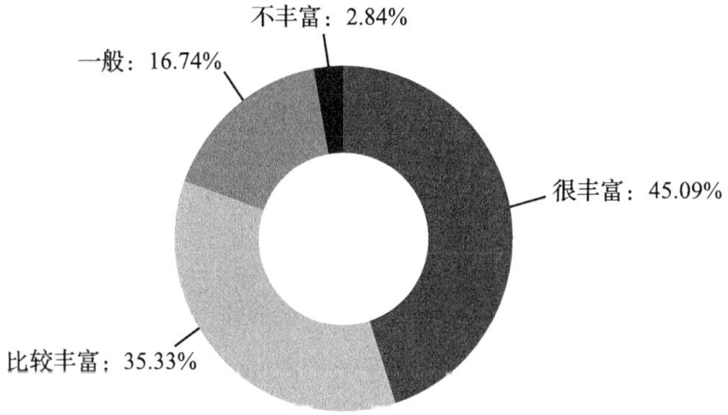

图2　调查对象对思政课实践教学开展形式的认可度

从以上数据来看，目前被调查的高职院校中三门思政课程都开展了实践教学，而且学生认为思政课实践教学的形式比较丰富，这是一个可喜的现象。

在问及目前高职院校思政课实践教学开展的具体形式时（多选题），学生从高到低依次选择的是：思政课教师组织发起的红色经典阅读活动（70.73%）—思政课教师组织的参观考察活动（66.61%）—思政课教师要求的假期社会实践活动（63.72%）—思政课教师组织的社会调查活动（60.09%）—思政课教师组织的志愿服务活动（54.06%）—其他活动（42.98%）。

但在问到所在学校校外教育实践基地情况时，35.96%的学生回答不知道，也没去过；32.89%的学生回答听说但没去过；只有31.15%的学生表示知道，也去过。这说明当前校外教育实践基地的建设仍是高职院校的薄弱环节，校外实践基地在思政课实践教学中发挥的作用很小。

（二）对思政课实践教学重要性的认识

学生对思政课实践教学重要性的认识程度是我们开展思政课实践教学的重要前提和基础。在调查中，当问到是否认为开展思政课实践教学很重要时，近九成的学生认为很重要或比较重要，只有少数学生认为一般或是不重要（图3）。

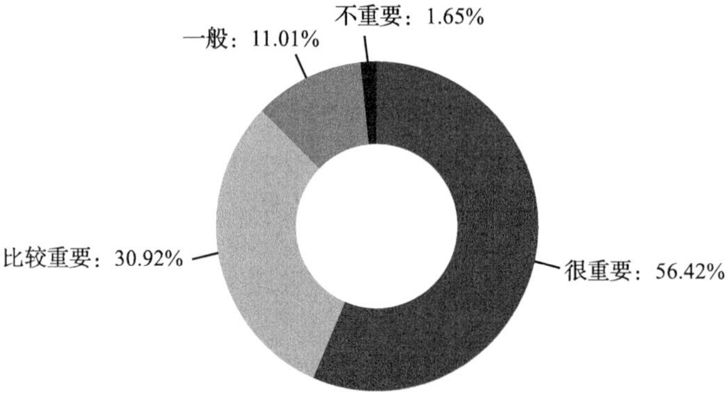

图3　调查对象对思政课实践教学重要性的认可度

在谈到怎样看待思政课理论教学与实践教学的关系时，6.56%的学生认为理论教学更重要，19.77%的学生认为实践教学更重要，71.01%的学生认为两者同等重要，只有2.66%的学生认为无所谓哪个重要（图4）。

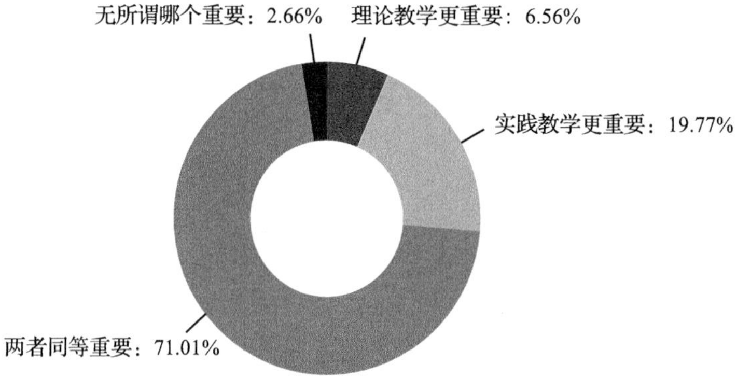

图4　调查对象对思政课实践教学与理论教学关系的认识

在问及思政课实践教学对理论教学的意义时，绝大多数学生都认为有多方面的积极意义，只有极少数学生认为没有什么意义（表1）。

表1　调查对象关于思政课实践教学对理论教学促进作用的认识

选项	小计（人）	比例（%）
可以促进学生对理论教学内容的理解	1733	79.5
可以增强学生对思政课的学习兴趣	1638	75.14
可以使学生走出校门，接触社会，开阔视野	1708	78.35
可以促进理论与实践相结合	1503	68.94
没有太大意义	113	5.18
本题有效填写人次	2180	

在问到今后是否应当加强思政课实践教学时，绝大多数学生认为应当加强，只有少数学生认为没有太大的必要或无所谓（图5）。

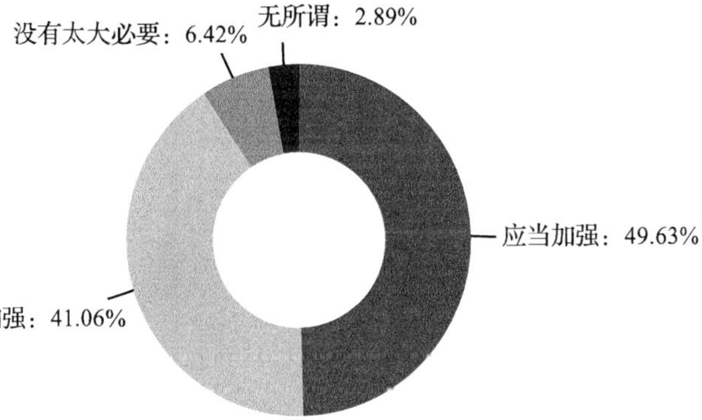

图5　调查对象对加强思政课实践教学必要性的认识

从以上几组数据可以看出，高职学生对思政课实践教学重要性的认可度非常高，对思政课理论教学与实践教学之间的关系也有很好的认知，绝大多数学生认为思政课实践教学还应加强。这说明绝大多数学生从思想上认识到思政课实践教学的重要性，为我们加强和改进思政课实践教学工作提供了重要的基础。

（三）学生对思政课实践教学的态度

在回答是否喜欢思政课实践教学活动时，45%的学生表示很喜欢，41.65%的学生表示比较喜欢，只有13.35%的学生表示不喜欢或是无所谓喜欢不喜欢（图6）。这表明绝大多数学生对思政课实践教学的态度是积极的。

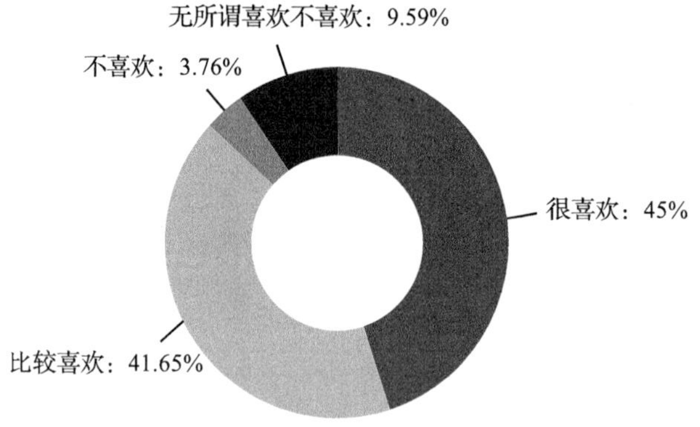

图6　调查对象对思政课实践教学的喜爱度

在谈到参加思政课实践教学的意愿时，九成以上的学生表示积极参加或比较愿意参加，只有极少数学生不想参加（图7）。

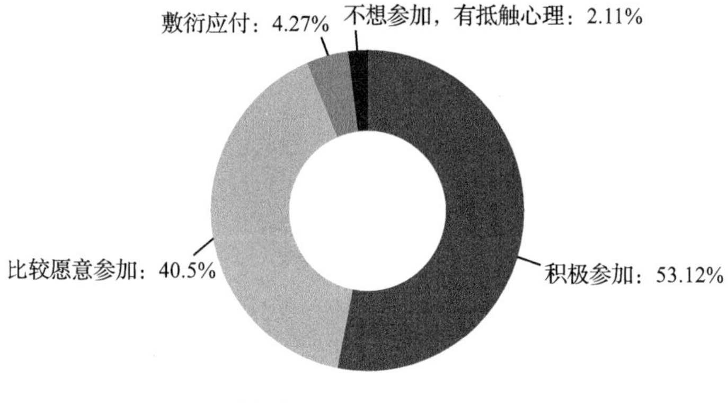

图7　调查对象参加思政课实践教学的主观意愿

在回答参加思政课实践教学是否有收获时，认为收获很大或有比较大的收获的学生占比88.78%，认为收获很小或没有收获的学生只占11.42%（图8）。

通过对以上三组题目的回答可以看出，高职学生普遍对思政课实践教学持积极、主动的态度，他们中的大多数人喜欢且乐于参加思政课的实践教学，而且认为参加实践教学收获很大。

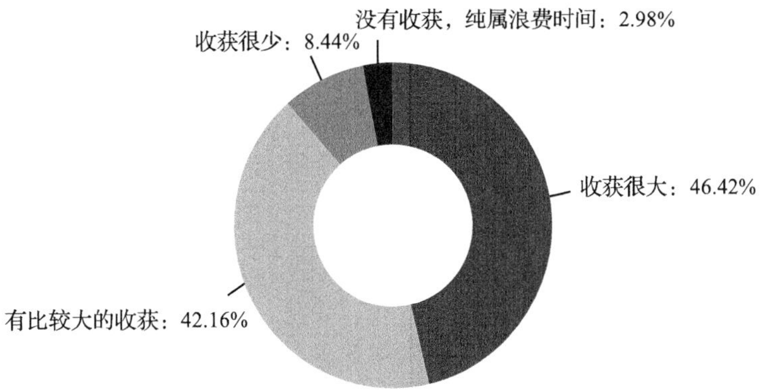

图8　调查对象对思政课实践教学成效的认可度

（四）影响思政课实践教学效果的因素

在问及影响思政课实践教学效果的因素时，59.22%的学生认为是实践教学形式比较单调，36.97%的学生认为是组织手段不当，只有3.81%的人认为是学生态度不积极。可见，在学生看来影响实践教学效果的主要因素是客观原因，而不是主观原因。

（五）学生对思政课实践教学形式的期望

在回答最希望思政课实践教学以什么形式开展时（多选题），68.12%的学生更喜欢由思政课教师带队到校外参观、考察，58.12%的学生选择自行参加假期社会实践活动，50.96%的学生选择到校外教育实践基地开展活动。从这里可以看出，高职学生最喜欢的实践教学形式还是到校外开展参观考察或调研活动。

（六）思政课实践教学评价方式

关于所在学校思政课实践教学评价方式，56.38%的学生回答是由思政课教师打分，34.91%的学生回答是由学生之间相互评分，另有少数学生回答只上交作业、不打分或没有单独计算实践教学成绩。从多数学生答案来看，目前高职院校思政课实践教学评价方式还比较传统和单调。

总体结论：通过对调查结果的统计分析可以看出，当前湖北省高职院校思政课实践教学开展情况较之前有了较大改观，思政课三门主要课程都在一定程度上开展了实践教学活动，得到了多数学生的肯定和好评。学生普遍认可思政课实践教学的重要性，参与实践教学的态度积极而主动。多数学生认为思政课实践教学应当加强，学生最喜欢的实践形式是由思政课教师组织到校外参观考察或调研。另外，相当一部分学生认为当前思政课实践教学形式单调，实践教学的范围主要局限于校内，到校外参观考察或调研很少，特别是校外教育实践基地非常少，未能发挥教育作用。思政课实践教学评价方式比较单一。

三、新时代加强和改进高职院校思政课实践教学的对策

针对以上调查结果，应怎样加强和改进高职院校思政课实践教学、真正使思政课实践教学更好地发挥作用呢？我们认为最有效、最根本的解决办法是切实构建高职院校思政课实践教学“五位一体”保障体系。

（一）构建思政课实践教学组织保障体系

建立强有力的组织保障体系是推进思政课实践教学的制度基础。由于思政课实践教学涉及的范围广、部门多，牵涉到实践基地的建设、教学时间、经费、用车的安排、带队教师的配备等问题，需要多部门的参与和配合。所以，各高职院校必须构建起以一名校级领导牵头，教务处、学工处、财务处、校团委、校长办公室、后期服务集团和各二级学院共同参与，思政课教学管理机构具体实施的实践育人工作领导小组，形成多部门齐抓共管、协同联动机制。实践育人工作领导小组负责传达、解读并贯彻落实中共中央、教育部等发布的关于高校思政课实践教学的一系列文件精神，同时还要因地制宜，根据学校自身的特点、所处地段环境等，制定适合本校开展思政课实践教学的文件，全面统筹、合理规划思政课实践教学中的人、财、物等问题，充分发挥其在实践教学中的组织、协调与指导作用。这是高职院校思政课实践教学顺利开展的组织保障。

（二）构建思政课实践教学平台

思政课实践教学离不开一定的平台，如校内的各种德育实践活动、校外的实践基地建设等，这是思政课实践教学实现的直接载体。

（1）构建校内实践平台。由于客观条件的制约，思政课实践教学必须充分利用和拓展校内平台，使实践教学覆盖全体学生。思政课教学管理机构通过与学工处、校团委和二级学院的紧密联系，将思政课实践教学目标与校园内开展的各种德育实践教育活动相互整合、相互渗透。思政课教学管理机构和思政课教师不仅要积极参与其中，还要发挥引领作用，使之成为思政课的第二课堂。

（2）构建校外实践平台。要让学生走出校门，深入社会，开阔视野，还必须建立一批有较高质量的校外教育实践基地，作为思政课实践教学的校外平台。

高职院校实践育人工作领导小组通过对本校所处地段和环境的分析，选择一批与学校距离较近、专业相关的单位作为校外实践基地。如所在城市的博物馆、纪念馆、革命传统教育基地、福利院、新农村建设示范区、改革开放示范区、知名企业集团、学生顶岗实习联系单位等。不仅要与这些单位签订合作协议，更要形成联络机制。建立一批稳固的校外教育实践基地，供思政课实践教学使用。

（三）建构思政课实践教学运行模式

为从根本上改变思政课实践教学零散、无序状况，切实提高实践教学的育人效果，我们建议实施思政课实践教学课程模式，即通过整合思政课各门课程的实践教学内容，建立一门全新的、独立于思政课三门课程之外的课程——思政课实践教学课程，按照“合并使用、统一安排、分步操作、分项考核”的原则，有计划、有步骤地实施思政课实践教学环节。

这种模式的优点在于它的系统性、有序性，能够避免当前思政课实践教学实施过程中的随意性和无序化状况，能有效地利用资源，并遵循学生身心成长规律和认知规律，促进实践教学的效能。

（四）打造一支优良的思政课实践教学师资队伍

建立一支理想信念坚定、有热情、有担当、敢作为的思政课实践教学师资队伍，是实现思政课实践教学目标的关键环节。思政课实践教学由于涉及的范围广、学生多，且有一定的风险性，所以对师资队伍建设要求更高。

从成员组成来看，思政课实践教学的师资队伍除了思政课专兼职教师外，还应包括二级学院辅导员、校学工处和团委的相关工作人员，以及思政课实践基地的优秀干部、管理人员等。

从职责分工来看，思政课专兼职教师是实施思政课实践教学的主要组织者，二级学院辅导员、学工处和团委的相关工作人员起辅助和配合作用，实践基地的优秀干部和管理人员负责实践基地的建设，以及配合教师组织学生在实践基地的实践活动。

为提高这支队伍的综合素质、组织管理能力和社会交往能力，高职院校实践育人工作领导小组应定期举办思政课实践教师培训班，就如何有效开展实践教学进行有针对性的指导。另外，在每个学期末召开全体实践教师总结大会，对该学期实践教学开展情况进行总结和表彰，以激励全体成员不断进取，使思政课实践教学在促进大学生成长成才方面发挥更大的作用。

（五）构建思政课实践教学评价体系

思政课实践教学评价体系是指从事思政课实践教学的主体依据实践教学目标和评价标准，对思政课实践教学过程和效果作出的价值判断。为改变当前高职院校思政课实践教学评价单一的现状，构建科学、合理的实践教学评价体系就显得非常重要。科学的评价体系应包括评价目标、评价内容、评价方法、评价程序等方面内容。

（1）构建三维评价目标。由于思政课实践教学不同于一般知识性的传授工作，因此评价目标要体现参与者的情感与态度、过程与方法、知识与能力三个维度，考核学生的参与性、合作性，考核学生在思想觉悟、道德情操、学习态度、纪律意识等方面的进步与提高。

（2）实施综合评价内容。思政课实践教学的特点决定了考核内容不能只注重对结果的考核，而是应更多关注对过程的考核，考核学生在实践过程中表现出来的积极性、主动性、团队合作精神、综合能力、创新精神等方面，形成包括知识、情感、意志、行动等几方面相互制约的有机整体，以促进学生真心参与，积极投身于实践教学之中。

（3）实行多样评价方式。在评价方式上应采取硬评价与软评价相结合的原则。所谓硬评价是指对学生按要求提交的实践教学书面作业的评分，如调查报告、实践活动心得、实践活动总结等。所谓软评价是指学生在实践中表现出来的态度、能力、精神面貌等。因此，这是一个全方位、多样性的评价过程。

（4）形成复合评价主体。在评价主体方面，既要有教师对学生的评价，也要有学生对教师的评价，更要有学生的自我评价。首先是思政课教师和辅导员根据学生提交的书面作业及在实践过程中的表现，给出一个客观、公正的分数（约占学生实践教学成绩的60%）。其次是学生的自我评价。学生的自我评价是由每个班级学生选举产生的实践教学评价小组，根据每个学生在实践教学中的综合表现给出一个客观、公正的分数（约占学生实践教学成绩的40%）。两者相结合则为学生该学期思政课实践教学成绩。另外，学生在每个学期末还要对思政课实践教学教师进行评教、打分，以作为教师考核的重要依据。

总之，构建思政课实践教学组织保障体系、构建思政课实践教学平台、构建思政课实践教学运行模式、打造一支优良的思政课实践教学师资队伍、构建思政课实践教学评价体系，这五个大的方面构成思政课实践教学保障体系，是新时代加强高职院校实践教学体系的充要条件，五者缺一不可。每所高职院校负责人都应按照中宣部、教育部等上级主管部门的要求，切实构建高职院校思政课实践教学保障体系，以便更好地贯彻落实习近平总书记对思政课教育教学工作的指示精神，发挥思政课在大学生思想政治教育中的主渠道作用，为大学生成长成才提供更坚实的保障机制。

参考文献

［1］孟凤英．科学构建高校思想政治理论课的实践教学体系［J］．思想理论教育导刊，2017（12）：104-106．

［2］丁春福，杨乃坤．高校思想政治理论课实践教学“课程化”建设的思考［J］．思想政治教育研究，2016（10）：61-65．

［3］范方红．高校思政课教师实践能力提升新探［J］．学校党建与思想教育，2016（5）：37-39．

［4］杨国辉．论思想政治理论课实践教学评价的审视与反思［J］．思想教育研究，2017（1）：71-75．

［5］宿月荣．高校思政课实践教学：全员化、具象化、全程化［J］．教育理论与实践，2017（18）：57-59．

新时代行动导向思想政治理论课教学的思考与实践

王　良*

摘　要：党的十八大以来，以习近平同志为核心的党中央，围绕完善新时代的思想政治教育这个重大时代课题提出了一系列新的要求，为新时代深化思想政治理论课（以下简称“思政课”）教育改革指明了实践路向。行动导向教学模式，在培养人的全面素质和综合能力方面有着独特的优势，借鉴其思路可以较好地突破传统思政课教学常见的“教”与“学”脱节等瓶颈问题，据此本文阐述了高校思政课运用行动导向教学法的意义，提出了高校思政课落实构建行动导向教学模式的几点对策。

关键词：新时代　行动导向　思想政治理论课　教学探索

教育是党之大计、国之大计，是当下中国社会进步和民族复兴的重要基石。在2018年9月召开的全国教育大会上，习近平总书记指出：“要深化教育体制改革，健全立德树人落实机制，扭转不科学的教育评价导向，坚决克服唯分数、唯升学、唯文凭、唯论文、唯帽子的顽瘴痼疾，从根本上解决教育评价指挥棒问题。”这对新时代高校思政课发挥好育人主渠道作用提出了新的和更高的要求，为新时代深化思政课教育改革指明了方向。

---

* 王良：天津职业大学马克思主义学院教授。1984年毕业于天津师范大学思想政治教育专业，主要从事思想政治理论课教学及青少年思想教育研究，主要讲授“思想道德修养与法律基础”“毛泽东思想和中国特色社会主义理论体系概论”“形势与政策”等课程。主持和主要参与中国青少年研究中心“城市家庭对儿童道德发展的影响研究”、天津市哲学社会科学规划课题“新时期青少年思想状况及其教育环境研究”等科研课题；在《中国青年政治学院学报》《河北师范大学学报》等发表《构建大学生核心价值体系引领范式的思考》《网络时代青年发展态势研究》《改革开放背景下的价值冲突与大学生价值观的培养》等论文；获2017年天津第四届“黄炎培职业教育思想对当今职业教育的启示”论文二等奖、中国职工教育和职业培训协会2017年度优秀教科研成果二等奖等奖项。

一、“外化于行”是新时代思想政治教育的实践路向

自2012年党的十八大召开以来，以习近平同志为核心的新一届领导集体，先后在一系列重要会议和活动中，就坚持和发展什么样的教育、怎样坚持和发展中国特色社会主义教育作出明确部署和指示，至党的十九大召开前后，进一步聚焦于怎样完善新时代的思想政治教育这个重大时代课题，在思想政治教育宏观布局和微观导向的结合上，在新时代思想政治教育该“怎么办”的具体途径上，多次提出要求、作出部署，指明了思想政治教育内化于心与外化于行和立德树人、以文化人的实践方向。

2012年，党的十八大刚刚结束，习近平在谈到认真学习党章、严格遵守党章时就提出了“要把学习党章作为各级党校、干校培训党员领导干部的必备课程。要把检查学习和遵守党章情况作为组织生活会、民主生活会的重要内容。通过学习教育，使全党同志对党章内化于心、外化于行”的总体要求。

2014年2月24日下午，中共中央政治局第十三次集体学习中在就培育和弘扬社会主义核心价值观、弘扬中华传统美德进行研讨时，习近平提出“使社会主义核心价值观内化为人们的精神追求，外化为人们的自觉行动”的要求。他还提出：“青年要从现在做起、从自己做起，使社会主义核心价值观成为自己的基本遵循，并身体力行大力将其推广到全社会去。”习近平指出，“一种价值观要真正发挥作用，必须融入社会生活，让人们在实践中感知它、领悟它。”

2018年，在全国宣传思想工作会议上，就宣传思想工作如何“育新人”问题，习近平强调：“要强化教育引导、实践养成、制度保障，把社会主义核心价值观融入社会发展各方面，引导全体人民自觉践行。”

在党的十九大报告中，习近平总书记进一步指出，要“把社会主义核心价值观融入社会发展各方面，转化为人们的情感认同和行为习惯”。

以上列出的习近平新时代中国特色社会主义教育系列论述，为新时代的思想政治教育和高校思政课教学改革提供了现实根据和实践基础，是全面推进新时代高校思想政治教育的重要指导思想和方向引领。贯彻落实习近平知行统一的教育观，要紧扣新时代教情、学情的变化，紧密结合新时代高校思政课教学的实际，确立新时代高校思政课教学改革的新路向。

二、“行动导向”是新时代破解思政课教学瓶颈的聚焦点

“行动导向”是起源于20世纪80年代的德国，于21世纪初期传入我国并对我国职业教育发展产生深刻影响的教育思想、教学理念和教学模式。它以建构主义、人本主义和情境学习理论的知识观、学习观及与之相应的教学观、课程观为基础而产生，强调要基于职业岗位情境进行教学活动组织和实施，在教学目标的制定方面突出关照学生综合实践能力培养；在教学内容的组织方面，强调根据学生所涉及的职业类型来确定最终的学习范围及学习内容；在教学方法的选择方面，强调从提高学生的兴趣入手，注重师与生、生与生之间的共同研讨、互动交流，注重发现性学习；在教学与学习评价方面，一般运用过程性的考核及评价方式，重点检测解决实际问题能力的形成质量。行动导向教学观的核心是让学生更加主动参与学习，培养学生独立分析问题、解决问题的能力。借鉴行动导向教学模式，既是新时代思政课新变化的要求，也是“网络原住民”现代学习方式的新要求。

首先，行动导向教学评价指向可以有效解决思政课学习评价着力点与专业课雷同问题，更好实现“化知识为方法，化理论为德性”的道德规范能力和法律约束能力的素质目标。传统学习评价偏重知识体系，使高职学生抵触课程、畏惧考试。行动导向通过架构学习态度、学习能力和习惯、知识掌握量、知识漏洞分布等多个观测点作为评价维度，注重对学生在学习过程中所表现出来的自我控制、自我调节、自我约束等主体精神和品质等进行激励评价，尽可能满足每个学生自尊、自省、自控的心理需求，使其体验到成功的快乐，受到激励和鼓舞，以达到强化动机、增强信心和主动发展的目的。

其次，行动导向教学过程架构可以有效解决学生思政课获得感不明显问题，更好实现课程坚持以马克思主义为指导，以社会主义核心价值观为主线，提高大学生思想道德素质和法律素质的政治性目标。行动导向的课程教学组织，充分注重和发挥学生主体地位，这样学生自主活跃在课堂中，懂得互相倾听、互相学习、团结合作、勇于创新，真正成为学习的主人，形成一种学习与接纳、民主而生动的真实局面。在以行动为导向的教学活动中，学生不再是被动地接受知识，而需要积极地思考、积极地参与，主动学习、创造和展示，学生的主观能动性得到充分调动，成为课堂的主人。这不仅大大提高了学生学习的积极性，而且能有效地提高学生的学习能力，让更多学生从同

学的成长进步中开始学会对比反思，学会用马克思主义的立场、观点和方法重新审视自己。

最后，行动导向教学情境设计可以有效解决教学针对性不强的问题，通过人文知识和法律知识的传授与理论讲解，强化大学生的道德与法律意识，更好实现提高大学生理论思维能力和明辨是非能力的思想性目标。行动导向教学通过设置项目任务或创设情境，让学生在情境体验的过程中理解并掌握相关理论知识，实现真实的感悟内化。借助与教材配套的学习手册，在完成相应学习任务的过程中，可以直观看到学生的所思、所想，通过课前、课中、课后任务完成情况，了解学生所需、所遇、所难，帮助学生养成良好的学习习惯，利于今后教学引导中的有的放矢，最大限度地帮助高职学生重塑和构建新的学习意识观。长期以来，学生对思政课考试的印象就是“背多分”：背书、背答案、背论述、背要点，与此相伴的作弊现象屡禁不止。新的评价范式借助学习手册，在不同阶段的学、思、讲、演、练、写等环节中，分别采用及时评价引导改进+延迟评价保护学生自尊心的双重评价方法，淡化了传统考试评价筛选功能的负面影响，突出反映了学生的纵向发展状况，让他们看到自己的进步，感受获得成功的喜悦，从而激发新的学习动力。

三、“知行合一”是新时代思政课教学改革探索的着力点

“知”指知识、认识、知觉，在此是指对思政课涉及的基本理论和方法的一种探索和学习，通过教师引领探索大学生未知的主客观世界的本质，明晓事物变化发展的来龙去脉；“行”指行动、行为，在此可以分解为“思、说、读、写、体、评”等若干个方面，是大学生将以往“知”的积累和新近学得的“知”应用到现实主观和客观世界的改造中，为国家、社会、集体创造出财富和价值，以及在这个创造过程中体现的创新创造精神。以“思想道德修养与法律基础”（以下简称“基础”）课为例，传统教学活动主要采用“教师讲—学生听”的模式，这种单方面的“说教”使学生因被动接收而感到枯燥、乏味，甚至心生厌倦与抵触，难以完成知识传授，更无法实现由知到行的转变。因此，作为培养大学生思想政治素质主渠道的思政课必须坚持理论联系实际的知行合一原则，以行动导向模式设计教学环节，教师从以“授”为主转变为以“导”为主，学生由被动接收到必须主动参与，实现课堂理论教学与实践活动紧密结合。

（一）以激活学生思维领域为基点，优化课程内容设计

优秀的教学设计本身就是对学生思维建构的耳濡目染。围绕全面推动习近平新时代中国特色社会主义思想入脑入心，努力实现课程教学由教材体系向教学体系转化，进而向信仰体系转化的终极目标，在研究、探讨、交流、整合的基础上，基础课可以形成一整套以问题为导向的课程设计方案。将教材划分为人生观、价值观、爱国观、道德观、法治观五个专题，并在此基础上细化出如何适应大学生活的转变、如何理性认识爱情婚姻问题等11个单元，微化成我们为什么要追求远大理想、中华传统美德在家庭方面有哪些表现等30余个具体项目，配套设立诸如一诗、一歌、一故事的爱国主义“三个一”等5个课堂实践展示，以及围绕弘扬社会良好风尚、批判丑恶现象，自编自导，拍摄微电影等5个社会实践项目，让学生的思维随着教学活动的展开活跃起来。

（二）以训练学生的思想表述能力为基点，丰富课程教学形式

针对基础课程教学内容与大学生适应性发展及社会现实联系密切、教学实效性要求严格、思想理论教育功能突出、学生思想复杂多样等特点，在教学形式上持续运用讲授法的同时，将启发式教学贯穿始终，穿插运用对话式、讨论式、演讲式、表演式、辩论式、角色互换式、案例式、调研式、体验式等教学方法逐渐加大实践教学和现场交流式等多种实践教学方法的比例，力求通过多种教学方法在教学过程中的结合运用，使理论具体化、观点明确化、过程互动化、结论自助化。使课程内容的体系性和开放性、理论性和实践性、知识性和思想性紧密结合，激发学生的学习兴趣，培养学生的思考习惯，养成学生的参与意识，让学生有机会表达、有能力表述。

（三）以增加学生的直观感受为基点，创设主体体验平台

依据“95后”和“00后”大学生自信、乐观、执着、敢想敢说敢做的性格共性和目标多元化特点，创办生命体验实训教室。学生穿上孕妇装，体验母亲生命孕育过程的艰辛；坐在轮椅上，感受老年人、残疾人行动不便所带来的无助和无力感。通过生命体验，直抵大学生灵魂最深层面，唤起大学生对青春活力的珍惜和对生命质量的思考。课堂上，基于解决教学形式单一的问题，综合运用微课、微电影、微视频等新技术手段，为学生提供多种学习体验，将学生带入思考情境；课堂外，依托课堂实践和社会实践，每学期联

合学院党委、教务处、学生处、团委等多部门举办实践课展示大赛和社会实践成果展示等活动，创设以学生为主体的体验平台，强化学生的感性认识。

（四）以促进能力增长为基点，形成立体化评价模式

高校思想政治教育以提高政治觉悟为目的，不能简单沿用专业课的知识获得考核方法。天津职业大学以考试改革为切入点，逐步形成生、师、课联动的发展性学习评价模式，构建了多维复合学习效果评价体系。确立起理论知识+修养效果双重检测、课上听讲与课下活动相互参照、知识记忆与思考分析能力相结合、知与行相结合的评价原则，着力点在于观测学生是否能站在马克思主义立场上看问题、是否能积极传播和践行社会主义核心价值观、是否能弘扬和恪守行为道德规范、是否能树立依法行使权利和履行义务的意识、是否能明确自己的责任和使命。第一，考核方式多维。一是闭卷考试与开卷考试相结合。开卷考试借助《新闻播报》等专项活动，侧重于考查学生对国内外大事、要事的正确理解与反应能力。闭卷考试侧重于考查学生对正确的人生观、价值观、爱情观、道德观、法纪观基本观点、基础知识、基本理论的掌握情况。二是考查与考试相结合。平时行为表现考核采用课题随机发现性考查方式，学期末考核采用题库制上机考试方式。第二，成绩评价主体多维。教师、学生本人、学生所在授课班的学生干部、学生所在的学习任务团队分别担任不同项目内容的评价主体，在课程实践环节中特邀专家进行评价赋分。第三，过程与结果复合。一是规范平时成绩的考核指标，在学习手册中通过参与课程展示、互动研讨、小组任务、读书心得、课后反思等项目如实记录学生参与课堂教学的过程，形成公正评价学习效果的直观依据。二是采用等级评分制，提高平时成绩在总成绩中的比例（可达60%），平时成绩包括实践认识评价和过程性评价。实践认识评价主要是通过课程实训项目的完成和过程表现情况。过程性评价是完成每个专题的学习重点记录和针对重点内容撰写学习感悟、体会，包括课堂讨论、课堂演讲、模拟教学、课堂作业、出勤考评等。淡化分数，注重能力和素质的评价。第四，知与行的复合。智慧与知识的运用规则是，知不等于行，而在其用，知而不用，是为知而不行。鉴于基础课是一门具有较强实践性的公共基础课，课程考核时必须既重视理论知识的掌握，又关注到行动践行能力的动态养成。主要通过课程实训报告和课程学习心得的撰写，考查学生把理论运用于实践的能力及学生在实践中的认知水平。

高校思政课是体现社会主义办学方向的课程，是巩固马克思主义在意识形态领域的指导地位的课程，是全面贯彻党的教育方针、培养中国特色社会主义建设者和接班人的关键课程，同时也是塑造大学生社会主义核心价值观、激发大学生学习创造热情、触动大学生灵魂及引领大学生认识规律、追求真理、认同价值观进而顺利成长、成人、成才的系统工程。2019年3月，在学校思想政治理论课教师座谈会上，习近平总书记明确提出了讲好新时代的思想政治理论课的“八个统一”要求，其中第四条特别强调了要坚持理论性和实践性相统一。这里的实践性，既有包含对思政课教师、思想教育工作者在实践中积累课程教学素材去支撑课程教学理论的要求，也包含着组织、落实受教育者——大学生亲身参加实践的要求。“八个统一”共同聚焦一个主题，即增强思想政治理论课的思想性、理论性和亲和力、针对性，落实立德树人根本任务。新时代思政课教学改革与创新，必须遵循思想政治教育规律、教书育人规律，准确把握大学生成长发展的规律，传承好方法、改进老办法、构建新招法，借力大思政格局研究探讨体系化、生动化、行动化的思政课实践教学改革，使课程学习的主体——大学生充分融入不同层面的教学活动中；借助于科学有效的课程教学设计，引领大学生把教科书里的间接理论与新时代中国特色社会主义建设实践这本大书融为一体，助推大学生在了解、认知、参与中，提高自觉践行社会主义核心价值观和马克思主义立场、观点、方法的能力，实现思政课知、情、意、行的高度统一。

参考文献

[1] 习近平．在全国教育大会上强调：坚持中国特色社会主义教育发展道路　培养德智体美劳全面发展的社会主义建设者和接班人［N］．人民日报，2018-09-11（1）．

[2] 习近平谈治国理政［M］．北京：外文出版社，2014：164．

[3] 习近平．决胜全面建成小康社会　夺取新时代中国特色社 会主义伟大胜利——在中国共产党第十九次全国代表大会上的报告［M］．北京：人民出版社，2017：42．

[4] 叶莉英．行动导向教学在高职思想政治理论课中的实践探索［J］．职教论坛，2016（2）：65-68．

[5] 黄巧莲．基于行动导向的高校思政课教学改革思考［J］．教育评论，2017（3）：134-137．

［6］蒋晋红，王瑛．“行动导向教学”在高职思政课教学改革中的应用——以山西职业技术学院为例［J］．晋城职业技术学院学报，2016（1）：27-29．

［7］朱晓瑾．高校思想政治理论课中行动导向教学模式的应用与思考［J］．课程教育研究，2017（28）：78-79．

［8］沈壮海，董祥宾．论新时代思想政治理论课的改革创新［J］．思想理论教育，2019（5）：10-15．

当前高职高专院校思想政治理论课实践教学存在的主要问题与解决*

刘珍杰**

摘　要：高职高专院校的思想政治理论课实践教学由于种种因素的影响，存在规范性比较欠缺、理论性比较薄弱和资源整合力不强三大主要问题，严重影响教学效果。如能正确认识思想政治理论课实践教学和理论教学之间的关系，正确处理师生在教与学之中的角色关系，严格把握教评与学评的核心问题，整合相关资源、拓展适合形式，以上三大问题将迎刃而解。

关键词：高职高专　思想政治理论课实践教学　问题　解决

加强实践教学是切实加强和改进高等学校思想政治理论课教育教学的有效方式和方法。2005年，中共中央宣传部、教育部在《关于进一步加强和改进高等学校思想政治理论课的意见》（教社政〔2005〕5号）中强调："要加强实践教学。"2015年，中央宣传部、教育部印发《普通高校思想政治理论课建设体系创新计划》（教社科〔2015〕2号）进一步强调要"整合资源强化实践教学""进一步规范实践教学""着力提高校园文化建设的理论品质"。由此可见，国家层面对实践教学在加强中改进的要求越来越具体，针对性也越来越强，更加注重教学效果的实效性。多年来，就如何搞好思想政治理论课实践教学，很多高校进行了很多有益的尝试，也取得了很多经验和成绩，但也存在很大的提升空间。为了了解相关情况，笔者通过问卷网平台和全国高职高专院校思想政治理论课建设联盟QQ群投放调查问卷。问卷网数据显示，本次调查的问卷共有在全国高职高专院校思想政治理论课建设联盟QQ群中的100

* 本文是重庆市2017年高等教育教学改革研究重点项目"高职高专思想政治理论课实践教学研究"（项目批准号：172051）课题的成果。

** 刘珍杰：重庆电力高等专科学校思想政治理论课教学研究部主任，教授。毕业于西南师范大学，主要研究方向为思想政治理论课教学与素质教育。

位教师浏览，其中有70位教师接受了调查。笔者结合自己进行的实践教学改革实际和问卷调查情况，拟对当前高职高专院校思想政治理论课实践教学中存在的主要问题与解决方案进行一些探索。

一、当前高职高专院校思想政治理论课实践教学存在的主要问题

（一）思想政治理论课实践教学规范性比较欠缺

从调查的情况来看，思想政治理论课实践教学的必要性和重要性已经为大多数高职高专院校所重视，在参与调查的70位教师中，有55位教师表示所在学校的思想政治理论课进行了实践教学，占78.57%，但只有29位教师表示实践教学有规范性教学文件指导，在70位教师中仅占41.43%。由此可以看出，相当部分的高职高专院校思想政治理论课教师对于实践教学如何搞，并没有专门的实践教学规范性文件指导，行为带有很强的随意性和不规范性，从教学内容、教学流程、教学载体到教学评价，从教师如何教到学生如何学，从教师的教学效果评价到学生学习效果评价，都没有进行科学的顶层设计，没有规范性文件进行约束，其效果可想而知。众所周知，教学活动是一项专业化的工作，也是一项非常严谨的工作，必须遵循规范性教学文件的要求。教师只有遵从规范性教学文件要求才能科学施教，学生只有依照规范性教学要求才能建构自己对知识的理解，才能创建具有社会意义的新知识和获得完整意义的知识。

（二）思想政治理论课实践教学理论性比较薄弱

从调查的情况来看，在参与调查的教师中，认为思想政治理论课实践教学应该是“从教材中来，到教材中去，重在理解理论、验证理论”的为32人，占45.71%；应该是“和教材联系，但不一定是教材的内容”的为30人，占42.86%；只要“和思想政治教育相关就行了”的为8人，占11.43%。由此可以看出，在实践教学的实施过程中，有很大部分教师对于实施实践教学的根源和目的的认识还是比较薄弱的，没有从实践教学的根本属性是思想政治理论课教学的重要组成方式上进行认识，没有把实践教学的落脚点放在应该帮助学生理解理论、掌握理论和运用理论的高度上进行认识。搞好思想政治理论课实践教学的前提，必须基于对实践教学的根源和目的的正确认识与准

确把握，也就是必须强调实践教学对马克思列宁主义、毛泽东思想和中国特色社会主义理论体系的践行性，必须强调重视思想政治理论课实践教学的理论性品质是其必然要求。教学方式的选择应当以帮助学生更好地理解理论、掌握理论和运用理论解释相关社会现象与社会问题为基本前提。

（三）思想政治理论课实践教学资源整合力不强

从调查的情况来看，在70位参与调查的教师中，有67位认为实践教学有效开展的主要障碍是“学生的安全保障问题”，占95.71%；有61位认为主要问题是“学校的经费保障问题”和“实践教学基地建设”问题，占87.14%；有48位认为主要问题是“对思想政治理论课的认识和观念问题”，占68.57%。由此可以看出，实践教学要求学生以实践活动的方式进行，就必然会涉及观念问题、经费问题、场地问题、安全问题等，相对于理论教学来讲，实践教学涉及的教学资源要求更广、教学环境要求更高、教学保障要求更多，必须利用和整合相关资源为实践教学的顺利、高效开展提供可靠保证。如何处理好思想政治理论课实践教学与大学生社会实践活动之间的关系，实现两者之间的有机结合？如何处理好思想政治理论课教师和辅导员队伍之间的关系，实现两支队伍之间的整合，共同参与组织指导实践教学？实践教学的组织管理如何将学校思想政治理论课教学科研机构、宣传部、教务处、学工部、团委等部门协调配合，从而形成健全的实践教学工作机制？这些都是亟待解决的重要问题。

二、解决当前高职高专院校思想政治理论课实践教学主要问题遵循的基本原则与实施

（一）理为实据，以实为先

“理为实据”，即思想政治理论课实践教学依据的唯一来源应该是思想政治理论课教材中有关马克思列宁主义、毛泽东思想和中国特色社会主义理论体系的基本理论。在实践中，笔者认为思想政治理论课的实践教学和理论教学是实现思想政治理论课教学任务与目标的“双轮”，具有同等重要的地位，两者缺一不可，不应该有主次之分。同时，实践教学内容应归属于现有的教材体系和教学内容，不能脱离，否则就会失去方向。实践教学与理论教学的内容应该能够相辅相成，它们可以基于同一个内容，也可以是不同内容；对

同一内容选择哪种方式教学，应该重点看哪种教学方式能更好地帮助学生理解理论，从而运用理论发现问题、分析问题和解决问题，建构起马克思主义的思维方式，以达到最终的教学目标。

“以实为先”，即思想政治理论课实践教学项目的确定首先要考虑的是可实践性。突出教学的实践性是实践教学和理论教学的重要区别，也是本质区别。实践教学要以思想政治理论课的基本理论为基础和指导，选择好相关内容，以社会调查、主题展示、主题辩论、主题参观、主题考察、主题观摩等实践性强的方式，设计具有较强探究性和研究性的教学项目，优化教学流程，着力培养学生的探究精神、创新意识和实践能力。“教学的成败在很大程度上取决于教师是否妥善地选择教学方法。知识的明确性、具体性、根据性、有效性、可信性，有赖于对教学方法的有效利用。”

（二）教为学伴，以学为要

“教为学伴”，即在思想政治理论课实践教学的师生关系中，教师主要是学生学习的陪伴者和观察者，学生学习团队是学习的推动者。为了抓好抓实实践教学，笔者所在学校制定了《实践教学管理办法》等7个配套教学管理文件，在全面实行小班教学的基础上，将学生按照5~8人分组组成学生学习团队，每个学生学习团队推举1名联络人（教学助理）负责与任课教师的日常联系。学生学习团队根据《教学项目选题指南》选定本团队的教学项目，填写《教学项目任务书》，完成研学团队的成员分工、计划制订、成果展示方案等，由教师审定后执行。学校期中教学检查期间，教师会让学生学习团队填写《教学项目任务中期汇报表》，对学生学习团队的任务进度进行督促，对学生学习团队出现的困难进行指导解决。学习团队完成项目任务后填写《项目结题申请表》申请汇报结项。整个教学过程中，教师起到的主要是陪伴、观察、纠正、指导等作用，学习团队按照教学规范文件自主推动项目任务完成。

“以学为要”，即思想政治理论课实践教学以增强学生学习的参与性和获得感为首要目的。教学过程中强调充分发挥学生的主体作用，教师的主要任务是以问题为导向制定适合学生实际情况的实践教学项目，指导学生完成相关项目任务，陪伴学生整个学习过程；学生在规范性文件的指导下，组成研学团队，分析研讨实践教学项目，划分相关任务，针对每个成员的特点进行团队分工，通过问卷调查、访谈问答、实地调研等方式积极参与完成项目任务。在完成项目任务的过程中主动思考，验证书本理论的真伪，真正获得书本上难以获得的直观性感受，逐渐认识马克思主义、毛泽东思想和中国特色社会主义理论体系相关理论的科学性，构建起马克思主义的信仰、信念，切实增强中国特色社会主义必胜的信心；坚定在中国共产党领导下加快推进中华民族伟大复兴的自觉性，努力成为德智体美劳全面发展的社会主义事业建设者和接班人。

（三）教评以严，学评以用

“教评以严”，即思想政治理论课实践教学的教学评价必须遵循教学规律按照教学规范严格地执行。实践教学既然是教学活动，就应该按照教学程序与教学规律，严格按照教学文件规范进行。规范的实践教学文件，包括实践教学计划、教学大纲、教学任务书、实训教材和规范的学生实践成果汇报资料等。这也是思想政治理论课实践教学与大学生思想政治教育活动之间的重要区别。

“学评以用”，即思想政治理论课实践教学学生学习团队的学习效果考核评价是以学生通过项目实践而理解理论、掌握理论，并运用理论解决相关问题为主要考核指标。笔者认为思想政治理论课实践教学中对学生学习效果评价重点为学生在完成教学任务过程中对马克思主义立场、观点、方法的掌握与运用；对党的基本理论、基本路线、基本纲领和基本经验的掌握，并运用所掌握的理论发现问题和解决问题。其中，重中之重是考查学生对相关理论的运用，运用理论指导自己构建起科学的思维和解决问题的能力。

（四）整合资源，拓展形式

“整合资源”，即思想政治理论课实践教学应该结合需求，按照“不求所有、但求所用”的原则利用一切可以利用的资源为教学服务。笔者认为，思想政治理论课实践教学对任课教师、教学场地、教学管理、教学评价的要求相对于理论教学来说都有比较大的差异，如果仅仅只依靠思想政治理论课教学研究部门及其专任教师就想让实践教学达到预期效果，难度可想而知。校内必须在党委的坚强统一领导下，汇集学校主抓教学和主抓大学生思想政治教育的职能部门的力量，融合大学生思想政治教育主渠道和主阵地功效；校外必须加强实践教学基地的共建、共享工作。思想政治理论课教学部门利用校内资源和学校利用校外资源为实践教学服务时一定要坚持“不求所有、但求所用”的理念，花大力气费真功夫建好相关教学资源，不能只用不建，也不能只注重形式不注重内容。

“拓展形式”，即思想政治理论课实践教学形式的选取应该结合内容，以增强学生的参与性和获得感为目标。笔者认为，采取什么样的形式进行实践教学，首先要根据内容来确定，如果能够在课堂内进行就在课堂内进行，能在校园内进行就在校园内进行，需要在校园外进行的就应该利用好相关资源在校外进行；其次要根据学生的实际情况来确定，有些学习团队愿意以实践调查报告形式来完成，有些学习团队愿意以制作相关影视作品形式来完成，有些学习团队愿意以活动模拟形式来完成，等等；最后要根据学校实际情况来确定，学校可以根据人力、财力、物力资源支持力度的不同，采取典型重点形式和全覆盖形式来组织完成。不管采取哪种形式，都要注重实践教学的理论指导性和学生的参与度与获得感。

三、继续前进及努力方向

（一）进一步优化专兼结合的高素质思想政治理论课实践教学教师队伍

思想政治理论课实践教学质量和效果的根本保障在于高质量的教师队伍。实践教学教师相对理论教学教师来说，往往在理论上可能不要求系统掌握完整的课程理论，但要求对实践教学基地所有的教学资料、实物等充分了解，并能运用它们来证明所要阐述的理论的正确性，让学习者直观地获得理论学习所不一样的体验。如何让思想政治理论课专任教师熟练地掌握实践教学基地的教学资料？如何让实践教学基地的工作人员熟练地掌握思想政治理论课的基本理论？这是进一步优化专兼结合的高素质思想政治理论课实践教学教师队伍的两个方面，也是真正搞好实践教学的关键所在。那么，如何真正建立一支既熟悉思想政治理论课基本理论又熟悉实践教学基地的教学资料的教师队伍，为实践教学的开展提供坚强的师资保障？笔者认为必须加强思想政治理论课实践教学教师的理论研修、教学研修和实践研修。理论素养、教学素养和实践素养是思想政治理论课实践教学教师提升教学质量必备的基本素养。

（二）建设高匹配、高质量的思想政治理论课实践教学基地

思想政治理论课实践教学基地建设重点是校内校外如何结合。实践教学基地如何确定，必须考虑实践教学内容；实践教学内容如何确定，也必须考虑实践教学基地，要充分考虑两者的匹配性。要充分挖掘校内思想政治理论

课实践教学资源，切实发挥校内各种资源要素的育人功能，让学生的生活场所能成为受教育的场所，真正实现“生活即教育”。要把校外思想政治理论课实践教学资源合理地利用起来，切实发挥社会各种资源的育人功能，让学生感受到“社会即学校”。要把学生的专业实习、实训等有机结合起来，让学生在专业学习场地感受思想政治素质是工作职责的必然要求。思想政治理论课实践教学基地与实践教学内容的高匹配性决定了实践教学的针对性和有效性，实践教学基地建设的高质量决定了实践教学的教学质量。

（三）进一步优化规范实践教学项目和实践教学流程

实践教学的效果好不好、学生参与性强不强、获得感高不高，关键问题还是在于实践教学的内容选择是否适当，实践教学项目的设计是否贴近学生，教学过程中教师的陪伴是否全程全方位。如何结合实际情况选取适合实践教学的内容、设计合适的教学项目是搞好实践教学的首要任务。实践教学项目从哪里来？怎么来？笔者认为，实践教学项目首先要考虑的是相关理论的可实践性，即应该强调在现有条件下，能否做到有效的实践检验；其次要考虑的是实践内容和实践基地的高匹配性，即通过实践教学能否解释或验证相关理论；最后要考虑学生的实际情况，学生的实际能力是最大的实际，也就是在实践任务的设定上一定要针对高职高专院校学生的实际情况。实践教学由于其教学的特殊性，在时间安排上可能不统一，那么在规范教学基本流程的基础上，应该充分利用信息化平台，进一步增强信息共享，增进教与学的互动，加强教学各环节的运行监控，抓好教学质量分析和问题反馈，优化实践教学流程。

（四）进一步加强条件和政策保障

实践教学涉及的人力、物力和财力相对于理论教学来说花费更大，需要学校统一协调和指导。学校应该成立党委领导下的统一领导大学生思想政治理论课教育教学工作机构，协调思想政治理论课教学单位、教务管理部门、教师工作部、学生工作部等相关责任部门工作。党委书记要履行好第一责任人的职责，校长要履行好政治责任和领导责任，实现思想政治理论课实践教学过程中学校不同工作部门的分工协作和同向同行。学校应制定相关政策鼓励教师创新形式开展思想政治理论课实践教学，同时制定相关政策为学生走出校门进行实践教学活动提供保障。学校在进行校园文化建设时应该考虑思想政治理论课实践教学的元素，让校园环境成为思想政治理论课实践教学的重要组成部分。学校还应该在设立思想政治理论课专项建设经费的基础上，进一步设立实践教学专项资金，以便更好地保障教学的有效开展。如何构建一个思想政治理论课实践教学的协同保障体系，这是提升思想政治理论课实践教学效果的努力方向。

四、结束语

提升思想政治理论课实践教学的成效关系到高职高专院校思想政治理论课教学的成效，是努力改革思想政治理论课教学方法、创新教学艺术的重要途径，是切实提升学生对思想政治理论课教学参与感和获得感的重要渠道，是在改进中加强思想政治理论课建设，提升思想政治教育亲和力和针对性，满足学生成长发展需求和期待的重要举措。

参考文献

[1] 约翰·D. 麦克尼尔. 课程：教师的创新 [M]. 3版. 陈家刚，等译. 北京：教育科学出版社，2008：16.

[2] 孔德拉秋克. 教学论 [M]. 李子卓，译. 北京：人民教育出版社，1984：106.

[3] 李军政，等. 建构主义视野下的思想政治课"立体化"课堂教学改革与实践 [J]. 重庆电力高等专科学校学报，2015 (2)：1-3.

[4] 刘珍杰. 高校思想政治理论课实践教学的几点思考 [J]. 重庆电力高等专科学校学报，2011 (11)：23-25.

[5] 王秀阁，等. 构建思想政治理论课实践教学与理论教学同进互补新模式 [J]. 思想理论教育导刊，2012 (8)：12-13.

[6] 刘珍杰. 新形势下影响高职高专党建工作有效开展的因素及对策 [J]. 广西教育，2016 (12)：6-7.

[7] 李卫东，等. 新形势下推动高职院校思想政治工作改革创新的思考 [J]. 学校党建与思想教育，2014 (11)：22-23.

[8] 刘珍杰. 高职高专院校思想政治理论课的实践教学调查分析 [J]. 重庆电力高等专科学校学报，2018 (2)：1-4.

高职院校思想政治理论课实践教学大舞台构建的思考

尹田生*

摘　要：将思想政治理论课与舞台元素相结合，构建实践教学大舞台，以鼓励学生自主思考为出发点，立足于社会热点、历史国情、民族情怀，以丰富多彩的表演形式为载体，生动、立体地演绎、解读理论知识，增添了思想政治理论的趣味性，真正做到寓教于乐，有效结合第二课堂，激发学生能动性与创造力，更好地激发学生学习思想政治理论课的热情。

关键词：思想政治理论课　实践教学大舞台　构建

2015年7月27日，中央宣传部、教育部下发了关于《普通高校思想政治理论课建设体系创新计划》的通知，将高职院校思想政治理论课的实践教学作为重点建设内容，提出"努力强化实践教学，建设与课堂教学相互促进的思想政治理论课第二课堂教学体系"，要求高职院校思想政治理论课加强实践环节，创新教育模式，探究实践育人的长效机制。构建实践教学大舞台，将舞台表演与思想政治理论课堂相结合适应了时代要求，契合了教育的需求，革新了思想政治理论课教育教学方法，寓教于乐，提高了思想政治理论课的亲和力、针对性和实效性。

思想政治理论课承担着对大学生进行系统的马克思主义理论教育的任务，是对大学生进行思想政治教育的主渠道和主阵地。实践教学是思想政治理论课教学体系的重要组成部分，依据课程教学的内容和要求，主动积极地参与到社会实践中，获得生活体验，最终提高自身思想道德素质，升华独特人格魅力的新型教学模式，是促进学生全面发展的需要。它植根于社会生活的沃

* 尹田生：黄冈职业技术学院马克思主义学院副教授。1998年毕业于中央民族大学哲学系哲学专业，研究方向为思想政治教育。主讲课程"思想道德修养与法律基础""毛泽东思想和中国特色社会主义理论体系概论""形势与政策"。

土，更加注重学生信仰、品格和心理的发展，教学内容是活生生的事实，教学形式是近距离的接触和亲身的感受，学生是积极的实施者和参与者。基本目标是引导学生由对马克思主义理论的认知转化为认同，由认同转化为信仰，再由信仰外化为行动，实现知与行的有机统一。

一、高职院校思想政治理论课实践教学中存在的问题

（一）对实践教学的重视度不够

对思想政治理论课实践教学缺乏清醒的认识。部分高职院校的领导和教师对实践教学重视不够，经费投入有限。没有具体明确开展实践教学的责任主体，主要靠思想政治理论课教师单方面组织进行，而教师的精力和时间有限。

（二）学生参与率低

调查发现真正能够参与到教学实践环节的学生数量比较少，大多数学生无法体验到实践教学所带来的成就感。学校受到多方面因素的限制，只能选拔部分学生代表参加实践教学，使得实践教学流于形式。

（三）实践教学流于形式，效果不明显

实践教学的最终目标定位为撰写调查报告、实践心得和上交社会实践材料等实践结果，学生忙于应付、抄袭严重、敷衍塞责，致使实践教学效果大打折扣，与设计者的初衷相去甚远。

（四）评价方式简单，无法调动学生参与的积极性

实践教学成果由思想政治理论课教师评价，由于教师教科研压力大、时间短、任务重，成绩评价的客观公正性有待商榷。

二、构建思想政治理论课实践教学大舞台的必要性

（一）构建思想政治理论课实践教学大舞台是时代发展的要求

在新时代，将思想政治理论课教学与舞台化表演元素相结合不仅是一种

教学方式创新，也利于培养大学生的实践能力和创新能力，利于大学生的全面发展，符合时代对思想政治教育与对学生能力培养的要求。一方面，高职院校思想政治理论课实践教学大舞台改革了传统的以课堂、教师、书本为中心的单一化教学模式，实现了以学生为中心、以舞台表演为载体的多元化教学模式，变被动接受为主动探索，在增强课程亲和力、吸引力、感染力的同时，也为学生提供了一个展示自我、锻炼能力的平台，培养了学生的合作精神与创新能力，是教育模式的创新。另一方面，实践教学大舞台有助于培养大学生的创新思维，引发大学生主动思考，触动大学生的创新愿望，在参与活动的过程中激发灵感、锻炼能力、提升素养。学生通过亲身参与表演活动，主动动手、动脑、动口，将理论知识吸收、内化，再通过表演形式展现，使学生在实践中有效获取知识、习得能力。

（二）构建思想政治理论课实践教学大舞台是教育改革的要求

思想政治理论课实践教学大舞台不仅符合实践教学的要求，也符合创新教学方式的要求，为新形势下高职院校思想政治理论课教学改革找到了一个新的突破口。通过舞台表演，结合课堂教学，将丰富的理论知识有效地融入实践活动中，转化为舞台表演元素，使学生主动接受、有效吸收，利于增强思想政治理论课的实效性，进一步颠覆大学生对于思想政治理论课的传统观念。同时，提升了教学效果，使思想政治理论课真正帮助大学生树立科学的世界观、人生观、价值观，帮助大学生不断优化自身品质，塑造完善、健全的人格。

（三）构建思想政治理论课实践教学大舞台是教学相长的要求

在参与实践教学大舞台活动的过程中，大学生的表现欲得到满足，他们能够自主地参与其中，锻炼提高了综合能力。对于教师来说，这种教学模式不仅利于增强教学效果，也能够提升教师的素养与综合能力。实践教学大舞台体现了一个教学相长、师生共进的过程，实现了师生角色的大转变，以学生为主体、教师为主导。对于大学生来说，参与活动的过程即学习的过程，在选题、收集资料、了解资料、研习资料的过程中主动获取理论知识，在编写剧本、讨论节目、表演节目的过程中深刻理解、记忆并且认同知识。参与活动的过程也是培养能力的过程，实践教学大舞台的课堂满足了当代大学生善于表现、乐于表现的个性特征，极大地激发了大学生的参与热情。通过团队合作，他们得到性格上的磨砺与能力上的提升，既突出了个性，又拓展了素质。对于思想政治理论课教师来说，实践教学大舞台既可以帮助他们调动学生的积极性，优化教学效果，又有利于促进自身理论的丰富和完善，还能在活动过程中锻炼提高自身的把控能力、组织能力。

（四）改革与创新实践教学是切实增强思想政治理论课教育教学效果的需要

实践教学是思想政治理论课教学中理论联系实际不可或缺的重要环节，知行统一，才能真正有效地增强思想政治理论课的教学效果，切实提高学生思想道德素质，帮助学生健康成长。

（五）促进教学工作、提高教学质量的需要

（1）思想政治理论课的实践教学内容更贴近实际、贴近生活、贴近学生，是学生体验、运用理论的舞台；课内的教学内容在实践教学中进行强化、延伸，有助于课内知识的理解和吸收。

（2）使实践教学成为大学生自我教育、自我管理的有效途径。实践教学与时代契合，准确把握学生兴奋点，结合大学生心理、个性特征，适应时代发展趋势，促使大学生自我教育、自我管理能力大幅提升。

（3）以鼓励学生自主思考为出发点，立足于社会热点、历史国情、民族情怀，以思想政治理论课实践教学基地现场讲解、角色扮演、爱国主义歌曲展演、讲爱国主义故事、朗诵经典著作、拍摄微电影等形式为载体，生动、立体地演绎、解读理论知识，真正做到寓教于乐，把理论教学与实践教学有机结合，激发大学生学习的积极性、主动性和创造性。

三、构建思想政治理论课实践教学大舞台的主要做法

实践教学大舞台是以学生为本位理念，从艺术表现的角度加以探究的思想政治理论课实践教学的新形式。舞台展演形式是指教师整合教学内容为若干个模块，确立全员参与的教学实践活动原则，以多种表演方式巧妙融入教学中，将学生作品创作、组织、表演贯穿于思想政治教育全过程，通过舞台展演的形式全面展示教学实践内容和成果，使学生在潜移默化中受到教育，大大提高学生学习的积极性和育人效果。

实践教学大舞台把思想政治理论教学与舞台表演元素相结合，以鼓励学生自主思考为出发点，立足于社会热点、历史国情、民族情怀，以情景剧、

主题辩论、歌舞表演等形式为载体，生动、立体地演绎、解读思想政治理论知识，既增添了思想政治理论的趣味性，又提升了舞台表演的知识深度。真正做到寓教于乐，有效结合第一课堂与第二课堂，激发大学生能动性与创造力。

（一）整合课程内容，统一安排实践教学内容

对三门思想政治理论课的内容进行科学的整合和设计，合并相同的内容，突出不同的特点，统筹规划实践主题，统一安排实践内容，统一协调实践时间，以保证实践教学能够合理有序地进行。

（二）实践大舞台具体形式

（1）思想政治理论课实践教学基地现场讲解。
（2）文艺表演（小品、相声、三句半等）。
（3）讲爱国主义故事、唱爱国主义歌曲。
（4）朗诵经典著作。
（5）知识竞赛、辩论赛、演讲比赛。
（6）角色扮演、情景剧、经典剧目重现。
（7）舞蹈。
（8）拍摄微电影。
（9）模拟法庭。

（三）实施环节

（1）计划准备阶段。任课教师整合教学内容为专题化教学，重在分析阐释，化解思想、理论认识上的障碍，为学生舞台展演主题活动作理论铺垫。任课教师指导学生制订舞台展演计划，提出建议，师生开展探讨探究活动；以班级为单位把全体学生分为若干小组，由教师指导各小组结合教学内容制定舞台展演主题活动设计方案和节目形式，确定小组成员角色。

（2）组织实施阶段。根据教学内容整合为主题模块进行任务分配，各班同学分成若干个小组，通过任务驱动，把展演内容和形式落实到每个小组。小组各展所能，根据侧重点选取材料、学习材料，充分发挥集体思维的优势分析、挖掘材料，分工协作，从节目内容创编、表演形式、排练到组织实施过程均由学生自主完成；以表演的形式将教学环节的实践内容展现出来，让学生变被动学习为主动学习，确立学生在实践性教学中的主体地位，充分发

挥团队合作精神。此阶段贯穿于课程的课堂教学环节中，任课教师参与理论指导及展演指导，让学生更深入地解读马克思主义中国化的理论精髓，从中受到深刻的教育。

（3）舞台展演阶段。让学生通过表演展示实践成果，生动、立体地演绎、解读理论知识。舞台展演活动以班级为单位，通过多种形式展示学习的心得感悟，突出全员参与、团队合作、交流研讨、锻炼能力、展示风采及人格提升的课程目标和特点。这个环节的讨论对学生综合素质能力提出了比较高的要求，要求全员参与，是整个主题活动的亮点。

（4）小组论文提交阶段。舞台展演结束之后，要求学生以小组为单位，以论文和心得体会的形式总结本次活动。各个小组主题活动的课堂表现和效果及小组上交的主题报告都将纳入学生的平时成绩。

（四）舞台演出策划

（1）确定主题、演出风格与形式。演出风格和形式的确定，关系到整个演出艺术表现形式的定位及演出节目的安排和设计。因此，演出风格是传统、经典还是时尚，需要根据表演主题、内容及受众面事先确定好。

（2）积极做好各项准备工作。在确定表演主题和演出时间、地点后，就要积极做好一系列准备工作。具体包括：①宣传发动。以宣传展板、海报等形式搞好宣传，扩大影响，吸引广大师生关注和参与。②节目设计。在设计节目的时候，既要考虑内容因素，也要考虑形式因素和风格因素，还要在场地、经费、演员等条件允许的情况下进行设计和安排。③制订策划方案。根据演出主题及表现形式的需要制订策划方案，策划方案包括演出的时间和地点、演出的总体要求、演出的风格、形式和规模等内容。④撰写主持人串词。主持人的串词起联结节目整体的作用，其本身也是调节演出情绪、介绍演出内容的重要构成因素。⑤节目彩排。教师对节目进行指导，要对节目演出中的问题进行分析，提出下一步工作要求。⑥确定工作人员。舞台演出需要一大批工作人员，包括舞台总监、主持人、舞台联络、灯光音响师、摄影摄像师、礼仪服务人员等。演出前要对工作人员进行培训，提出工作要求。⑦精心设计、布置舞台，包括服装服饰准备、道具准备和布景准备。舞台布置要突出主题，力求简洁大方，且有较强的创意。道具准备包括舞台特定环境需要的一些特定道具（如柜台、桌、椅、板凳等）和表演道具。布景准备要根据演出节目对特定环境空间的要求而设计制作。硬景型布景的立体感很强，真实的同时体积也比较大且不方便运输，而软景型布景则通过一些画幕的场景来体现演出的环境，二者效果不同。⑧做好演出场地和设施设备的安全检查工作。⑨针对演出中的安全值班和易出现的安全问题做好安全工作预案。

（3）做好正式演出的组织工作。具体包括：①落实安全保卫工作，准备好紧急情况的应急措施。②组织观众有序入场，确保所有工作人员、演出人员、领导及评委按时入场。禁止闲杂人员扰乱会场秩序。③做好舞台演出的指挥，随时检查各工作环节，确保按照预定方案演出，若有紧急情况要灵活处理。

（4）做好演出后的各项工作。具体包括：①清理演出场所，避免各种安全隐患，如观众是否完全离场、水电是否关闭等。②及时公布演出结果，对演出的优秀节目进行表彰和奖励。③做好总结反思工作。

（五）成绩评定

实践教学评价主要采取学生自我评价、小组相互评价和教师评价相结合的方式进行。学生小组针对主题作相关资料的补充、总结和对小组成员整体表现作客观公正的评价。教师安排专人记录学生在教学活动中的表现，比如在其观看、讨论、演讲、辩论、表演时的言行。教师从全方位的角度对各小组舞台展演的情况作出客观公正的评价。根据其学习的态度、分析与解决问题的能力及其表现出来的世界观、人生观、价值观等进行评价，并进行量化。另外，还要考查学生在社会实践活动中的态度、方法、成果等。任课教师根据学生的综合表现打分计入实践成绩。

实践教学后期收集相关资料，总结成绩和不足。在总结成绩和不足的基础上不断完善实践教学方案，优化实践教学形式。

四、构建思想政治理论课实践教学大舞台解决的主要问题

（1）提升实践教学活动的针对性与有效性，提高思想政治理论课实践教学的实效性。切实增强思想政治理论课吸引力和感染力，提高教育教学效果。通过理论联系实际，用学生喜闻乐见的形式极大地调动学生参与的积极性、主动性和创造性，增强思想政治理论课教育的实效性。

（2）丰富实践教学的形式，解决形式单一、保障困难、流于形式等问题。改革传统的以课堂、教师、书本为中心的单一化教学模式，实现了以学生为中心、以舞台表演为载体的多元化教学模式，变被动接受为主动探索；在增强课程亲和力、吸引力、感染力的同时，也为学生提供了一个展示自我、锻

炼能力的平台，培养了学生的合作精神与创新能力。

（3）加大思想政治理论课实践教育教学改革力度，创新教育模式，探究实践育人的长效机制。有助于培养大学生的创新思维，引发大学生主动思考，触动大学生的创新愿望，在参与活动的过程中激发灵感、锻炼能力、提升素养。创新思想教育的形式，将丰富的政治理论知识有效地融入实践活动中，转化为舞台表演元素，使学生主动接受、有效吸收，帮助学生树立科学的世界观、人生观、价值观，增强思想政治理论课的实效性。

（4）适应时代要求，契合教育需求，探索思想政治理论课实践教学的新模式，寓教于乐，促进学生成人成才，帮助大学生塑造完善、健全的人格。以学生为主体，提高学生参与的积极性、主动性和创造性，激发学生的学习兴趣，将理想信念教育、爱国主义教育、道德教育和法治教育贯穿于实践教学过程中，促使大学生将所学理论内化于心、外化于行，学生学有所获。

五、构建思想政治理论课实践教学大舞台的思考

（一）丰富大舞台活动的形式

应根据实际情况灵活运用，创新思想政治教育工作。从表演载体上来说，可以朗诵、小品、短剧、音乐、舞蹈等感性艺术形式作为载体，结合理论知识，启发学生开拓思路，突破传统思维限制；从表演内容上来说，可以对历史情境、当前国情、传统剧目等进行还原、改编甚至发挥创造力创造新的情境；从方式选择上来说，舞台展示可以是文艺晚会、知识竞赛、主题辩论、视频拍摄，甚至可以是课堂表演、文艺主题班会等。

（二）契合学生个性特点和时代发展特性

思想政治理论课实践活动的吸引力和感染力来自其与时代的契合和对学生兴奋点的准确把握，结合大学生心理、个性特征，适应时代发展趋势，调动大学生的积极性、主动性和创造性，开展大学生喜欢的、有效的实践教学大舞台活动，使实践教学大舞台成为大学生自我教育、自我管理的有效途径。同时，随着全球化和市场经济的发展，文化呈现多元趋势，网络化、个性化、多元化成为时代的特征。在设计实践环节的过程中，应当把握大学生和时代发展的特征，使实践内容贴近学生、贴近生活、贴近现实，将实践教学与时代特征、现实生活和学生实际紧密结合。

（三）加大师资队伍的建设力度

一方面，加大教育培训，健全实践教学大舞台的培训制度，对思想政治理论课教师进行多层次、多渠道、全方位的教育培训。根据实践情况与时代要求开设相关培训课程，使思想政治理论课教师不断完善知识体系，更新技能，提升他们的组织能力和创新能力。鼓励思想政治理论课教师投身到多样化的实践活动中，在实践中不断提升组织协调能力，发挥舞台实践教学经验丰富的教师的传、帮、带作用，使实践教学大舞台得到更好的传承与发展。另一方面，加强教师的自我教育能力，发挥主观能动性，进行自我学习、自我提升，注重自身理论素质及人文素养的提高。积累实践经验，为开展实践教学大舞台打好基础。

（四）完善经费与考核制度

充足的资金投入与有效的考核机制是实践教学大舞台的重要保障。在经费方面，实践教学大舞台在舞台、设备等项目上需要更多的资金支持，高职院校应加大经费投入，将构建实践教学大舞台经费列入财政预算中，制定经费使用管理办法，根据实践活动开展的具体情况与实际需求，专款专用，确保教学效果。要建立一套客观、公正、科学、高效的考核机制教学评价体系，有利于总结实践教学大舞台的开展状况，调动教师和学生的积极性，提升教学质量。将实践教学大舞台的组织情况、实施效果和学生的反馈等纳入教师工作的综合评价，作为评优、评先、评职称的依据。对学生而言，将其在舞台化实践活动中的个人表现和团体成绩都纳入期末总成绩中考核，既能激发大学生的学习热情、培养大学生的团队意识、加强大学生对思想政治理论课的自我认同感，又能对实践教学大舞台自身的优化起到推动作用。

参考文献

［1］魏哲哲．培植青年向善向上的人生根基［N］．人民日报，2015-01-22（17）．

［2］毛远芳．高职院校思想政治理论课实践教学环节中教师队伍存在的问题及对策［J］．山西高等学校社会科学学报，2012（11）：54-57．

［3］张桂华．高职院校思想政治理论课实践教学机制创新［J］．黑龙江高教研究，2014（7）：146-148．

［4］徐舒宁，陈为旭．高职院校思想政治理论课实践教学大舞台初探［J］．高职院校后勤研究，2019（1）：63-66．

高职院校思政课实践教学的路径探索与效果评估

——以重庆城市职业学院为例

徐　丹*

摘　要：作为阶段性研究成果，本文对重庆城市职业学院思想政治理论课（以下简称“思政课”）实践教学的现有路径进行了归纳和总结，特别是对其教学效果及其存在的问题进行了客观评估和审慎分析。研究认为，该校思政课实践教学的效果较为显著，既激发了教学对象（学生）的热情，又调动了教学主体（教师）的活力；既提升了学生的学习效果，又提升了教师的教学能力。同时，本文也清醒地认识到该校的实践教学仍面临如组织管理不够科学、保障机制不够健全、评价机制不够完善等问题。本文主张应持续、深入、广泛地开展对思政课实践教学的进一步探索，并着重加大对实践教学的科学组织、保障机制、评价机制等问题的研究力度。

关键词：高职　思政课　实践教学　困境

2019年3月18日，习近平总书记在学校思想政治理论课教师座谈会上提出思政课改革创新的“八个统一”，明确提出要坚持“理论性和实践性相统一”。这一重要指示是对“强化实践育人，提高实践教学比重”要求的高度概括，为办好思政课实践教学提供了重要的方向性指引。重庆城市职业学院为深入贯彻落实这一重要方针，紧密结合工作实际对思政课实践教学的形式和内容进行了一些有益探索，较好地提升了思政课立德树人关键性课程的作用。本文即以该校在“毛泽东思想和中国特色社会主义理论体系概论”（以下简称“概论”）课中所采取的实践教学为基础，对高职院校思政课实践教学的路径探索、教学效果进行研究，力图给出建设性意见。

* 徐丹：重庆城市职业学院马克思主义学院助教。研究方向：思想政治教育。主讲课程：“毛泽东思想和中国特色社会主义理论体系概论”“形势与政策”“思想道德修养与法律基础”。

一、思政课实践教学的内涵认知及概念澄清

关于思政课实践教学的内涵，目前学界给出的定义较多。结合教育部印发的《新时代高校思想政治理论课教学工作基本要求》（教社科〔2018〕2号）文件，有学者将思政课实践教学的内涵总结为“以理论知识为依据，以强调创新性和实践性的主体活动为形式，以激励学生主动参与和主动思考为特征，通过引导学生有目的参加课内与课外、校内与校外的各种实践活动，对社会现实生活广泛参与和体验，使其主观世界得到感性的再教育和主体能力得到优化的过程和方法”。

可见，思政课实践教学是一个完整的、系统性的课程。一般而言，它具备七个特点：思想政治理论课是基础；实践教学方案是依据；思政课教师是主导；思政课学生是主体；教学过程体现出实践性、主动性、创造性；实践结束有反馈与提升；科学考评是保障。对比这些内涵特征，可以帮助澄清概念，特别是纠正思政课实践教学中的典型错误认知：一是单纯以教学区域作为思政理论课与实践课的划分标准是不科学的。课堂教学不等同于理论教学，课堂也有实践教学的成分。校外实践不全是思政课实践教学，缺少思政理论指导的校外实践不属于实践教学的内容。二是盲目把学生参加的所有活动都作为思政课实践教学是片面的。学生自发的、缺乏思政课教师组织的社会活动不在思政课实践教学的范围内。

综上所述，思政课实践教学一般是指建立在理论教学基础上、与理论教学紧密联系、寓思想政治理论教育于实践之中的教学过程和教学方法。思政课实践教学是对思想政治理论课的必要补充与完善，一方面实践课在理论课的指导下实施；另一方面通过开展实践课又能够促进学生对思政理论知识的理解，通过生动鲜活的实践学习使学生深化对理论课重难点内容的认识与认同。

二、重庆城市职业学院思政课实践教学的探索

重庆城市职业学院马克思主义学院高度重视思政课实践教学，严格按照相关实施标准，在结合本校实际、分析学生特点的基础上，探索了以下实践教学方式。

（一）理论与实践相结合，打造课堂实践课为最优平台

课堂是讲解思政理论知识的主渠道。然而，在具体课堂教学中，思政课教师并不是只讲理论，而是根据思政课的内容充分挖掘课堂理论课的实践性，将课堂实践课打造为课外实践成果的展示平台。以概论课为例，学院在概论课程大纲中作了详细介绍，在第六部分实践活动安排中，要求“对于《概论》课实践教学，主要侧重根据教学内容设置专题的课内实践。在实践教学中通过社会调查、读马克思主义经典著作、观看影视作品、学工部学生活动以及西部学生党团活动等，让学生形成文字资料或PPT进行展示和交流”。

通过这种安排，将课堂实践课打造为课外实践课的最佳展示平台，进而通过实践让学生们充分参与到教学活动中来，强化认识，提升觉悟，并锻炼学生的自学能力，独立思考能力，收集资料、整理资料、提炼观点的能力，运用政治术语表达观点的能力，组织管理能力，应变能力等，促进学生全面发展。

总结起来，组织好课堂实践需要注意以下要点。一是明确主题。重庆城市职业学院把概论课分为“站起来”“富起来”和“强起来”三个专题。以第一部分“站起来”专题为例，该部分包括前四章，即毛泽东思想及其历史地位、新民主主义革命理论、社会主义改造理论、社会主义建设道路初步探索的理论成果。在这一部分，有五个实践活动主题可供参考：主题团日、缅怀先烈“扫墓活动”；参观访问或调查研究红色景点活动；志愿者服务活动；以“中国共产党人的革命风采”为主题的“红色之旅”。二是做好分组。概论课班级学生人数一般在80人左右，以80人为例，每8人一组，分为10组。要求选出组长，明确组员责任，将任务细分到个人，要求必须人人参与。三是严格遵守活动安排与时间。课内实践时间一经确定不得更改，不能以任何借口推后展示。每组代表严格按照展示时间进行讲解，以保证课内实践在两节课时间内顺利完成。四是教师做好点评工作。教师在整个课内实践过程中处于主导地位，要做好课前准备，确保整个实践活动在掌控范围内。

（二）课上与课下相呼应，激发课下实践课的最大效能

思政课不仅是课堂中理论与实践相结合的过程，也需要课上教师的理论讲授与课下学生自学自讲的实践相结合。课下实践包括学生利用图书馆、网络等媒介自学拓展教学内容，理解思政课的要义等。课下实践学习既能满足学生系统化学习思想政治理论知识，及时了解学术前沿问题、典型案例的渴

望，又能深化学生对马克思主义基本理论、毛泽东思想和中国特色社会主义理论体系的理解，提高政治理论素养。

正是认识到课下实践学习的重要性，为更好达到思政课铸魂育人的效果，重庆城市职业学院马克思主义学院要求全体教师与学生采用“学习通”（基于微服务架构打造的课程学习、知识传播与管理分享平台）授课，方便了思政课教师与学生们的实时互动。思政课教师会在课前布置课下阅读作业，让学生提前预习相关材料以便于上课时学生有足够的储备进行讨论。同时，为了在讲课结束后作必要补充，加深学生对课程内容的理解，布置相应的经典阅读、网络资料或视频供学生观看，以促进学生对所学内容的消化吸收，达到感情升华的目的。

例如，在讲授概论课毛泽东思想部分，重庆城市职业学院马克思主义学院思政课教师会建议学生观看三部影视作品：《建党大业》《建军大业》《建国大业》，并要求学生在“学习通”班级群内进行充分讨论，学生在组内的发言与最终上交的纸质观后感会成为课程结束后的重要考核凭证。

（三）校内与校外相补充，发挥校外实践课的最大优势

校园内是高职学生学习生活的主要场所，进行思政课教学主要是在校内完成的，当然在校园内进行思政课教学并非只由思政课教师一个群体完成，还需要学院党委、宣传部、学工处、团委等多个部门通力合作，举办形式多样、内容丰富的各种教育活动。

然而，长期以来校内思政课实践教学一直都是各高职院校进行实践教学的主要场所，校外实践教学只作为思政课实践教学的补充。事实上，围绕课程内容进行的校外实践教学也具有多种形式，教学效果也更加明显。例如，以撰写课业论文和调查手记为表现形式的社会调查、参观爱国主义教学基地、开展“三下乡”活动、走进社区等校外实践形式，为学生观察社会、了解社会、融入社会提供了良好的途径，同时也有利于学生用科学理论来分析和说明社会中的问题，解决思想上的种种困惑，这种课外实践教学的形式对思政课的讲授及理解都能起到很直观的教育效果。

重庆城市职业学院马克思主义学院非常重视校内与校外实践的相互补充，在概论课讲授过程中在“站起来”“富起来”“强起来”三个部分的实践教学部分，均注重了校内与校外实践的结合。以“强起来”（第5~7章）主题为例，在这一部分的实践活动安排中，几乎每一个可供学生选择的实践主题都做到了校内与校外的结合。例如，“6·26”禁毒宣传教育活动，就包括校内搭

建活动场地宣传，也包括校外进入社区宣传。此外，还有开展公益活动、周末文化广场、讲宪法等活动，都鼓励学生更多地走出校园，让学生更多地通过自身的参与、实践，感受、学习、提升自己的理论素养与情感认同，充分推动校内实践与校外实践的深度融合。

三、重庆城市职业学院思政课实践教学的效果评估

针对重庆城市职业学院马克思主义学院思政课实践教学的探索，本文通过访谈法、问卷法等调查手段进行了教学效果的评估，得出实践教学提高了学生课堂参与度、增强了思政课教学时效性、促进了思政课教师理论素养与教学技能提升的结论，同时也发现了一些亟待解决的问题。

（一）正向效果评析

（1）激发学生热情，学生的课程参与度提高。采用思政课实践教学以后，学生们更乐于参加思政课，与引入实践课之前相较，课堂抬头率有了很大提升，学生的课堂参与热情高涨。目前，学校的思政课普遍要求学生课前3分钟进行时政热点新闻播报，采取自选、自评的方式，将本次课所学内容与时政热点相结合，激发了学生的讨论热情，提高了课堂参与度。尤其是为了让课前时政新闻播报的作用发挥到最大，在课堂讲解的过程中，要求学生结合新闻热点发表看法，这种做法有效激发了学生的学习热情。问卷调查统计结果显示：采取时政新闻播报以来，各班学生播报参与面已经达到90%，主动参与讨论的覆盖面与以往相比更是提高了50%以上。

（2）激活课堂活力，思政课的实效性增强。重庆城市职业学院马克思主义学院强化了实践教学的运用，通过牢固树立以学生为主体的教育观，很大程度改变了过去以理论灌输为主的教学方式。问卷调查结果表明，80%的学生认为实践教学触发了他们的现场参与感，增强了思政课的实效性。例如，为了迎接祖国诞辰70周年，学校举办了“伟大祖国的辉煌成就摄影展”，既可以校内取景，也可以校外取景，通过创设有利的社会环境和现实情境，极大程度地激发了学生的创作和表达欲望。调查结果也表明，通过开展类似的实践教学，既提升了学生对学校的归属感和荣誉感，也升华了学生对伟大祖国的热爱和崇敬。有学生认为，思政课堂正在成为他们乐于学习、愿意表达、深入思考的充满活力的课堂。也有学生认为，现在的实践教学让他们对时政热点有了自己的认识，同时加深了对相关课程内容的理解。

（3）促进教师转变，思政课教师能力提升。教师是思政课实践教学的主导者、组织者、实施者和引导者。重庆城市职业学院马克思主义学院通过开展思政课实践教学，注重对思政课教师的培养和锻炼，为学校储备了更多优秀的师资人才。通过对教师的访谈，教师们普遍认为自开展实践教学以来，在三个方面得到明显提升。一是实践教学的组织协调能力得到提升。例如，在开展实践教学前要做好规划，在组织实施的过程中要关注学生的思想动态变化，及时启发和引导，在教学之后要进行讨论、总结和反思，参与这一系列实施过程，教师们的组织协调能力得到了较大程度的提升。二是对多种实践教学形式的掌握更加熟练。学院通过实行随机听评课机制，在听评课中及时纠正一些不当的教学方法，同时注重吸收对学生有吸引力的教学方式，不断充实教师的实践教学形式。这些实践教学形式随后被不断丰富和完善，不断得到普及和推广。在这个过程中，教师均熟练掌握了数种实践教学方法，并有优秀教师成功总结了自身的一套教学手段，有力促进了教师的成长和进步。三是教学理论和实践素养得到提高。实践教学作为一种教学手段，在提升教学效果的同时，也帮助教师丰富了社会实践经验。例如，学院采取“老带新”“传帮带”的方式，使新教师在参与老教师组织的实践教学中逐渐积累了教学实践经验，也帮助其更加深刻地认识了思政理论知识的实践性，言传身教、深入浅出，最终也助推了教师理论创新能力的提高。

（二）亟待解决的问题

（1）组织科学性不够，实践效果与预期目标存在差距。思政课实践教学内容复杂、教学地点多变、教学形式多样，这使得高职院校思政课教学组织难度加大，规范性受到影响，对高职院校思政课教师的组织与管理能力提出了更高的要求。在学校组织实践教学过程中，就出现了组织乏力的现象。

以概论课为例，重庆城市职业学院马克思主义学院在“站起来”（第1~4章）实践部分，学生们选择“参观访问或调查研究红色景点活动”主题，以小组形式汇报调查结果。在课堂实践中暴露出以下几点问题：一是学生们的PPT汇报内容大同小异。汇报内容大多来源于网络，从内容来看，无法判断学生们是否亲自到达红色景点调查。二是学生们未做到全员参与。课外调查无法证明全员参与，课堂汇报未做到积极配合。以分组形式下发的课堂实践，最后主要由主讲人一人完成并汇报，预期全员参与实践的目的难有体现。三是教师的课堂主导功能未充分发挥。教师在课堂实践中应该处于主导地位，客观评价学生的展示成果，引导学生正确认识此次实践活动并达到情感深化。

显然，由于课堂实践有限，极易出现为汇报而汇报的情况，思想上的认识与提高很难进行量化考核。

出现这种情况的原因有以下几点：一是实践方案不完备。实践教学方案要求更加详细与具体，教师们对自由度较大的实践方案的理解各不相同，组织与把控课堂的能力各异，就会导致实践教学缺乏系统性。二是缺乏统筹管理和协调安排。实践教学实施随意性较大，导致教学目的不明确、教学内容安排不当、教学进度无计划、教学重难点不明晰等问题，会使学生课堂参与积极性不高、汇报效果不理想，很难实现实践教学所追求的情感升华的目的。

（2）实践保障力不够，制约实践教学的长效性和广泛性。高校思政课实践教学作为思政课的重要组成部分，其在改变原有的灌输式教学方式、提升思政课堂活力、提高学生参与度等方面成效显著，需要把实践课作为长期推广的教学形式来抓。但是，各高职院校在探索适合本校的思政课教学模式上重视程度不同，以及客观条件限制等，导致难以建立健全相关保障机制，实践教学保障力度不够。

重庆城市职业学院马克思主义学院在概论课程大纲的设计中，专门对课外实践活动进行了安排，在教学过程中要求各任课教师按照各班级授课情况安排好实践课。但事实上，在具体实施过程中却难以进行长期有效的管理和实施。一是未对实践课标准作统一要求。在课程教学大纲中只规定了教材中不同部分可供选择的实践主题。对不同主题的实施标准与要求，并未作出详细安排。导致各任课教师在实践课教学中选择的主题差别大，效果也千差万别。二是未对实践课教师进行培训。实践课作为理论课中重要组成部分，应该像理论课一样进行统一备课，让思政实践课更好地发挥其作用。三是无法做到全体学生统一参加课外实践。由于学校经费有限，在组织学生去红岩革命历史博物馆参观学习期间，只能每个班级选择2~3位代表参加。理论课与实践课一样都应该是全体学生参加的课程，只选取个别代表参加，并不能代表全体学生的学习成效。

存在以上问题的原因，主要有以下几点：一是对实践教学重要性的认识还有待进一步提高。实践教学对于提升思政课课堂活力、激发学生参与热情、促进思政课转变教学方式起到重要作用，但是教师对理论课与实践课的关系认识不清，致使教师在授课过程中依然以理论授课为主。二是经费不足直接影响实践教学的开展。由于学校经费紧张，对思政课实践教学，尤其是校外实践教学的投入不足，导致思政课校外实践只能以“班级代表”的方式进行，这样无法发挥校外实践教学的作用，也不符合国家对实践教学的要求。三是教师进行实践教学的能力还有待提升。思政课实践教学对思政课教师各方面的能力都提出了新的要求，而能力的培养是一个循序渐进的过程，还需要教师在教学中不断提升。

（3）评价体系不完善，影响实践教学的实效与预期目标。科学的实践教学评价体系是激发师生积极性、提升学生能力、深化实践教学效果的重要手段。但高校对实践教学的实施还处于初始阶段，对如何进行实践教学评价还处于摸索期，导致学校内思政课评价体系不够完善。主要表现在考核标准不科学，考核方式随意性大。

以重庆城市职业学院马克思主义学院的概论课校外实践为例，在组织学生去重庆红岩革命历史博物馆进行实践教学后，根据教学大纲要求每位学生写一篇实践心得，每组推选一名学生作汇报演讲，每组提交一份5分钟内的微视频。通过学生提交的实践作业，反映出以下几点问题：一是评价方式以结果性评价为主，缺少过程性评价。学生所交的三种作业形式极容易出现相互抄袭或者网络抄袭，难以实现有效考核。二是考核方式单一，主观随意性大。以客观作业形式的考核方式过于单一，缺少对学生情感变化的考核。同时客观作业的审核，也极容易受到教师主观喜好的影响，影响结果的公平性。这进而使教师和学生的努力无法得到及时有效的反馈，降低积极性和参与性，影响实践教学的实效性。

综上所述，作为阶段性研究成果，本文对重庆城市职业学院思政课实践教学的现有路径进行了归纳和总结，特别是对其教学效果及其存在的问题进行了客观评估和审慎分析。本文认为：重庆城市职业学院推进思政课实践教学的效果较为显著，既激发了教学对象（学生）的热情，增强了积极性，又调动了教学主体（教师）的活力，增强了主动性；既提升了学生的学习效果，又提升了教师的教学能力，可谓相得益彰，相辅相成。相对而言，现存的如实践教学组织管理不够科学、保障机制不够健全、评价机制不够完善等问题，都能在随后的发展中逐渐被克服。因此，本文主张应进一步加大思政课实践教学的探索力度，并针对实践教学的科学组织、保障机制、评价机制等展开针对性研究，夯实理论基础，提出富有建设性的解决方案。

参考文献

[1] 柳礼泉. 论思想政治理论课实践教学的形式 [J]. 思想理论教育导刊，2007（3）：85-87.

［2］李国艳，香馥．“一体系、两平台”高职思政实践教学模式的构建——“大思政”视域下［J］．中国职业技术教育，2017（32）：108-113．

［3］丁志春．从内涵角度分析高校思政实践教学的问题与对策［J］．教育现代化，2018（32）：233-235．

高职院校思政课“立德树人、共育五心”主题化实践教学研究

张时春*

摘　要：由于认识的不到位和操作上的难度，高校思想政治理论课（以下简称“思政课”）实践教学存在不足，要突破这一困境，需要在“三全育人”的教育理念下围绕“立德树人”这一核心厘清思政课实践教学的内涵，结合高职院校的实际设计思政课实践教学方案，开展“忠心、善心、匠心、孝心、信心”主题化实践教学。

关键词：思政课　“五心”　主题化实践教学

一、高职思政课实践教学的现实困境

实践教学是思政课完整教学链条中的重要一环，是提升思政课教学实效、增强学生获得感的重要举措，具有十分重要的意义。正是基于此，党中央、教育部对高校思政课实践教学提出了明确具体的要求，各高校根据自己的实际情况也在不断探索思政课实践教学的途径和形式。然而，就总体情况而言，其实施情况和实际效果与国家的要求、课程的需要及学生的期望之间还存在较大差距。究其原因主要在于以下几点。

（1）部分高校对学校思想政治工作的重要性、立德树人的重要意义认识不到位。教育理念上重技轻德、重就业轻人文，在教学时数、经费保障、师资队伍、人文关怀等方面“厚专业、轻公共”“说起来重要，做起来次要”的局面没有根本改变，这种轻视和不尊重自然延伸到对思政课“核心课程、灵

* 张时春：湖北三峡职业技术学院马克思主义学院副院长，副教授。1991年毕业于湖北大学政治教育专业，主要从事高校思想政治教育研究。主讲“思想道德修养与法律基础”“毛泽东思想和中国特色社会主义理论体系概论”和“形势与政策”。公开发表学术论文13篇，主持省级以上课题5项。

魂课程”的不重视，领导认识的高度在某种程度上决定着群众认识的高度和工作的态度，有些思政教师单纯地认为，“学生活动是辅导员的事”“我的任务就是上好课”。

（2）思政课实践教学操作层面的难度大，有时甚至“吃力不讨好”，由此阻滞了一线思政教师开展实践教学的热情。开展思政课实践教学的时间成本、经济成本、组织管理成本和风险成本都很高，特别是在“大班”教学形式和“多班”教学任务下，组织一次学生全员参加的校外实践活动可以说是一场大战役，即使时间、资金、精力能够保障，但组织管理成本偏高，学生收效也不能保证，更有甚者稍有闪失还会“全功尽弃”，一些学校的思政实践教学基地都心照不宣地“签而不用”的原因正在于此。

主观上认识的不到位和客观上操作的难度，致使当前部分高职院校思政课实践教学在量和质上都存在一定程度的不足：应付检查的多，落到实处的少；临时、零散的多，长远整体规划的少；代表参与的多，全员覆盖的少；表面上轰轰烈烈的多，实际效果收益的少。这种不足和缺憾背离了思政课实践教学设立的初衷，没有发挥实践教学对思政课的实际效用。

二、高职思政课实践教学的界定

虽然党中央和教育部明确要求各高校必须开展思政课实践教学，明确高职院校思政课必须拿出1个学分、16~18学时开展实践教学，并要将实践教学的成绩计入课程结业成绩，但对思政课实践教学的内容、形式、方式及如何开展等没有给出明确界定，而是留给各高校自己去探索和创新。要想改造对象，须先认识对象，目前学界对“思政课实践教学”的界定见仁见智，主要有广义和狭义之分。广义观点者认为，“思政课实践性教学就是将思想政治理论教学课堂理论教学部分刨除出去，余下的所有与实践相关的教学方式”，因此“教师在课堂上采取除讲授以外的以学生活动为主的教学形式 ”都可归类为思政课实践教学，主张“构建课堂实践、校园实践、社会实践教学‘三位一体’的实践教学模式”。狭义观点者认为，“只有被纳入课程计划的课外活动和社会实践活动才能成为思想政治理论课的社会实践教学环节”，强调“实践教学应在课堂之外”。两种认识各有所长，又各有不足。广义解释将“实践教学”与“理论教学”对应，将“理论教学”限定为“课堂讲授”，主张把只要能体现学生主体地位特别是发挥了学生主动性的教学活动都归为“实践教学”，这种解释充分考虑了当前思政课实践教学校外开展活动难度大的现状，降低了实践教学形式上和场域上的要求，有利于各高校灵活开展，其缺点是模糊了实践教学和理论教学的边界、可识别性降低，在现实中容易导致“实践教学”的泛化，将本用来支撑、深化理论教学的事例分析、课堂讨论、辩论等教学方法和过程归类到实践教学，甚至将学工、团委开展的学生活动直接装到“思政课实践教学”的筐子里。狭义解释明确界定了实践教学和理论教学的空间边界，强调实践活动要走出校园、走进社会、亲身参与、在实践中学思践悟，强调学生的参与和行动，注重“实践活动”之形，为实践教学提出了形式上的标准，有利于督促各高校开展实践教学，其缺点在于没有考虑现实中学生全员、全覆盖开展社会实践活动的难度，“踮起脚也摘不到桃子”导致有些高校思政课实践教学不作为或弄虚作假。

如何理解和明晰思政课实践教学的内涵，对于如何安排好思政课的相关课程内容、规划实践教学方案、完善考核评价体系具有提纲挈领的作用。“思政课实践教学”这一概念是由“思政课教学”和“实践教学”两个核心词构成的，其中“思政课教学”是本质、核心，“实践教学”是载体和形式。具体而言，在“思政课实践教学”这一概念的界定中，我们具体要把握住三对关系：一是思政课实践教学和思政课理论教学之间的关系；二是思政课实践教学和学生思想政治教育实践活动的关系；三是思政课实践教学和专业课实践教学之间的关系。

（一）思政课实践教学和思政课理论教学之间的关系

二者都是思政课教学环节的重要组成部分，一般来看，思政课理论教学在前，实践教学在后。理论教学打基础，以教师为主导，主要表现为教师讲、学生听，教师通过讲授告诉学生“是什么、为什么和怎么办”，强调教师主导性作用的显性化；实践教学是教师组织学生参与相关的实践活动，教师的角色定位在于组织活动、指导实践，学生的主体地位凸显，鼓励学生发挥主体性和主动性，在感性的刺激和理性的反思中、在亲身体验和身体力行中深化对理论知识的理解与内化，从社会实践中觉悟理论、深化认识、升华情感、磨炼意志。也就是说，理论教学和实践教学最重要的区别在于教师和学生地位的变化与状态的变化。

（二）思政课实践教学和学生思想政治教育实践活动的关系

思政课教学以思政课部（马克思主义学院）为承担主体，学生日常思想政治教育以学工部门和辅导员等为承担主体。思政课侧重于理论教学，具有明确的课程要求和规范，学工部门的思想政治教育侧重于日常教育和行为教育，多以活动为载体，二者都是学校思想政治工作的重要组成部分，都以立德树人为根本任务和目标。育人对象和育人目标的相同决定了二者可以相互借用和借力，思政课教师可以借助学工部门的平台和组织系统开展课程主题实践活动，破解思政课教师组织实践教学存在的人力、资金和时间的困境，同时也可以在学工部门开展的实践活动中寻找合适的“项目”植入、渗透思政课内容。但这种借用不是思政教师对学工部门实践活动成果的直接借用，而是要求过程参与、规则制定和内容指导。

（三）思政课实践教学和专业课实践教学的关系

专业课实践教学要求学生参与模拟或真实的生产过程，让学生达到掌握、巩固、迁移专业知识的目的，它可以显性、即时检验学生的学习状况；思政课实践教学并不以检验学生掌握思政理论为目的，而是通过实践来促进学生思想政治理论的内化，构建起正确的价值观念和认识体系，它不能通过客观外在的实践过程和物化的实践结果来检验学生内在思想的变化。也就是说，专业课实践强调以能力为本位，见之于行；思政课实践以思想为核心，见之于灵魂。虽然专业课实践教学中会有育人因素，要求与思政课“同向同行”“种好责任田、守好一段渠”，发挥“课程思政”的育人功能，但这并不能改变专业课的“专业”本色，因此不能将这类实践教学归类到思政课实践教学中。

综上分析，简言之，思政课实践教学是思政课教师根据教学内容设计并指导的、学生参与的、以立德树人为主要目的的课程实践活动。

之所以对思政课实践教学进行偏广义的界定，主要是考虑：目前很多高职院校无法全覆盖地组织学生参加社会实践活动，特别是校外实践活动，因此将实践活动进行较宽泛的解释更有利于思政课实践活动的开展；思政课实践活动目前处于探索阶段，宽泛性界定有利于激发各校活力和创新性；实践教学既是课程教学的组成部分，也是弥补、增强思政课教学实效而采取的措施，立德树人是根本指向，只要有利于这一目标的方式方法都具有价值性；宽泛性解释也符合“三全育人”的教育理念和利于高校大思政教育格局的形成。

三、思政课实践教学方案制订的原则

（一）立德树人为本原则

思政课承担着对大学生进行系统的马克思主义理论教育的任务，是巩固马克思主义在高校意识形态领域指导地位、坚持社会主义办学方向的重要阵地，是全面贯彻党的教育方针、落实立德树人根本任务的主渠道和核心课程，是加强和改进高校思想政治工作、实现高等教育内涵式发展的灵魂课程。因此，只要是有利于实现立德树人目标的实践形式和方法都可以大胆使用。

（二）经济便利原则

任何一项活动都要付出一定的成本，思政课实践教学的成本包括教师成本（精力付出）、学生成本（作业量）、学校成本（经济负担）、过程成本（组织管理、安全风险）等，活动不一样则成本也不相同，在相同的效益下，成本越低则参与主体的积极性越高，活动越能长久和持续。

（三）全员覆盖原则

实践教学不是少数优质学生的俱乐部，而是全体学生应有的权利，教育部印发的《高等学校思想政治理论课建设标准》（教社科〔2015〕3号）已明确提出“实践教学覆盖全体学生”。为了全覆盖，除了实践教学方案符合经济便利、学生好参与外，还要打好“三全育人”这张牌，用好“十大育人体系”这张网，“善假于人、善假于物”。

（四）讲求实效原则

活动是载体而非目的，组织一次活动特别是大型活动不容易，一定要把资源挖尽用好，做到根据学情选准问题、结合资源定好项目（基地资源、课程理论资源、经济资源、人力资源等）、用好时点抓住契机、多方合力做好管理、多种形式激发参与、善始善终做好总结（学生对参与活动收获的总结、教师对活动方案的修订完善等），让参与者愿意，让参与者收获，“叫好又叫座”。

四、高职院校“立德树人、共育五心”主题化实践教学

根据上文对实践教学的理解和笔者所在学校的实际情况，结合国家对思政课实践教学的要求和高校“三全育人”大思政的时代背景，从2017年秋季学期开始，我们逐渐探索和实施了“立德树人、共育五心”的主题化实践教学。

（一）“立德树人、共育五心”主题化实践教学的内容（表1）

表1　“立德树人、共育五心”主题化实践教学的基本内容

活动主题	活动内涵	活动项目	课程理论依托	责任主体
忠心主题	以培育学生忠于人民、忠于党、忠于民族、忠于国家的思想境界，坚定“四个自信”为主要内容的教育实践活动	“每周要闻”实践活动、重要政治节日纪念和重大政治会议实践活动、改革开放成果展览参观、英烈祭奠、社会调查活动等	“毛泽东思想和中国特色社会主义理论体系概论”	思政课教师、学工部门
善心主题	以培育学生坚守善良本性、执着善念初心、修炼善行美德的自我修养能力，促进学生增强乐群贵和、友善待人的人际和谐能力为主要内容的教育实践活动	社会公益活动、志愿服务活动、文明创建活动、“每周一德”活动等	“思想道德修养与法律基础”	思政课教师、学工部门
匠心主题	以培育学生精于事、匠于心的工匠情怀，精益求精、开拓进取的职业精神，敬业、乐业、勤业、精业的职业品质为主要内容的教育实践活动	创新创业专题教育和竞赛活动、工匠专题教育、工作场所及岗位企事业单位参观学习活动等	“思想道德修养与法律基础”——职业道德理论	学校创新创业学院；校、二级学院（系）学工部门；思政教师
孝心主题	以培育学生孝亲尊师、敬畏人伦的人文情怀，以及对社会、尊长感恩于心、报恩于行的回馈社会意识为主要内容的活动	道德讲堂、传统文化宣传教育、社会捐助、扶残助老活动等	“思想道德修养与法律基础”——家庭美德、社会公德理论	校、二级学院（系）学工、团委部门；思政教师
信心主题	以培育学生自信自立的强大心理素养和精神动力，自我管理、自制自为的良好行为习惯，自我追求、自我发展的人生美好愿景为主要内容的活动	学生心理健康专题教育（非课程）、心理素质拓展、主题班会活动等	“思想道德修养与法律基础”——人生观、价值观理论	学校心理中心、校、二级学院（系）学工、团委部门

（二）“五心”主题化实践活动的特点

“五心”主题化实践教学是从学校大思政、大德育的角度进行的总体设计和规划，把思政课的实践教学与全校的大思政格局统筹起来，既保持了思政实践课的相对独立性，又体现了全校大思政的整体性，让过去杂乱的实践活动围绕“立德树人”这个核心和主线展开。“五心”主题让“立德树人”具体化和清晰归类，“活动项目”及“责任主体”则指明了活动的路径和方案，“课程理论”既为实践活动奠定了理论基础也为实践活动厘清了具体的目标。

（三）“五心”主题化实践活动的组织

根据“五心”主题实践教学项目和思政课程的关联度与组织难易程度，我们把思政课实践教学活动分为两类：主持和参与。

（1）思政课部（马克思主义学院）主持的主题实践活动。思政课部（马克思主义学院）主持的主要有“忠心”和“善心”两大主题中“每周一德”、“每周要闻”、重要政治节日纪念和重大政治会议实践活动、部分学生参与的主题参观等活动。

“每周一德”是指所有学习“思想道德修养和法律基础”课程的学生每周做一件有道德意义的事，在日积月累的具体行为中，锤炼自身道德品质。每个学生按周次将活动的具体内容记载到相应的记载表中，思政委员对每个同学的填写内容进行核实签字，每次上课时学生依组次将活动内容进行5分钟汇报分享，教师点评；学期活动结束时，每名学生对自己“每周一德”活动情况进行分析，提高思想道德认识水平，并撰写活动总结，然后上交任课教师，任课教师对每名学生“每周一德”活动情况按百分制进行成绩评定。成绩评定分为两部分：一部分为学生实践活动情况，占50%；另一部分为学生活动总结，占50%。评定成绩将作为“思想道德修养与法律基础”课程的实践成绩之一，占本课程结业成绩的比例为20%。

“每周要闻”是指所有学习“毛泽东思想和中国特色社会主义理论体系概论”课程的学生每周关注国际国内大事，记一件国际国内的重大新闻。通过长期的积累，形成习惯，并通过不断的思考和分析，提高认知能力和思维能力，坚定信念，明确责任。其具体操作方法同“每周一德”活动。

“重大政治节日纪念和重大政治会议实践活动”主要是指围绕国家重大政治节点、以课程和课堂为依托开展的实践活动，如围绕“两会”开展的“学两会、议两会”的微视频评选活动、围绕改革开放四十周年开展的课堂演讲活动、围绕中华人民共和国成立70周年开展的“我为祖国献礼”活动，这些活动由学生课下完成，学生自己主持课堂展演展示。教师根据学生的参与情况和成果给予课程平时成绩。

部分学生参加的主题实践活动主要是指由部分学生参加的思政课实践教育活动，如2018年习近平总书记视察宜昌后我们组织2018级“思政委员”开展了“重走主席路、感受新发展”的参观活动，由部分学生亲身感受长江经济带的发展成果，并由他们将参观视频和自己的所见所闻在课堂上讲解给其他同学听，扩大实践活动的辐射面和影响力。

（2）思政课部（马克思主义学院）参与的主题实践活动。思政课部（马克思主义学院）参与的主题实践活动主要包括“忠心”“善心”主题中除由其主持的实践活动项目之外的项目和学校其他部门主持的“匠心”“孝心”“信心”主题实践活动项目，参与的主要方式有参与活动过程、组织管理、理论指导、方案拟订、成绩评定等。这类活动参与的同学及表现由各班思政委员记载到“思政委员记载本”上，经学工部门、创新创业教育中心、心理中心等部门教师审核签字后，交给思政课任课教师，给予个别的课程奖励加分。

参考文献

［1］张丽．高职院校思想政治理论课实践性教学探索［J］．四川职业技术学院学报，2011（1）：98-100．

［2］黄蓉生，白显良．关于加强高校思想政治理论课社会实践教学环节的几点思考［J］．学校党建与思想教育，2009（2）：11-13．

［3］刘勇．高职院校思政课实践教学可行性探究［J］．思想教育研究，2013（10）：88-91．

新时代高职院校思想政治理论课实践育人的创新思考

程德慧*

摘　要：随着中国特色社会主义进入新时代，思想政治理论课（以下简称“思政课”）成为立德树人的关键课程，思政课教学改革备受各级各类学校的高度重视。高职院校的思政课实践教学改革应顺应这一时代发展趋势，在马克思主义实践观的指导下，突出高职院校人才培养的办学定位、办学特色和目标要求，尝试“项目驱动”“课程思政”“产教融合”“5G+ABC”等“四化协同”的教学模式，创新高职院校思政课实践育人的思路和方法。

关键词：新时代　高职院校　思政课　实践育人

进入新时代以来，党和国家更加重视高校思政课建设，思政课作为立德树人的关键课程，承担着培养担当民族复兴大任的时代新人的历史使命。习近平在学校思想政治理论课教师座谈会上强调：“办好思想政治理论课，最根本的是要全面贯彻党的教育方针，解决好培养什么人、怎样培养人、为谁培养人这个根本问题。”同时指出：“我们办中国特色社会主义教育，就是要理直气壮开好思政课，用新时代中国特色社会主义思想铸魂育人，引导学生增强中国特色社会主义道路自信、理论自信、制度自信、文化自信，厚植爱国主义情怀，把爱国情、强国志、报国行自觉融入坚持和发展中国特色社会主义事业、建设社会主义现代化强国、实现中华民族伟大复兴的奋斗之中。”高职院校在服务我国现代化建设和实现高质量发展方面承担着培养更多高素质劳动者和各类技术技能人才的重要职责与使命，如何全面贯彻党的教育方

* 程德慧：南京工业职业技术学院马克思主义学院教授。2012年毕业于华东师范大学，法学博士学位，思想政治教育专业。主讲“毛泽东思想和中国特色社会主义理论体系概论”。在本专业学术期刊发表论文40余篇，其中全国中文核心15篇，出版专著1部，参与国家重大及重点课题3项。

针，落实立德树人根本任务，开好思政课，占领意识形态教育的制高点，是值得深入思考和探索的时代问题。

高职院校的思政课建设既要遵循思政课的一般规律，把握思政课的本质和功能，重视课程体系、教材体系建设，加大思想性、理论性资源供给，还须遵循高职院校自身建设的特点和规律，根据高职院校的人才培养目标来设计思政课的教学方式和方法，大力推进思政课实践教学方法改革。这是贯彻立德树人根本任务的必然要求，也是提高思政课思想性、理论性和亲和力、针对性的重要举措。

一、夯实理论之基：马克思主义实践观是高职院校思政课实践育人的理论支撑

马克思主义是我党和国家一切工作的出发点与指导思想，马克思主义的科学性、实践性、真理性、人民性等品格决定了它既是科学的世界观，也是方法论。思政课作为马克思主义理论教育的主渠道、主阵地，任何时候都不能淡化马克思主义的理论指导作用，高校思政课实践教学也应在马克思主义实践观的指导下设计思政课实践教学的目标、内容和方法要求。

（一）实践的观点是马克思主义唯物史观首要的、基本的观点

马克思主义认为，实践是人们能动地改造客观世界的活动，实践是人类社会生活的重要内容，是人和人类社会形成的基础，是人类一切活动的出发点和归宿，实践推进了人类历史的不断发展，实践性是马克思主义理论的本质特性。马克思指出："全部社会生活在本质上是实践的。凡是把理论引向神秘主义的神秘东西，都能在人的实践中以及对这种实践的理解中得到合理的解决。"所以，人在本质上是实践的，人类社会生活在本质上是实践的，离开实践，人和人类社会的存在就失去依据。从实践论的视角来看，高校思政课作为"高校第一课"，主要职责是向学生传播马克思主义及马克思主义中国化理论，宣传党的路线方针政策，但马克思主义理论是具体的而不是抽象的，马克思主义理论应当融入中国改革开放和当代中国特色社会主义建设的生动实践中来理解，并在中国革命和社会主义建设的伟大实践中得到创新和发展。所以，马克思主义的实践观是高校思政课实践教学的理论指南和逻辑出发点。

（二）实践的观点是马克思主义认识论的核心观点

马克思主义认为，实践是认识的来源，实践产生认识的需要并推动人类认识的不断发展，实践为认识提供可能和途径，实践是检验认识正确与否的标准，是认识的目的和归宿。毛泽东指出："你要知道梨子的滋味，你就得变革梨子，亲口吃一吃。你要知道原子的组织同性质，你就得实行物理学和化学的实验，变革原子的情况。……一切真知都是从直接经验发源的。"人的认识活动是实践—认识—实践这样一个无限循环往复的复杂过程。毛泽东把这一认识过程称为辩证唯物论的知行统一观。根据马克思主义认识论的知行统一观，毛泽东强调："认识有待于深化，认识的感性阶段有待于发展到理性阶段——这就是认识论的辩证法。"所以，人的认识活动是从感性认识能动地发展到理性认识，又从理性认识能动地指导实践，从而能动地改造主观世界和客观世界。根据实践和认识的辩证关系原理，思政课作为理论课源于社会主义革命和建设的伟大实践，并需要回到实践中去指导新时代的改革开放和社会主义建设。马克思主义关于实践和认识的辩证关系为思政课实践教学提供了认识论基础。

（三）思政课实践教学是对马克思主义实践观的丰富和发展

人类的实践活动有物质生产实践、处理社会关系实践、科学文化生产实践等多种形式。当前，中国特色社会主义进入新时代，我国的社会实践活动也出现了新的特点和新变化，思政课实践教学因成为社会主义国家新的实践活动形式备受关注。思政课教学活动作为当代中国特色社会主义建设的一项重要的文化生产实践活动，一方面，它强调在传播马克思主义理论的动态发展过程中用马克思主义来指导现实的社会实践活动；另一方面，马克思主义理论需要不断地深入实践并从实践中获得检验和证明，从而推动马克思主义中国化的理论成果不断创新发展。所以，思政课实践教学是马克思主义理论实践性、真理性品格的再现，也是马克思主义创新发展的现实诉求，是马克思主义理论创新和中国特色社会主义实践创新的辩证统一。习近平总书记强调，"要学习掌握认识和实践辩证关系的原理"，"要根据时代变化和实践发展，不断深化认识，不断总结经验，不断实现理论创新和实践创新良性互动"。认识与实践、理论创新和实践创新之间是辩证统一、互存互动的关系。思政课教学正是在深入实践，不断总结中国革命、建设和改革开放的经验过程中，不断实现理论创新和实践创新。

实践的本质，实践与认识的辩证关系，人类实践活动的多样性都决定了当前思政课开展实践教学的重要性和现实必要性：实践的本质决定了思政课教学必须深入实践，在实践中获得检验和发展；实践和认识的关系决定了思政课只有深入中国革命、建设和改革开放的生动实践才能不断实现创新与发展。

二、明确“四个要求”：正确把握高职院校思政课实践育人的目标定位

由于高职教育在办学定位、育人目标、人才培养、专业设置、课程建设、教学模式等方面与普通高等教育存在着一定区别，因此，高职院校思政课实践教学也应具有自身的规律和特点。高职院校的思政课实践教学应在遵循思想政治教育教学规律的基础上，与时俱进，突出职业教育教学规律和高职学生成长成才规律，做到因事而化、因时而进、因势而新。具体来讲，高职院校思政课实践育人模式建构应突出“四个要求”。

（一）服务于高职教育对技能型、应用型专门人才培养的目标要求

和普通高校相比，高职院校的突出特点就是其人才培养目标与办学定位的特殊性，高职教育的人才培养目标和办学定位是培养面向生产、建设、管理、服务一线需要的下得去、留得住、用得上的实践能力强的高素质技能型、应用型专门人才。根据这一目标要求，高职院校的思政课教学在全面落实立德树人的过程中不仅要全面提升学生思想政治理论素养，更要强调学生理论联系实际的能力和实际应用能力的培养，把培养具有良好职业道德素质的技能型、应用型专门人才纳入思政课教学计划之中。因此，高职院校的思政课实践教学应从课程标准、教学大纲、教学计划和教学过程各个环节注重教学做合一，知识与技能并重，理论与实践相结合，突出对学生分析问题和解决实际生活能力的培养与提高，教育学生要手脑并用，理论与实际相结合，提高学生的动手能力。

（二）强化对学生工匠精神、劳动精神、劳模精神培育的重点要求

工匠精神、劳动精神、劳模精神是实现我国现代化建设和中华民族伟大复兴的精神力量，是民族精神、时代精神的重要组成部分。全面建成小康社会和实现中华民族伟大复兴，需要大批具有工匠精神、劳动精神和劳模精神

的人才支持。习近平总书记在党的十九大报告中指出："弘扬劳模精神和工匠精神，营造劳动光荣的社会风尚和精益求精的敬业风气。"他还指出："要身体力行向全社会传播劳动精神和劳动观念，让勤奋做事、勤勉为人、勤劳致富在全社会蔚然成风。"高职思政课强化学生工匠精神、劳动精神和劳模精神重点要求的动因有三：一是落实立德树人根本任务，培养工匠精神、劳动精神和劳模精神，满足当前我国经济结构调整和建设制造业强国对高素质技能型人才的需求，是高职教育历史使命和责任担当。二是工匠精神、劳动精神和劳模精神作为高职学生核心素养的重要组成部分，是高职学生成就未来职业的基础和价值坐标，也是学生在未来的职业生活中有担当、能创造、爱奉献等劳动价值观的最高体现，是顺利实现就业和社会化的保证。工匠精神、劳动精神和劳模精神相互包含，其中工匠精神、劳模精神是劳动精神的内核和高度升华，劳动精神是成就工匠精神和劳模精神的前提条件。三是培养担当民族复兴大任的时代新人，高职院校思政课作为立德树人的关键课程，应突出工匠精神、劳动精神和劳模精神的培养与塑造，把劳动光荣、劳动伟大、劳动崇高的劳动精神培育作为价值引领，把追求精益求精、追求卓越、勇于创新的工匠精神培育作为特色内容，把培育学生艰苦奋斗、淡泊名利、甘于奉献等劳模精神作为重要目标，唯有如此，高职学生才能真正成长为我国现代化事业的建设者和接班人。

（三）突出对学生创新创业能力培育的时代要求

高职院校思政课突出学生创新创业能力的培养是落实立德树人根本任务和实现教育强国、迈向制造业强国的必由之路。创新是一个民族的灵魂，是一个国家持续发展的不竭动力，是当前中国经济社会发展的新动力和新引擎，是我国从制造业大国迈向制造业强国的有力支撑，是增强国际竞争力和综合国力的重要体现。未来社会的竞争主要是高科技竞争，高科技竞争的核心是人才的创新创业素质和能力。党的十八大明确提出实施创新驱动发展战略，将其作为关系国民经济全局紧迫而重大的战略任务，把创新摆在国家发展全局的核心位置，不断推进理论创新、制度创新、科技创新、文化创新等各方面创新，让创新贯穿党和国家一切工作，让创新在全社会蔚然成风。李克强总理在2015年政府工作报告中提出大众创业、万众创新，使之成为培育和催生我国经济发展的新动力，成为扩大就业、实现富民之道的根本举措，是激发全社会创新潜能和创业活力的有效途径。对高职教育来说，产教融合、校企合作的教学模式为学生融入产业、深入实践、实现创新创业搭建了良好的平台和桥梁，是培育学生创新创业素质培养的源泉和动力。高职院校思政课应对学生创新创业能力的培养予以必要关切，鼓励支持学生创新创业，以创业能力培养带动学生实现就业。思政课实践教学应引导学生创新工作思路和方法，融入创业的理念和元素，培养学生的创新思维，激发学生创新创业的兴趣和活力，提升学生创新创业的能力，为实现中华民族伟大复兴提供智力支持。

（四）顺应产教融合多元协作育人的特色要求

产教融合是高职院校的办学模式和教学特色。2019年《国家职业教育改革实施方案》中明确要求："职业院校应当根据自身特点和人才培养需要，主动与具备条件的企业在人才培养、技术创新、就业创业、社会服务、文化传承等方面开展合作。……厚植企业承担职业教育责任的社会环境，推动职业院校和行业企业形成命运共同体。"这说明，产教融合已经成为一种必然的发展趋势和办学优势被高职院校广泛采用，这种办学优势将为高职院校的思政课实践教学提供新的思路，拓宽实践教学的多元视域，丰富思政课实践教学的资源，为思政课实践教学搭建新的平台，成为思政课实践教学的新基地。思政课实践教学应借助产教融合这一平台积极融入企业，从教学目标、教学内容和教学方式方法的设计方面体现产教融合的特点。在教学目标上，体现以就业为导向、以提升学生职业道德素质为根本的教育价值趋向。在教学内容上，加强对学生的职业素质教育和企业文化教育，突出学生爱岗敬业、诚实守信、团结协作、奉献社会等职业道德素质和职业价值观的培育，引导学生树立正确的职业理想，培养学生的职业精神和职业兴趣，提升学生的职业能力。在教学方式上，发挥产教结合的优势，使产教融合成为思政课实践教学的重要依托。

三、实施"四化"协同：创新高职院校思政课实践育人模式

近年来，各高校都在积极探索思政课实践教学的方式方法，在思想认识、政策支持、经费保障等方面都有极大改善和提高。同样，高职院校在创新思政课实践育人的思路和方法方面也取得明显成效。基于高职院校自身的办学特点，思政课实践育人在充分融入学校各级各类社团活动、校内校外社会实践活动的基础上，充分利用产教融合、校企合作的人才培养特点，从"项目

驱动”“课程思政”“产教融合”“信息化建设”等方向着手，不断推进思政课实践育人的创新发展。

（一）试行“项目驱动”，实现思政课实践育人项目化

“项目驱动”的教学方法是围绕某一项目设计教学活动，引导学生在教师指导下参与项目，通过完成一个个项目，把课堂的理论教学与实践结合起来，挖掘学生潜能，提高学生分析问题、解决问题的能力，达到掌握知识、培养技能的教学目的。在具体的实践中，高职院校把“项目驱动”教学法引入思政课实践教学应把握五点要求：一是项目的申报要围绕社会热点、前沿问题和焦点问题展开，突出社会矛盾，解决当下社会发展的现实问题，如社会主义核心价值观的生活化问题、生态文明建设问题、精准扶贫问题等；要言之有物，避免无病呻吟，这样的项目申报也更容易申报成功。二是项目的实施在于对理论知识内化及成果的应用，所以要围绕具体项目制订实践计划、设计活动方案，确立项目实践步骤，开展考察、调查、访谈、调研等，通过考察、调查、访谈、调研等亲身体验，使学生对课堂所学理论知识的理解更加深刻。三是把项目的研究成果用于指导实践。项目的研究成果一定要及时反馈，用于指导实践。项目驱动实践教学法对指导教师的要求比较高，不仅要有扎实的理论功底，还要有敏锐的感知力、预知能力和风险研判能力。四是项目完成后的评估。项目完成后采用自评、互评、教师评等形式进行严格的评估，评估学生的调查数据、实践总结报告、解决问题的方案等是否可行，评估解决问题的实际效果等。五是项目考核及奖励。项目完成后，应制定合理的考核和奖励措施，对在活动中表现突出的教师和学生给予一定表彰，以调动学生参与的积极性，保证项目导向实践活动的顺利实施。

（二）开展“课程思政”，探索思政课实践育人课程化

习近平总书记在2016年全国高校思想政治工作会议上明确要求各类课程与思想政治理论课同向同行，形成协同效应。早在2014年上海各高校就开始探索在不同学科开展思想政治教育的做法，深受学生的认同和欢迎，“课程思政”由试点开始向全国各高校辐射。“课程思政”的育人模式充分利用各专业的学科优势和专业特色，挖掘其思想政治教育的育人功能，发挥其价值引领和思想引领的作用，使思政课与各专业课程形成协同效应、育人合力。对高职院校来讲，开展“课程思政”比其他普通高校有更多的优势，高职院校人才培养模式的实践性和专业性为“课程思政”的实施搭建了良好的平台，产

教融合、校企合作的教学特点为思政课实践教学创造了丰富的条件和机会。所以，“课程思政”应成为高职院校思政课实践育人的突破口和有效切入点，思政课实践教学应借助专业课教学挖掘思政元素，启迪学生的思想和智慧，使学生在掌握专业技能的过程中提升其思想政治素质和职业道德修养。但在具体实施过程中，首先，各专业应做好“课程思政”的试点选择工作，突出专业课程的学科特色和骨干特色。其次，做好专业课程教师的选择工作，选择思想政治理论水平高、师德高尚、工作经验丰富的教师作为指导教师。最后，加强思政课教师的指导作用，让思政课教师全面融入专业课教学中，从课程目标、教学大纲、教学计划、教学过程等给予全面指导和建议，使专业课程在知识技能的传授过程中发挥政治引领和价值引领的功能。

（三）推进“产教融合”，达到思政课实践育人协同化

产教融合是高职院校的办学特色和人才培养模式，产教融合通过让学生充分参与企业的生产实践活动，实现专业课程理论与实践的充分结合。产教融合不仅有助于学生在实战中掌握专业知识和专业技能，更有利于学生在具体的生产实践活动中树立品牌意识、竞争意识、团队合作意识，促进学生养成诚实守信、爱岗敬业等良好的职业道德素质，培育学生正确的职业理想和形成正确的职业价值观，顺利适应未来的职业生活。对思政课来讲，产教融合的育人模式是思政课实践育人的最佳演练，思政课实践教学应积极融入产教融合的专业生产实践活动中，实现与专业实践实训的结合。具体来讲，思政课实践教学融入专业生产实践活动主要从结合的形式、结合的内容和过程三个方面来把握。首先，从结合的形式来看，思政课教学应该主动融入产教融合而不是被动吸纳。在教学中经常加强与专业课教师的联系，让学生有更多机会身临其境进行实践锻炼，并与各种各样的人打交道，有助于培养学生吃苦耐劳、合作沟通、敬业诚信等优良品格。其次，从结合的内容来看，优秀的企业文化、企业丰富的育人资源、优秀企业家的成长经历和企业中劳模的爱国、敬业、诚信等优秀品质与职业道德都应成为思政课实践教学鲜活的、生动的案例，成为大学生形成正确的人生观、价值观和良好职业道德的实践楷模。最后，从具体实施过程来看，思政课教师应与企业党政管理人员实现紧密结合，加强对学生在产教融合过程中的思想政治教育，必要的时候，应在企业建立学生基层流动党组织，通过思想政治理论学习与学生流动党组织的教育引导，实现思想引领的目的。

（四）围绕“5G+ABC”，推动思政课实践育人信息化

随着5G时代的到来，“5G+ABC”（5G+人工智能+大数据+云计算）已经成为信息化社会发展的最新应用场景，“5G+ABC”为人类提供审视世界的全新视角，改变着人类的工作、生活和思维方式。“5G+ABC”正在逐步实现与教育的全面结合，对教育的理念、教育的内容及教育的评价等都会产生不同程度的影响。

思想政治理论课的实践教学应充分利用“5G+ABC”的优势，创新思政课实践育人思路和方式方法。首先，建立思政课实践教学的云网站，把思政网站分为若干版块，如论坛为学生提供交流与学习的平台；红色电影为学生提供学习革命传统与红色文化的平台；思政课资料库为学生提供学习近代史、革命史、改革开放史的资料；典型案例分析为学生提供自我学习、分析学习理论知识的思路等。学生通过应用移动互联、微终端进行学习，把课堂学习从教室拓展到网络。其次，利用微平台进行思政课实践教学。要改变思政课堂是获取知识的唯一途径的思路，把数字化引入思政课实践教学模式，利用微信、微博、QQ论坛、微视频等微平台优势提出思政课实践育人目标与要求，加强教师与学生的沟通和交流，改变传统的面对面交流的模式，通过微平台激发学生的学习兴趣和动力。如针对某一教学专题，让学生分组制作微电影、微视频等，通过微电影来展示学生的实际生活，通过参与制作过程激发学生参与的积极性，培养学生的思想品德，让学生在参与中体验思想政治教育的魅力。最后，在思政课教学网站上设立实践教学成果展示平台，如公益活动图片展、各类竞赛大赛成果展、摄影展、学术研究成果展等，让学生在自己的实践成果展中体现其价值和成就感。

四、结语

进入新时代，思政课实践教学的改革与发展是贯彻落实党和国家立德树人根本任务的必然要求之一，是实现思政课创新发展、提高思政课实效性的重要理路。高职思政课实践教学应在马克思主义实践观的指导下，发挥高职院校实践育人的优势，突出高职教育的人才培养特点，顺应高职学生成长成才的规律，创新新时代高职思政课实践育人的新模式，使思政课真正实现政治引领和思想引领的教育目标。

参考文献

[1] 努力做好学生成长成才的引路人 [N]. 中国教育报，2019-03-19 (1).

[2] 马克思恩格斯选集：第1卷 [M]. 北京：人民出版社，1995：56.

[3] 毛泽东选集：第1卷 [M]. 北京：人民出版社，1991：287，291.

[4] 坚持运用辩证唯物主义世界观方法论，提高解决我国改革发展基本问题本领 [N]. 人民日报，2015-01-25 (1).

[5] 习近平. 决胜全面建成小康社会 夺取新时代中国特色社会主义伟大胜利——在中国共产党第十九次全国代表大会上的报告 [M]. 北京：人民出版社，2017：31.

[6] 习近平在乌鲁木齐接见劳动模范和先进工作者、先进人物代表，向全国广大劳动者致以“五一”节问候 [N]. 人民日报，2014-05-01 (1).

[7] 国务院关于印发国家职业教育改革实施方案的通知 [EB/OL].(2019-02-13). http://www.gov.cn/zhengce/content/2019-02/13/content_5365341.htm.

思想政治理论课实践教学开展“三结合”探析

——以新疆高职院校为例*

陈新刚**

摘　要：实践教学是提高思想政治理论课（以下简称“思政课”）教学效果的重要教学方式，目前新疆部分高职院校思政课实践教学与新疆社会形势、校园文化活动、理论教学存在脱节现象，未达到实践教学的实际目的。本文尝试将新疆高职院校思政课实践教学与新疆当前社会形势、校园文化与学生社团活动、新媒体环境相结合，积极探索思政课实践教学手段，提高思政课教学效果。

关键词：思政课　实践教学　“三结合”

习近平总书记在学校思想政治理论课教师座谈会上指出：“要坚持理论性和实践性相统一，用科学理论培养人，重视思政课的实践性，把思政小课堂同社会大课堂结合起来，教育引导学生立鸿鹄志，做奋斗者。”思政课实践教学是加强大学生思想政治教育的重要环节，是促进学生了解社会、认识国情、增长才干、奉献社会、培养品格中的重要途径，也是理论联系实际理念在高职教育中的重要体现。新疆高职院校思政课实践教学需要结合新疆社会实际，与党中央的治疆方略紧密结合，科学分析新疆社会发展的基本要求，把握民族团结与社会稳定重要脉络，充分发挥思政课实践教学的重要作用。

---

* 本文为新疆建设职业技术学院科研课题“新疆高职院校思想政治理论课实践教学模式构建与创新”（2018-KY-06）阶段性成果。

** 陈新刚：新疆建设职业技术学院马克思主义学院书记，高级讲师，高级经济师。1994年毕业于新疆师范大学历史学专业，研究方向为党建和思想政治教育。主讲课程为“毛泽东思想和中国特色社会主义理论体系概论”。

一、新疆高职院校思政课实践教学现状

新疆教育主管部门和各高校对思政课实践教学非常重视，《关于实施新疆高校思想政治理论课建设体系创新计划的通知》指出：“要将思政课实践教学融入学校大思政教育体系，与校园文化、专题教育、主题班团会、专业实习、参观调研、社会实践活动相结合，构建课内课外、校内校外、各门课程相互衔接补充的思政课实践教学模式。”通过调查，我们了解到新疆高职院校也开展了多种形式的实践教学，主要以课堂教学与课外（校外）教学相结合的模式开展。如乌鲁木齐的高职院校，结合教学内容开展课堂讨论、课外实践基地参观（新疆维吾尔自治区博物馆、八路军驻新疆办事处旧址、烈士陵园、红军师师史馆等）、校园文化活动、“三下乡”、寒暑假社会实践等，推动思政课教学在维护社会稳定、保持社会长治久安、维护民族团结等方面发挥积极作用。

二、新疆高职院校思政课实践教学中存在的问题

新疆高职院校思政课实践教学按照国家和自治区相关要求认真组织实施，但在当前全区深入落实中央治疆方略，实现新疆工作总目标和广泛开展“民族团结一家亲”“三进两联一交友”等活动的大环境下，思政课实践教学与这些活动联系不够，在与新疆社会形势紧密结合方面有欠缺。思政课教学部门在开展实践教学时也与其他部门合作较少，使得思政课实践教学与学生社团活动、校园文化活动相分离，实践教学水平和实效性有待提高。主要存在以下问题。

（一）思政课实践教学与校园文化活动存在脱节现象

大多数高职院校中，思政课实践教学与校园文化活动的组织实施是由不同部门负责的，实践教学由思想政治课论教学部门负责，而校园文化活动多由宣传部门、团委、各分院（系）、学生社团开展。针对当前高职院校学生参与校园文化活动不积极的现状，为吸引学生参与学生社团和校园文化活动，各类校园活动很多为文体娱乐类内容，缺少与思政课教学相关内容或针对性活动，由思政课教师直接指导并开展的与实践教学相关的活动更少，且社团活动是在团委或各专业院部的指导和管理之下开展的，与思政课实践教学没

有直接关系。而思政课教学部门因未直接参与学生管理工作或无条件组织校园活动，为了完成实践教学要求，很多实践教学内容是与课程内容相关的讨论、社会调查、参观等。这导致思政课实践教学和校园社团建设、文化活动分别开展，没有充分融合，容易形成“两张皮”的局面。

（二）思政课实践教学与新疆社会形势存在脱节现象

第二次中央新疆工作座谈会确定了新疆工作的总目标是社会稳定和长治久安，并在此基础上，针对新疆实际，出台了一系列治疆方略，以促进民族团结、遏制宗教极端思想蔓延等为重点，坚持依法治疆、团结稳疆、长期建疆的总体方略，努力建设团结和谐、繁荣富裕、文明进步、安居乐业的社会主义新疆。这是当前新疆高职院校思想政治教育的中心工作。新疆高职院校思政课主要围绕国家统编教材开展教学，在充分体现中央治疆方略和自治区党委重要决策、体现实践教学与新疆社会形势衔接、将教材体系转化为教学体系等方面存在不足，需要加强，与当前新疆实现社会稳定和长治久安总目标相结合的方面要做好衔接与联系。特别是需要加强思政课实践教学与“民族团结一家亲”“三进两联一交友”、抵御宗教渗透等教育活动的结合，把当前开展的主题教育活动与思政课实践教学充分整合。

（三）思政课实践教学与理论教学存在脱节现象

思政课需要保持一定的理论深度，突出理论性，要发挥理论教学的灌输特点，在课堂上向学生宣传马克思主义理论，教育并指导学生学习马克思主义相关原理。同时还要强调理论与实践的统一，要坚持与社会实践相结合，坚持理论从实践中来，到实践中去。但在高职院校思政课实践教学的实际组织过程中，由于学生学习氛围相对较差，为了提高学生参与实践教学的积极性，部分思政课教师为了达到吸引学生参与的目的，在组织实践教学时更多融入趣味性、娱乐性的内容，迎合学生兴趣，参观也好，调研也罢，流于表面，浅尝辄止，考虑实际效果不足，设计不科学、主题不突出，缺少理论深度和课堂教学的有效衔接，效果不明显。部分思政课教师和学生把实践教学看作放松和娱乐的环节，不重视，特别是忽视对实践教学后续学习效果进行总结，使得实践教学流于形式，没有取得真正的效果。

三、做好新疆高职院校思政课实践教学的建议

（一）做好思政课实践教学与学生社团、校园文化活动相结合

《关于实施新疆高校思想政治理论课建设体系创新计划的通知》中提出：“健全实践教学组织管理方式，形成学校思政课教学科研机构、宣传部、教务处、学工部、团委等部门协调配合的实践教学工作机制。”新疆高职院校应建立由学校宣传思想部门和党委学生管理部门牵头，由教务处、校团委、思政课教学部门等协调配合的实践教学工作机制，将思政课建设融入高职院校校园文化建设中，激发学生开展自主学习的积极性。落实实践教学学分和学时，加强实践教学过程管理，统一规划实践教学大纲和安排，形成相对稳定、完善的实践教学内容和形式。按照思政课各门课程的内容和特征，组织学生开展形式多样的文化艺术活动，举办理论学习沙龙、辩论赛、演讲赛、理论学习知识竞赛、理论之星评选活动等，真正实现思政课进入学生第二课堂。以“青年马克思主义者培养工程”为重点和抓手，建立马克思主义理论学习社团、志愿者服务团队、心理健康教育社团等与思政课相关的学生社团，聘任思政课教师担任指导教师，结合思政课教学要求开展内容丰富的实践教学和社团活动，使校园文化活动与思政课实践教学融为一体，充分发挥思政课教师与校园内各支思想政治教育力量的合力，引导、鼓励学生通过自主学习、自我教育拓展课堂教学效果。

（二）做好思政课各门课程实践教学与新疆区情相结合

在思政课教学中结合新疆区情认真落实中央治疆方略，开展正确认识新疆若干历史问题等内容的教学，坚持马克思主义“五观”、中华视野、中华民族共同体意识。以“毛泽东思想和中国特色社会主义理论体系概论”课程教学为例：从马克思主义中国化特别是党的十八大以来，以习近平新时代中国特色社会主义思想在新疆的社会实践，以及新疆发生的巨大变化为切入点，在实践教学中组织学生讨论近年来身边发生的生活水平、生活方式、交流方式等的不同变化，使各民族学生了解家乡新气象，加深对“五个认同”的认识；安排学生进行社会调查，对近年来全区开展的“访惠聚”工作、脱贫攻坚和全国对口援疆成果等方面进行广泛实践与调研，汇集各类成果进行展示；组织学生开展民族团结社会调查，考察各民族文化与中华民族文化的密切联

系、讨论如何区分民族传统和宗教习俗的差异；开展民族团结联谊活动、各民族学生共同参与的“民族团结一家亲”“三进两联一交友”主题校园文化实践活动，让各民族学生正确认识共同学习、共同进步、互相尊重，建立和谐校园的重要性，通过理论学习和实践教学引导，让各族学生主动投身于“民族团结一家亲”实践活动中。

在各门课程的实践教学活动中，要根据课程内容和要求不同，设计不同的实践教学环节，与课堂教学相辅相成，制订完整的教学方案和教学计划，明确必须完成和选修完成的实践教学任务，完善考核机制，并根据学生完成情况按一定比例计入学生本课程总成绩内，从而激发学生完成实践教学的积极性和主动性。

（三）做好思政课程实践教学与当前新媒体的结合

当前，“95后”“00后”学生已成为高校校园中的主力军，这些学生伴随着网络成长，日常生活与网络密不可分，对网络的依赖超过任何一代人，网络内容也对这一代大学生产生巨大影响。如何利用网络开展思政课教学成为高职院校思政课教师必须认真考虑的现实问题。坚定走传统理论教学同信息技术高度融合之路，广泛运用新媒体新技术助推思政课教学改革，实行一场新媒体、新技术、信息化、数据化的课堂革命，加强与专业的思政课教学软件企业合作，开发思政课实践教学互动系统和课外学习系统，开展微视频录制、微电影拍摄等学生感兴趣的实践教学方式，建设VR等虚拟校内实践教学基地，实现传统课堂教学、新媒体新技术教学、网络教学与实践教学的有机统一，利用公众号、微博、微信群、QQ群等实时视频软件让学生展示和交流实践教学成果，提高学生参与实践教学的积极性，增强思政课的时代感、吸引力和感召力。

四、结论

综上，推动思政课改革创新，要坚持理论性与实践性相统一，认真研究实践育人功能。新疆高职院校要紧紧围绕中央治疆方略、围绕新疆工作总目标，把思政课实践教学与新疆社会实际相结合，把思政课实践教学与校园文化活动和社团活动相结合，把思政课实践教学与新媒体环境相结合，不断创新新疆高职院校思政课实践教学方式，注重发挥教与学两个积极性，形成第一课堂与第二课堂、理论教学与实践教学、课堂教学与网络教学相互支撑，理念手段先进、方式方法多样、组织管理高效的思政课教学体系。把实践教学作为促进思政课教学效果的重要手段，提高学生学习思政课的主动性和积极性，切实提高思政课教学的实效性。

参考文献

［1］习近平．在全国高校思想政治工作会议上强调：把思想政治工作贯穿教育教学全过程　开创我国高等教育事业发展新局面［N］．人民日报，2016-12-09（1）．

［2］罗金彪．高职院校思想政治理论课实践教学的现状与对策［J］．教育与职业，2015（34）：108-110．

［3］任福全，薄利惠．高校思想政治理论课实践教学文献研究综述［J］．连云港职业技术学院学报，2017（1）：73-76．

［4］蔡立彬．思想政治理论课实践教学与学生社团活动结合模式探究［J］．学校党建与思想教育，2015（23）：51-52．

［5］齐钥．高职院校思想政治理论课实践教学模式创新［J］．承德石油高等专科学校学报，2017（3）：64-66．

提升新时代高职高专思政课实践教学亲和力研究

杨　柳*

摘　要：提升亲和力是新时代增强高职高专思想政治理论课（以下简称“思政课”）实践教学实效性的重要途径。提升亲和力实质上是增强思政课实践教学的相互性，使教育对象对教育主体及其所开展的教育实践活动的感知距离拉近、接受程度增强，从而实现教育对象与教育主体的良性互动，彰显师生学习共同体的良性建构，满足教育对象成长发展需求，凸显思政课坚持主导性与主体性相统一的价值追求，实现培养德智体美劳全面发展的社会主义建设者和接班人的目标。

关键词：高职高专　思政课　实践教学　亲和力　相互性

2016年12月，习近平总书记在全国高校思想政治工作会议上的重要讲话中强调要加强思想政治教育的亲和力和针对性。2017年11月，习近平总书记在党的十九大报告中指出，中国特色社会主义进入了新时代，这是我国社会发展新的历史方位。同样，这也是思想政治教育研究新的历史方位。习近平总书记的讲话为提升高职高专思政课实践教学亲和力研究提供了历史方位和根本遵循。

一、高职高专思政课实践教学亲和力的内涵分析

“亲和力”最早是属于化学领域的一个概念，特指一种原子与另外一种原

* 杨柳：重庆城市职业学院马克思主义学院教师。2017年毕业于西南大学学科教学（思政）专业，主要从事思想政治教育教学及研究。主讲：“思想道德修养与法律基础”“毛泽东思想和中国特色社会主义理论体系概论”。主要学术成就：曾主持校级课题3项，参研市级课题3项，发表论文10余篇，其中核心1篇。

子之间的关联特性，在现代社会越来越多地被用于人际关系领域，比喻使人亲近、愿意接触的力量。“关联特性”表明，亲和力所表达的关系来自域场距离近的关系；“使人亲近、愿意接触”表明亲和力源于人对人的认同和尊重，很多时候，亲和力所表达的不是人与人之间的物理距离的远近，而是心灵上的通达与投合，是一种基于平等待人的相互利益转换的基础。在思想政治教育过程中对亲和力含义的理解，有广义和狭义之分。广义上的亲和力是指思想政治教育呈现给人们的亲近感受，这里不仅包括教育对象，也包含教育主体乃至整个社会大众。狭义上的亲和力是指思想政治教育活动对教育对象所形成的亲近感受。

思想政治工作实际上是一个释疑解惑的过程，宏观上是回答培养什么人、怎样培养人、为谁培养人的问题，微观上是为学生解答人生应该在哪用力、对谁用情、如何用心、做什么样的人的过程。高职高专思政课实践教学，作为思想政治工作的重要环节，是指在高职高专思政课实施方案中正式设立的，基于思想政治理论知识，以思想政治教育教师为主导、学生马克思主义理论水平的提高和思想道德素质的提升为中心、学生主体实践活动为主要形式、激励学生主动参与和主动思考为主要特征的教育教学形式、路径、方法的总和；是教育对象通过实践过程的切身体验、真实感受，在实际体验中回应人生应该在哪用力、对谁用情、如何用心、做什么样的人的过程。实践教学也是思政课教育教学的重要环节，提升思政课实践教学亲和力在其实质上就是增强思政课实践教学的相互性，使教育对象对教育主体及其所开展的教育实践活动的感知距离拉近、接受程度增强，从而实现教育对象与教育主体的良性互动，彰显师生学习共同体的良性建构，满足教育对象成长发展需求。

二、提升高职高专思政课实践教学亲和力的必要性

（一）改善课内实践师生尴尬境遇

基于对重庆市部分高职高专院校的问卷调查，目前在思政课的教育教学中，教师所采取的最为普遍的课内实践教学形式是“讨论课、演讲课、专题讲座、案例分析、影视体验”等，较之于传统的灌输式的课堂理论教学，其在吸引学生注意力、实现教师与学生的双向互动方面有较大的改善，也更容易取得较好的教学效果；但由于多数学校采取大班的授课模式，每个教学班级的学生数量较多（约百人），课堂教学时间有限，所以不可能实现生生参与

实践，师生也不能进行足够的互动。在实际的教学过程中，教师想通过采用划分小组的方式来开展教学，但因受时间和人数的限制，仍有一些不尽如人意的情况出现。例如，始终有一些学生不能真正参与其中，久而久之，实践就成了徒有虚名。以致最后实践教学流于形式，学生既不能从情感上认同教学，也不能在实际体验中消化理论知识，使得教师和学生都处在一个很尴尬的位置。

（二）改变课外实践效果不佳现状

思政课实践教学，在传统意义上大多是在脱离课堂的广义课外进行的，如参观走访纪念馆、革命老区、故居、工业园区、企业工厂等，开展“三下乡”活动、志愿者服务、环保活动等。其组织过程比一般课堂授课更为复杂：一是覆盖的学生多，不是个别、少数学生参加而是全体学生都要参加；二是涉及因素、环节相当复杂，在教育教学安排、师资安排、学生动员安排、场所选定、经费筹措等方面困难重重，相关组织管理难度较大。问卷调查显示，部分学校在课外实践的形式上，让学生自己参与实践，但不提出过多要求，也不对过程作详细指导，只提交相应的实践报告，实践结果较随意；同时在体验式的实践教学中，学生的参观访问与时事的联系不够紧密，明显滞后，难以实现与理论知识的思考相结合，忘却了实践教学的目标，故而实践教学不能有效调动学生的积极性，学生也不能真正理解实践教学的重要性。所以，在实践活动中没有形成一种有利于吸引人、感染人、凝聚人、塑造人、引领人的力量；主体之间的相互作用、相互影响、相互促进等作用不突出，思想政治教育润物细无声的效果得不到彰显。

三、提升高职高专思政课实践教学亲和力的有效途径

提升高职高专思政课实践教学的亲和力，必须要把握实践教学也是一项人的对象性活动，必须体现其相互性，拉近教育对象对教育主体及其所开展的教育实践活动的感知距离，增强其接受程度，从而实现教育对象与教育主体的良性互动，凸显思政课坚持主导性与主体性相统一的价值追求。

（一）以活动为依托，激发实践教学过程中学生学习的积极性

高职高专学生普遍活泼外向，他们乐于参加活动、乐于展示自己、乐于创造创新。因此，应充分利用学生的这一优势，结合新时代社会热点问题，

以学生感兴趣的问题为突破口，以学生喜闻乐见又便于开展的活动为载体，充分结合信息技术、新媒体等设计实践教学，督导引领学生参与丰富多彩的实践教学活动。例如，在课内实践教学方面，不单单展示最后的实践成果，而以过程体验为导向突出学生参与、演绎的实践过程，让学生切身感受到“我的地盘我做主”，以学生分组表演的形式开展实践教学，同时以学生互评的方式让学生参与实践结果的评定，这样将大大增强学生双向互参的实践主动性与积极性，同时也提升了学生的主人翁意识。在课外实践教学方面，首先，在校内实践教学中：结合学校特点、专业特点，开发建设具有本校特色的实践教学活动项目及其相关流程、场地建设等；其次，在校外实践教学中：整合地区资源，“因地制宜”，开发实践教学活动项目。但不管是哪种实践活动，都以体现学生主人翁地位为主，做到以学生为本，能激发学生积极性，体现实践活动的相互性，结合思政课课程实际，开发建设教学实践项目。因此，在高职高专思政课实践教学中，要以活动为依托，引导学生积极参与实践，变革传统教学形式，激发学生学习热情，增强思政课实践教学的相互性，在实践中让学生自觉将学习知识融入活动，理解贯穿活动，在活动中引导学生树立正确的世界观、人生观、价值观，实现价值性和知识性的统一。

（二）以专业为导向，实现专业特色与实践教学融合联通

以专业为导向、以实践为载体，把高职高专各专业特色与思政理论实践教学进行有效的融合联通。新时代，高职高专院校也面临着适应经济发展新常态的需要，因此高职高专院校必须完善产教融合、变革协同育人机制、创新人才培养模式。通过展开工学交替，设立订单培养与定向培养，依托工作导向与任务驱动，拓展顶岗实习与创新创业等，有效地增强学生专业技能。由于这种教学模式已被广泛应用，因此在此背景下，如何结合新形势将产教融合、校企合作与思政课实践教学相结合，显得尤为必要。以专业为导向、以实践为载体，把高职高专各专业特色与思政理论实践教学进行有效的融合联通，使思政课实践教学与专业实习、跟岗实习、顶岗实习融为一体，使其借用专业实习、跟岗实习、顶岗实习这个平台，让思政课与德育教育紧紧跟随、保驾护航，同时又进一步实现课程思政与思政课程的统一。

近年来，各高职高专院校不断完善产教融合、变革协同育人机制，通过校企合作、工学结合的形式创新人才培养模式，各院校对学生的实习在计划安排、实施保障、管理监控、评价管理等各个具体环节都形成了较为完备的管理系统和总结了较为丰富的实践经验。而在专业实习、跟岗实习、顶岗实

习过程与思政教育的跟进环节及思政课实践教学的结合方面还存在不足。因此，以专业为导向，将实习实践作为高职高专院校各专业与思政课实践教学的契合点，首先，有利于师资配备、时间利用、经费筹措等方面问题在思政课实践教学中的解决；其次，有利于提高学生参与的主动性与积极性；最后，有利于科学组织、科学管理的规范化、持久化、深入化在思政课实践教学中的进一步实现，使思政课实践教学的难题得到进一步解决。由于当前高职高专院校以培养高素质技能型特色人才为目标，因此衡量特色优秀人才的标准除了娴熟的技能外，更看重其自身高素质的涵养。以专业为导向、以实践为载体，把高职高专各专业特色与思政课实践教学进行有效的融合联通，把思政课实践教学与专业实习、跟岗实习、顶岗实习结合起来的教育新模式，能够更好地适应培养高素质技能型人才目标的需求，拉近学生对教师及其所开展的教育实践活动的感知距离，增强其接受程度，从而实现师生间的良性互动，凸显思政课坚持主导性与主体性相统一的价值追求。

综上所述，增强高职高专思政课实践教学的相互性，增强理论解释现实问题的关照性，使教育对象对教育主体及其所开展的教育实践活动的感知距离拉近、接受程度增强，实现教育对象与教育主体的良性互动，既是提升新时代思政课实践教学亲和力、增强其实效性的重要途径，还是促进高职高专思政课教育教学改革和实践创新的重要方面，也是提高学生思想政治素质，培养以民族复兴为己任的时代新人，落实立德树人根本任务的重要途径。

参考文献

[1] 习近平. 在全国高校思想政治工作会议上强调：把思想政治工作贯穿教育教学全过程　开创我国高等教育事业发展新局面 [N]. 人民日报，2016-12-09 (1).

[2] 习近平. 决胜全面建成小康社会　夺取新时代中国特色社会主义伟大胜利——在中国共产党第十九次全国代表大会上的报告 [M]. 北京：人民出版社，2017.

[3] 何玲玲. 高校思想政治理论课教学要“实”起来 [J]. 思想政治课研究，2018 (5)：13-17.

[4] 陈钢. 高校思想政治理论课实践教学实用教程 [M]. 北京：高等教育出版社，2015：50.

［5］周长明．大课堂观视域下的高校思想政治理论课实践教学改革探究［M］．成都：西南交通大学出版社，2012：209．

［6］赵敏．高职高专“两课”教学与社会实践有机结合模式探析［J］．吉林商业高等专科学校学报，2006（1）：15-16．

基于“德技并修、工学结合”育人模式的思想政治理论课实践教学探索*

祝文燕**

摘　要：“05方案”实施以来，高职思想政治理论课的实践和探索积累了丰富的经验也聚焦了一些问题，特别是党的十九大之后，职业教育被摆在教育改革创新“更加突出的位置”，适应“德技并修、工学结合”育人模式的课程体系改革呼之欲出。此时，破解思想政治理论课实践教学非标准化和不确定难题，应当更加突出政治属性、高职特点和理论定位三个基本原则，下大气力着手完成教材优化、标准制定和“双师型”教师培养三个重大任务。

关键词：德技并修　思想政治理论课　实践教学

习近平总书记亲自主持学校思想政治理论课教师座谈会史无前例，充分体现了党中央对于大学生思想政治教育主渠道的高度重视，会议的召开在高职思想政治理论课领域引发了广泛深入的讨论。在学校思想政治理论课教师座谈会召开的前两天也就是2019年3月16日，恰逢北京高校思想政治理论课高精尖创新中心“青椒论坛”第10期暨高职高专首期在北京青年政治学院举办。论坛以“高等职业院校思想政治理论课的特质与实践”为主题，邀请了京津冀等5省市的8位青年思想政治理论课教师举办讲座，汇集了一支资历深厚的点评专家和工作团队，全国多所高校的高职思想政治理论课教师参加论坛，网络平台的同步直播浏览量达到了3.1万人次，充分反映了高职思想政治理论课教师对于上好思想政治理论课的强烈需求。在众多研讨问题中，如何进一步提升高职思想政治理论课实践教学成为广受关注的话题。提升高职思

* 本文是北京高校思想政治理论课高精尖创新中心重大课题委托项目“基于《概论》课理论体系的实践教学模式研究”（项目号：18GJJA002）的阶段成果。

** 祝文燕：北京青年政治学院党委副书记，博士，研究员。

想政治理论课实践教学要从国家职业教育改革发展20条（“职教20条”）着手，配合“德技并修、工学结合”育人模式改革进行探索。

一、高职思想政治理论课实践教学有魅力也有难题

实践教学作为与课堂教学、网络辅助教学并列的“三驾马车”之一，在高职思想政治理论课的教育教学中备受青睐，其中有魅力也有难点。

（一）魅力之一是促进理论知识的深化

实践的观点是马克思主义的基本观点，实践是理论洞见、检验、实现及内化的重要活动。“时代是思想之母，实践是理论之源”，实践与理论的伟大辩证作用构成了马克思主义中国化和中国特色社会主义理论产生、传播和发展的机理。把感知实践引入思想政治理论课教学过程，以其见诸客观的魅力，擦亮了理论，成为加深学生对于马克思主义理论的理解、提高运用马克思主义理论分析和解决问题的能力、促进马克思主义理论的内化和学生全面发展的强大武器。同时，实践教学的魅力还在于它能活跃课堂、调动学生、调节教师的节奏，成为“既有思想又有意思”的代名词。

（二）魅力之二是引发思政教学对方法、手段和成效的不断探索

思想政治理论课实践教学所具有的灵活性和可塑性，引发人们进行了一系列探索：一是实践教学形式的分类丰富多样，比如时空法、参与形式法、功能定位法、交叉罗列法，等等。二是研究成果的适应性不断深化、细分，比如主标题限制为“理工类”“师范”“医学”等，副标题“以某校为例”的论文和分享比比皆是。三是运行模式的总结提炼各有新意，比如“三位一体”“四化结合”“四四二三”，等等。四是实践教学创新策略竞相推出，比如在实践教学的信息化实施方面，“互联网+”、微博、博客、移动客户端、VR虚拟等实践教学创新形式层出不穷，相关文献更是数量惊人。

（三）最大的难点是非标准化和不确定性

数量惊人是相对于思想政治理论课实践教学非标准化和不确定性的“瓶颈”而言。丰富多彩的另一层面，意味着方案、流程、内容、方式因地而异、因人而异，因时空、资源、风险、能力不同而大相径庭。一千所学校、一千名老师就可能有一千种实践教学的样态，由此给示范、复制、标准化，评估

与考核，以及质量提升和控制带来了较大的困境。在丰富多样的同时，非标准化和不确定性成为思想政治理论课实践教学亟须解决的难点问题。

二、高职思想政治理论课实践教学是基于政治理论的立德实践

对不确定性难题的解答，其实质是对实践教学原初问题的解答：什么是思想政治理论课的实践教学？什么是高职思想政治理论课的实践教学？

（一）思想政治理论课实践教学是基于理论体系的实践

思想政治理论课的实践教学，首先是教学，是知识传授，追求理论思维的客观真理性，因此要紧扣章节，紧扣理论体系、理论逻辑和理论点。要通过感性实践激发主体能动性，吃透观点、理解理论，产生回归体验，落脚教材的掌握。脱离思想政治理论课的知识点、理论点，思想政治理论课的实践教学就可能混同于其他实践。

（二）思想政治理论课实践教学是突出政治的教育实践

思想政治理论课是高职学生立德树人的关键课程，实践教学的核心是政治教育和政治认同，是“用新时代中国特色社会主义思想铸魂育人”，树立和内化社会主义核心价值观，培养一代又一代拥护中国共产党领导和社会主义制度、立志为中国特色社会主义事业奋斗终身的有用人才，努力培养担当民族复兴大任的时代新人。因此，实践教学的选择和设计必须以习近平新时代中国特色社会主义思想为指导，理直气壮地坚持马克思主义的立场、观点和方法。

（三）思想政治理论课实践教学是与技术技能并修的立德实践

高职思想政治理论课不同于本科，更不同于研究生思想政治理论课的最大变量，是职业教育中“德技并修、工学结合”的育人模式。《国家职业教育改革实施方案》具体指标要求是：“职业院校实践性教学课时原则上占总课时一半以上，顶岗实习时间一般为6个月……”可见，学生坐在课堂里的时间更少，对于职业道德、工匠精神的要求更高。在这种模式下，思想政治理论课及其实践教学显然要在内容设计上结合职业道德和工匠精神的培养；在空间设计上利用好实习实训场所，把思想政治理论课的实践教学搬进工场、车

间、法庭、剧院，以及实验室和田间地头；在时间布局上与公共课、基础课、专业课实践教学相互融合、同向同行，在扎根高职人才培养的过程中开展思想政治理论课实践教学。

由此，理论定位、政治引领、高职特点，可以成为我们寻求思想政治理论课实践教学确定性和规范性的基本原则与方向。

三、高职思想政治理论课实践教学标准化建设的三项任务

“05方案”实施以来，高职思想政治理论课经过实践和探索，积累了丰富的经验也聚焦了一些问题，特别是党的十九大之后，职业教育被摆在教育改革创新“更加突出的位置”，适应“德技并修、工学结合”育人模式的课程体系改革愈发成熟。高职思想政治理论课实践教学的规范化也势在必行。

（一）提升高职思想政治理论课实践教学，应调整优化现行高职教材

实践的难题有时其实是理论的难题，是高职思想政治理论课教材内容及表现形式如何适应高职学生特点和高职人才培养特点的问题。由来已久的“讲理论还是煲鸡汤”之争，实际上提示了思想政治理论课教学过程中的又一个难点痛点，即现行教材对于高职生似乎过于艰涩。出于高度的责任感，我们应有三点作为：一是应当实事求是地提出调整优化高职思想政治理论课课程体系、结构和内容的有说服力、有分量的建议。二是应当深入研究并努力精准回答在“扩招100万”和《国家职业教育改革实施方案》颁布背景下，更符合“德技并修、工学结合”育人模式的思想政治理论课教学布局和安排是什么。三是应当呼吁有关上级部门统筹力量，开展充分的论证，使教材调整优化问题提升到决策层面和实施层面。我们相信，伴随教材调整优化而来的是更加清晰的实践教学逻辑。

（二）提升高职思想政治理论课实践教学，应研发实践教学标准化教程和大纲

调研高职学生知识基础和学习特点，按照标准化、系统化、菜单化、精细化的基本原则，设计实践教学方案和模块，形成教学大纲和实践教学教材，将课堂理论知识通过实践教学的创新模式转化为学生的认知和行为，最终为思想政治理论课及其实践教学的实效性服务。

（三）提升高职思想政治理论课实践教学，应建设“双师型”思想政治理论课教师队伍

思想政治理论课实践教学规范性、实效性的钥匙最终掌握在思想政治理论课教师手中。通过对高职思想政治理论课教学的观察，我们越来越感觉到优秀思想政治理论课教师，特别是“既懂政治教育又懂职业教育”的“双师型”思想政治理论课教师十分难得与可贵。目前高职思想政治理论课教师的主体是“70后”和“80后”。他们的优势和局限性都在于价值观形成的社会多元性。按照习近平总书记提出的要求，树立典范积极引领，多措并施精心培养，发挥他们的积极性、主动性和创造性，是一个刻不容缓的工程。我们要加快做、系统做、长期做，同时还要有战略定力和耐心，允许和关注他们一点一点地成长起来，陪伴他们由苗成树、由树成林。

参考文献

［1］习近平．决胜全面建成小康社会　夺取新时代中国特色社会主义伟大胜利——在中国共产党第十九次全国代表大会上的报告［N］．人民日报，2017-10-28（1）．

［2］国务院印发《国家职业教育改革实施方案》［N］．人民日报，2019-02-14（1）．

高职思政课教学与信息技术高度融合的路径探究

涂凯迪*

摘　要：当前高职思想政治理论课（以下简称“思政课”）教学存在内部和外部诸多亟待解决的问题，信息技术以其传输性、即时性、虚拟性、泛在性、变革性为高职思政课教学改革带来了机遇。高职思政课教学与信息技术高度融合既是现实的需求，又在技术、师资、学生等方面具有独特的优势。因此，实现高职思政课教学与信息技术融合的路径在于，更新高职思政课信息化教学理念，优化高职思政课信息化教学资源，善用高职思政课信息化教学平台，强化高职思政课信息化教学团队，加强学校信息化教学环境建设。

关键词：高职思政课　信息技术　高度融合

正如《教育信息化十年发展规划（2011—2020年）》序言开篇所讲，“人类社会进入二十一世纪，信息技术已渗透到经济发展和社会生活的各个方面，人们的生产方式、生活方式以及学习方式正在发生深刻的变化，全民教育、优质教育、个性化学习和终身学习已成为信息时代教育发展的重要特征”。信息技术与课程融合成为教学改革的应有之义，也是教育现代化的必然趋势。高校思想政治教育作为一门帮助大学生树立正确的世界观、人生观、价值观的课程，与社会变化紧密相连，在技术性大变革的时代不仅需要引导学生积极迎接和正确认识这一变革，更需要不断实现课程的自我革新。习近平总书记2016年在全国高校思想政治工作会议上也指出：“要运用新媒体新技术使工作活起来，推动思想政治工作传统优势同信息技术高度融合。”因此，作为思想政治

* 涂凯迪：河南机电职业学院马克思主义学院副院长，副教授。2007年毕业于吉林大学政治学专业，主要研究高职思政教育教学改革，主讲“思想道德修养与法律基础”。在核心期刊发表论文2篇；主持厅级课题6项，其中获得一等奖3项、二等奖1项。

教育主阵地的思政课，如何顺应时代的新要求和大学生对课程学习的新需求，实现与信息技术的高度融合，是值得探究的问题。

一、高职思政课教学与信息技术高度融合的现实需求

作为与普通教育不同类型的高职教育，已占据中国高等教育的半壁江山。思政课作为一门传授知识、形成价值、培养认同、树立信仰的课程，其重要性是不言而喻的。当前高职思政课教学存在内部和外部诸多亟待解决的问题，然而，信息技术以其传输性、即时性、虚拟性、泛在性、变革性为高职思政课教学改革带来了机遇。

（一）当前高职思政课教学存在的问题

高职教育连接着教育和职业，与产业升级、技术进步、企业发展紧密结合，因此，高职思政课既有与本科思政课的共性问题，又有其独特的个性问题。

一是教学时间和场地的问题。高职校企合作日益加深，学生在学校和企业间交替学习，为了实现技术技能的精细化培养，学生被分学期、分批次、多次安排进企业学习，这对合班授课的思政课影响非常大。目前许多学校采取的应对方法是，安排学生回校后集中补课或者思政课教师进入企业集中授课。这些应对方法只是从形式上确保了思政课教学学时和教学内容，实质上并不能达到较好的教学效果。

二是教学理念的问题。在高职院校浓厚的技术创新和产教融合的氛围下，教学环境、教学对象、教学手段发生了极大的变化，但高职思政课的教学改革稍显滞后。许多思政课教师依然秉承“教师主体”的教学理念，在百人以上的大班课中采用专家报告式讲课，使得“90后”“00后”这些信息时代的“原住民”成了课堂中的“低头族”。

三是教学内容的问题。高职思政课既有与本科思政课相同的教学内容，又有其应兼顾的独特的教学内容，比如工匠精神、劳模精神、职业道德、劳动合同法律等，但现有的教材体系中未能凸显高职高专的教学需求，而教师在授课中基于章节内容和学时学分的考虑，也弱化了这些重要的教学内容。

四是教学方法和手段的问题。由于高职生在学习特点、思维习惯、群体优势等方面不同于本科生，基于学科的抽象理论阐释和单一的讲授式教学方法难以达到较好的教学效果。

五是学习方式的问题。高职生有较强的动手能力和操作能力，他们更喜欢体验式、参与式、探究式的学习方式，但目前高职思政课教学的学习方式仍主要是被动的、灌输的学习，学生难以在教学中增强获得感。

（二）信息技术给思政课教学带来的机遇

信息技术以其传输性、即时性、虚拟性、泛在性、变革性，打破了时空限制，更新了教育理念，丰富了教学资源，搭建了教学平台，转变了学习方式，形成了多元评价，这些变革给思政课教学带来新的机遇。

一是信息技术突破了时空限制。信息技术突破了“教”与“学”的时间限制和地域局限，教师可以通过信息技术在传统教室以外的地方面向学生授课，学生可以通过信息技术选择在任何适合的环境中学习，“教”的课程可以随时播放，“学”的时间可以任意选择。这能有效解决高职思政课面临的教学时间和场地问题。

二是信息技术更新了教学理念。信息技术支撑的信息化教学，是一种新的教学模式，它摒弃了传统教育以“教师为中心”“教材为中心”“课堂为中心”的理念，树立“学生主体—教师主导”的现代教育理念。教师不再是课堂的主角，而是教学的组织者、引导者、参与者、评价者、研究者，知识不再是灌输给学生，而是学生有意识的建构过程，学生在知识学习过程中逐步培养学习能力、思维能力、分析解决问题的能力、创新能力等。因此，高职思政课教学与信息技术深度融合，有利于更新思政课教师的教学理念。

三是信息技术丰富了教学资源，搭建了教学平台。信息技术提供了大量的图片、文字、音频、视频、动画、网络课程等教学资源，搭建了教学资源上传下达、集中整合、实时互动的多种教学平台。这些信息化教学资源和教学平台，有利于思政课教学丰富教学内容，改变教学形式，更新教学方法和手段，加强师生交流，增强学习的趣味性、互动性、激励性，同时将教师从单一知识传递中抽离出来，促进教师知识体系的完善。

四是信息技术转变了学习方式，形成多元评价。信息化教学注重学习者学习能力的培养，充分运用各种信息资源支持学习，以“任务驱动”和“问题解决”为主线，强调合作学习、协作学习、探究学习，形成师生互评、生生互评等多元评价方式。

二、高职思政课教学与信息技术高度融合的独特优势

高职思政课教学离不开校企合作的大氛围，离不开智慧校园建设的大工程，离不开信息化教学的大环境，因此，高职思政课教学与信息技术高度融合既是高职教育教学的必然取向，也是高职思政课突破创新的关键出口。

（一）技术优势：校企合作催生高职思政课教学与信息技术高度融合

高职院校多以理工科专业、科技前沿专业为主，专业教学与企业深度合作，企业最新的信息技术能较快传导给职业院校，网络通信、物联网、大数据、云计算等，逐步在教学领域运用和拓展，催生了高职思政课与信息技术高度融合。通过校企之间信息技术实现远程授课、网络授课、同步课堂、集中答疑、平台考核，能有效缓解校企合作中思政课教学的困境，合理安排学生在学校和企业的思政课教学时间，确保思政课教学不断线。课余时间有效的师生网络交流平台，拉近了思政课教师和学生之间的心理距离，确保思政工作不离线。平台所产生的大数据，有利于思政课教师了解学生对课程的学习状况和思想动态，为思政课教学提供了有益参考。

（二）师资优势：高职信息化教学氛围培养了强有力的信息化师资队伍

职业院校信息化教学起步较早，氛围较浓。2010年教育部办公厅下发了《关于举办2010年全国中等职业学校信息化教学大赛的通知》，举办了全国首届中等职业学校信息化教学大赛，2012年高职院校加入这个比赛，比赛名称改为“全国职业院校信息化教学大赛”，2018年教育部办公厅下发了《关于举办2018年全国职业院校技能大赛职业院校教学能力比赛的通知》，将该比赛纳入全国职业院校技能大赛，至2019年这个赛事已连续举办9年。中、高职全部纳入，赛事地位日益提升，在全国职业院校产生了实质性影响，成为国内较权威的展示职业院校教师教学能力的比赛，许多学校甚至重金奖励在比赛中获奖的教师。高职院校信息化教学的氛围培养了强有力的信息化师资队伍，学校通过以赛促练，加强信息化基础设施建设，同时创造条件推动教师参加各级信息化教学比赛，教师本人出于职称、奖励和个人成长的需要，也积极参赛。这些大环境为高职思政课信息化教学的推进奠定了良好的基础，营造了积极的氛围。

（三）学生优势：技术创新环境下的高职生具备较好的信息技术能力

当前的高职生多为“90后”和“00后”，是信息化时代的“原住民”，他们对信息技术的认同度较高、操作的熟练程度较高、依赖程度较高。他们在思政课教学中也展现出独特的优势：一是具有较强的信息获取能力。他们能在群体中学习到如何查询、收集、下载、整理信息。二是具有较好的技术运用能力。高职生多动手能力强，喜欢做技术性工作，他们在思政课中不仅能运用信息化工具获取信息，而且能运用多种软件制作各种展示型作品，比如幻灯片、微视频、微电影等。三是不断增强的信息分享意愿。新时代的高职生是一群有个性、有观点、想表达的青年人，在思政课教师的引导下，他们能制作多种展示作品，在课堂上分享信息，通过微信、微博、信息化学习平台在课外表达观点。

三、高职思政课教学与信息技术高度融合的实现路径

高职思政课教学与信息技术高度融合是思政课教学改革的趋势之一，这既是对不断变革的信息时代的回应，也是教育信息化的必然要求。思政课教学不能固守传统教学模式，面对信息时代的大学生，不能在其他学科纷纷革新的大潮中落伍，更不能畏惧信息技术而故步自封。高职思政课教学与信息技术高度融合要在教学理念、教学资源、教学平台、教学团队、教学环境等方面积极探索。

（一）更新高职思政课信息化教学理念

正确把握信息化教学的理念，是开展好思政课信息化教学的根本。现实中，许多教师未能正确认识信息化教学的理念，导致不敢大胆使用信息技术、过多使用信息技术、在信息技术面前难以把握教学等。因此，不解决理念和认识的问题，就难以开展好思政课信息化教学。

一是发挥学生主体性和教师主导性作用。“学生主体—教师主导”是现代教育理念的核心，也是信息化教学的核心。信息化教学以其丰富的知识资源和先进的技术优势，为实现“学生主体—教师主导”创造了条件。课前通过信息技术了解学生学习和思想状况，以学生的问题为导向，解学生之困惑；课中通过文字、图片、音频、视频、动画、网络课程等多种信息化教学资源和学习通、云班课等信息化教学平台，激发学生视听感受，提高学生课堂参

与度，开展协作式学习、探究式学习、研讨式学习；课后整合课上课下资源、线上线下资源、校内校外资源，延伸课堂教学的效果，及时反馈学生学习效果和进行教学互评。

二是选择最适合的信息技术融入教学。当前信息技术突飞猛进，以大数据、物联网、智能化为代表的信息技术在教育领域中的应用越来越广泛。面对如此多样而又快速发展的信息技术，我们只需要选择最适合的技术运用到教学中。课堂教学不需要“秀技术”“唯技术”，而是运用信息技术实现课堂教学的转变。思政课有其学科的思想性和价值主导性，需要根据相应的教学内容，选择适合的信息技术，最大限度地传递教学内容，实现教育教学目标。

三是教学内容是基础，信息技术是手段。思政课教学的根本在于传递教学内容及价值导向，帮助学生树立正确的世界观、人生观、价值观。因此，优秀的思政课信息化教学，在于精巧的教学环节设计，而信息技术是实现教学环节目标的手段。在思政课中运用信息技术辅助教学，能让多位教师“走”进课堂授课，能收集学生在课程学习中的大数据信息，能创设符合教学内容的视听意境，甚至能通过3D、VR等技术让学生获得身临其境的感受。

四是信息化教学并不否认传统教学方法。传统教学中的讲授法、讨论法、案例法、演示法等教学方法可以在信息化教学中运用，而信息化教学在运用这些教学方法的同时也辅以信息技术的手段。比如，通过图片、大数据、视频等多种方式配合讲授，使情感更加丰富、事实更加清楚、论证更加扎实；通过视频案例、信息搜索配合讨论，使案例更加形象，学生主体作用更好发挥；学生拍摄小视频、微电影、校园调查实况等配合教学演示和案例教学，使案例更贴近学生实际，学生参与度更高。因此，思政课信息化教学是传统教学方法和现代信息技术的充分融合。

（二）优化高职思政课信息化教学资源

我们认为当前信息化教学资源大致包含三类：第一类是图、文、音、视、动画等传统信息化教学资源；第二类是以慕课、公开课等网络课程为代表的线上信息化资源；第三类是大数据信息资源。这三类信息化教学资源在课程中的使用各有所侧重。

一是灵活运用传统信息化教学资源。传统的图、文、音、视、动画等信息化教学资源已在思政课教学中广泛运用，达到了较好的教学效果，仍须注意以下几个方面：一要注意资源获取的广泛性。思政课与社会现实紧密结合，需要分辨社会中的真善美和假恶丑，既弘扬正气，又澄清观念；思政课信息化教学资源无处不在、无时不有，思政课教师要形成团队，共同挖掘和汇聚信息化教学资源，实现资源共建共享。二要注意资源的即时性。思政课的教学案例随着社会的发展而常变常新，思政课信息化教学需要不断“保鲜”，挖掘最新的信息化教学资源呈现给学生。三要注意资源运用的恰当性。随着媒体信息日益丰富，信息化教学资源也更加丰富，在纷繁芜杂的信息资源中需要去粗存精、去伪存真，找到适合思政课教学使用的资源，既能与教学内容吻合，又能有较好的教育性、启发性、警示性。

二是混合运用线上线下课程。慕课、公开课等网络课程不能完全代替线下教学。思政课教学是做人的思想工作，绝不能脱离教育对象的实际情况和现实感受。线上优质的思政课程可以通过技术手段部分应用到线下课堂教学中，或者由学生课余时间自行学习，或者作为高职生入企实践阶段思政课程的短期补充。发挥线上线下两类课堂的优势，汇聚多种资源，为学生提供优质的思政课。

三是充分运用大数据资源。当前大数据资源逐步进入教育教学领域，通过大数据了解学生的困惑、学习状态、对知识的掌握程度、对教学的评价等，能有效地辅助开展教学，为教师充分了解教育对象提供条件。思政课更需要通过大数据了解学生的思想状况、价值困惑、学习效果等。

（三）善用高职思政课信息化教学平台

信息化教学平台运用信息技术整合了多种信息化教学资源，搭建了师生、生生、师师之间时时沟通交流、资源共享、互评互建的网络空间。思政课教师要善用信息化教学平台。

一是做好资源上传下达。思政课教师可将丰富的教学资源通过信息化教学平台快速传递给学生。比如，根据教学需要可将课件、教案、微课、视频、动画等在课前或课后发放给学生，供学生预习或复习；学生可将收集的教学相关资源、团队作业等传输到平台上。这种资源上传下达的方式快捷、即时，不受时间和地点的限制，能实现资源共建共享，使教学评价多元化。

二是开展课内教学互动。信息化教学平台开发了在线抢答、头脑风暴、小组讨论等功能，思政课教师可以在教学中适时选用，既增强课堂的趣味性、互动性，又强化课堂管理和即时评价。当然，课内教学中，不要过于依赖这种互动方式，否则也会使学生失去兴趣；同时目前通过信息化教学平台进行的教学评价也有技术性漏洞，不能完全反映学生的学习状况，只能做教学评价的参考。

三是进行教学信息统计。思政课教师可以通过信息化教学平台发起问卷调查和教学评价，也可以根据学生学习所产生的数据轨迹了解学生学习状况，甚至可以通过系统后台获取教师管理和学生管理的数据。这些数据信息是我们了解学生、把握学生学习状态、了解教学效果的重要依据。

四是延伸课堂教学效果。教师通过信息化教学平台组建班级网络交流空间，可以开展多种方式的教育实践活动。比如，教师可通过平台将电子书籍传输给学生，邀请学生共读一本书，分享读书心得；教师可以组织学生分组开展实践调研，将调研进程拍摄制作成小短片，将调研结果形成电子报告，分享到班课。

（四）强化高职思政课信息化教学团队

一是打造老中青教学团队。老教师通常信息技术能力较弱，但是对教学内容、教学方法掌握较好；青年教师通常信息技术能力较强，但对教学的领悟不深；中年教师是信息化教学的主力军，但既需要团队共同谋划，提高效率出精品，又需要带动和帮助老教师和青年教师共同成长。因此，打造合理的教学团队有利于提升思政课信息化教学的质量和水平。

二是开展思政课集体备课。思政课教学范围广泛，涉及学科众多，加之在信息化时代思政课教学资源常变常新，因此需要思政课教师集体备课，既研讨教学的重难点，又深挖思政课信息化教学资源的适用性，将最好的资源、最精巧的加工、最满意的效果呈现在课堂教学中。

三是以赛促练提升本领。调查显示，参加过省级或国家级信息化教学大赛的教师对信息化教学认同度较高，也能更好地把握信息化教学的理念。因此，以赛促练有利于思政课教师提升教学本领，并更好地在实际教学中运用多种信息技术。

四是加强教师信息化教学培训。当前省级或国家级思政课教师培训重在教学内容、学科理论、教材体系等方面，却少有从教学方法、信息化教学方面开展培训，因此，当前多数思政课教师较难把握信息化教学的本质，未能真切感知信息化教学给思政课带来的重大改变，进而对信息化教学的认可度和效果评价褒贬不一。

（五）加强学校信息化教学环境建设

“巧妇难为无米之炊。”学校必须加强信息化教学的硬件和软件设施建设，为教师向信息化教学迈进铺好道路。学校的信息化教学环境包括网络环境下的多媒体教室、校园无线网络全覆盖、教学移动终端设备等，随着信息技术的快速发展，云计算、物联网、大数据、智慧校园建设、5G网络环境下的教学实施终将改变教育。

参考文献

［1］教育部关于印发《教育信息化十年发展规划（2011—2020年）》的通知［EB/OL］.（2012-03-13）. http://old.moe.gov.cn//publicfiles/business/htmlfiles/moe/s5892/201203/xxgk_133322.html.

［2］全国高校思想政治工作会议12月7日至8日在北京召开［EB/OL］.（2016-12-08）. http://www.gov.cn/xinwen/2016-12/08/content_5145253.htm#2.

［3］姜永生．多媒体技术与信息化教学设计基础［M］．北京：高等教育出版社，2013：117-120.

［4］孙启美．现代教育技术与学习模式——走向信息化［M］．北京：科学出版社，2010：5-13.

［5］沈壮海，史君．推动思想政治教育与信息技术的高度融合［J］．国家教育行政学院学报，2017（1）：15-21.

［6］李梁．思政课教育教学与信息技术高度融合的思路与构想［J］．中国高等教育，2017（24）：20-22.

［7］赵庆寺．现代信息技术与高校思政课深度融合的异化及其超越［J］．学术论坛，2018（5）：162-167.

［8］赵浚，张澍军．高校思政课与移动信息技术深度融合的耦合与进路［J］．学术探索，2018（5）：146-151.

［9］李凌，郑瑞涛．利用信息技术提升思政课实效性［J］．中国高等教育，2016（7）：60-62.

数据治理视域下的思政课创新刍议

周　欢*

摘　要：思想政治理论课（以下简称“思政课”）作为加强和改进高校思想政治工作、实现高等教育内涵式发展的灵魂课程，面对大数据是当前社会重要趋势的事实，必然要作出自身的调整与革新。爆炸式增长的数据，让数据治理成为又一研究热点。在数据治理视域下，本文尝试提出“数据治理+思政课”的基本定义，在基于数据治理目标实现的基础上，结合思政课特质，构建以“三环多向”协同联动教学数据治理机制为中心的课程运行机制，在大数据时代下为推动高职院校思政课改革提供借鉴。

关键词：大数据　数据治理+思政课　“三环多向”

相较于过去小范围、单一化的数据收集与分析，大数据成为当今社会开展数据分析与价值剖析的重要资源。探讨数据治理视域下思政课教学工作的开展问题，要将其融入大数据的相关发展与研究之中，特别是数据治理的研究给思政课教学如何有效运用数据为其服务提供了一些启示。

一、大数据时代下思政课改革的必然性

大数据，首先在“大”，海量的数据资源呈爆炸式的增长与聚集。麦肯锡全球研究公司将大数据定义为一种规模大到在获取、存储、管理、分析方面大大超出了传统数据库软件工具能力范围的数据集合。其次，海量数据之间突破了过去单一化的、因果关系式的特征，呈现相关式的聚集。再

* 周欢：重庆城市职业学院马克思主义学院讲师。2014年毕业于四川大学哲学美学专业，现主要从事马克思主义理论与思想政治教育研究，主讲课程为“思想道德修养与法律基础”“毛泽东思想和中国特色社会主义理论体系概论”“形势与政策”等。主持市级和校级科研项目2项，参加科研项目4项，发表论文数篇。

次，数据多而杂，如何实现数据资源的有效分析和治理，需要更多的研发。在《大数据傻瓜书》一书中，对大数据的界定是一种新旧技术的结合，可以管理规模巨大的独立数据，适时、适速地进行分析和响应，以帮助公司获取可行的洞察力。最后，更多的学者把大数据的定义放在了大数据的巨大应用价值方面。复旦大学朱扬勇教授认为大数据的定义应当描述为："为决策问题提供服务的大数据集、大数据技术和大数据应用的总称。"不难看出，大数据的定义已然超出了数据本身，其中蕴含的技术创新，应用价值早已渗透进社会发展之中。

2017年12月8日，习近平在主持中共中央政治局第二次集体学习时指出，大数据是信息化发展的新阶段。随着信息技术和人类生产生活交汇融合，互联网快速普及，全球数据呈现爆发增长、海量集聚的特点，对经济发展、社会治理、国家管理、人民生活都产生了重大影响。世界各国都把推进经济数字化作为实现创新发展的重要动能，在前沿技术研发、数据开放共享、隐私安全保护、人才培养等方面做了前瞻性布局。他进一步强调，要坚持以人民为中心的发展思想，推进"互联网+教育""互联网+医疗""互联网+文化"等，让百姓少跑腿、数据多跑路，不断提升公共服务均等化、普惠化、便捷化水平。学习讲话精神，进一步探索大数据在教育方面的重大意义是当前的主要趋势之一，也是基于时代需要、才人培养需要的重要考量。

上好思政课，当然要顺应时代潮流。大数据的巨大价值应用于思政课教学既是大数据本身发展挖掘巨大价值的内在要求，也是思政课教学改革创新的迫切诉求。大数据不仅是一种技术，更是一种教育理念。当前的社会信息化给坚守网络意识形态阵地提出了挑战与要求，在此背景下，高校更要顺应大数据时代的发展，有效运用大数据为思政课教学服务，如何有效获取和分析数据、如何运用到实际教学中去等问题成为各大院校和同行的主要思考。以高职院校为例，部分教师的数据观念与素养跟不上时代、数据平台硬件设施跟不上发展、学生自律自控能力不高等现状导致信息化教学难以普遍开花，需要增强数据意识、提升观念素养，强调教学数据化。另外，大学生在被学校录取后便产生了大量数据，要利用好数据资源为高校思想政治教育工作服务。做好此项工作，首先就要厘清数据治理视域下思政课改革的相关目标。

二、数据治理视域下思政课改革目标试析

截至2019年7月，以“大数据　思政课教学”为主题进行核心期刊与CSSCI检索，发现17篇文章。其中，大部分研究大数据应用于思政课的重要意义、现实困境、教学方法；思考路径、模式、考核、技术平台等方面的创新；讨论新时代思政课教师队伍建设等问题。另外，以“数据治理　思政课教学”为关键词、主题在知网进行核心期刊、CSSCI高级检索，并未发现相关内容。以“数据治理”为关键词在知网进行核心期刊、CSSCI高级检索，出现130篇相关文章；以“数据治理”为主题进行同样搜索，出现184条相关文章。以上文章或有重复，主要集中在政务、军事、医疗、企业、公共服务等数据治理问题研究，亦有高校教育数据治理的数据对策、模式等方面的研究，但鲜有围绕思政课创新研究数据治理问题的。如何在海量数据里挖掘有利于思政课教学的信息，必然需要结合思政课的教学环境、教学特质等研究思考其教学改革的未来。大数据时代，随着数据的海量剧增，在低密度的海量数据里挖掘数据价值更显珍贵，数据治理正是在这样的背景下应运而生的。

数据治理的定义，尚未统一。国际数据研究所提出，“数据治理是与信息相关过程的决策权与问责制度体系”，“数据治理是当人员或信息系统执行信息相关过程时的组织体系、规则、决策权及责任归属”，“数据治理能够帮助我们作出决策”。在此定义下，“数据治理+思政课”可以延伸为在实现思政课教学实效性的目标指引下，利用相关信息技术与平台，建立协同治理机制，实现教学数据有效利用与相关决策及责任归属。根据国际数据治理研究所（DGI）《数据治理框架》中数据治理常见目标试分析“数据治理+思政课”的实现目标（表1）。

表1　数据治理常见目标与“数据治理+思政课”预期目标

数据治理常见目标	“数据治理+思政课”预期目标
更好的决策制定	有助于实现“教学目标”
减少运营冲突	消除师生之间的“不对等”
满足数据利益相关方的需求	满足教与学的需求
就数据相关问题的一般处理方式对管理层与员工工作进行培训	政府、学校信息技术人员、思政课运行分管部门及一线教师的数据素养和技能培训
通过协同工作减少成本、提高效率	政府、学校等相关部门的统筹广度与协同力度并进
确保治理过程透明化	确保思政课相关资源的共享，以期建立数据库

基于结合“数据治理”常见目标与思政课特质的分析，尝试生成思政课各项机制的目标，重点构建思政课教学的数据治理机制。

三、构建以“三环多向”协同联动教学数据治理机制为中心的课程运行机制

紧紧围绕思政课特质进行课程的创新改革是始终不变的原则。2019年3月习近平主持召开学校思想政治理论课教师座谈会时强调：“推动思想政治理论课改革创新，要不断增强思政课的思想性、理论性和亲和力、针对性。”这次会议站在党和国家事业发展的高度，为思政课建设指明方向、提供遵循。

从广义上说，思政课始终坚持“立德树人”的根本指针，承担着马克思主义理论武装的重要工作，坚守意识形态教育的工作职责；从狭义上讲，每门课程及每堂课都有教学目标，学深悟透马克思主义及其中国化的相关理论成果，理论上的坚定才能有政治或信仰上的笃定，才能有深刻的价值引领。“政治性和学理性相统一”“价值性和知识性相统一”“理论性和实践性相统一”“灌输性和启发性相统一”就是基于理论知识之上的价值引领和实践指导，以教学目标为要进行改革成为教学机制改革的关键要点。

上好思政课是办好思政课的关键。学校思想政治理论课教师座谈会的召开足以说明中央对办好思政课的高度重视，会议对思政课教师提出高要求，也提出了思政课的“八个统一”。因此，应致力于教学的改革创新并试提出以目标为要的“三环多向”协同联动教学数据治理机制，并在此基础上形成各环节与各部门的协同推进，为思政课建设提供更多的、优质的保障。

“三环多向”即“三环”+“多向”的教学数据治理机制。“三环”即课前、课中、课后三个环节，三个环节须以教学目标为根本指南；“多向”即按时间先后进行课前、课中、课后数据收集与治理的同时打破时间线性顺序的每个环节之间的数据反馈及共享，实现数据多向治理。实际上，课前、课中、课后三个环节才构成真正意义上的完整教学；大数据的爆炸聚集增长，数据呈现相关联的特点，各环节之间要相互联通、数据共享，实现“三环多向”联动，才能进一步充分利用更多数据，达到教学数据优化目的（图1）。

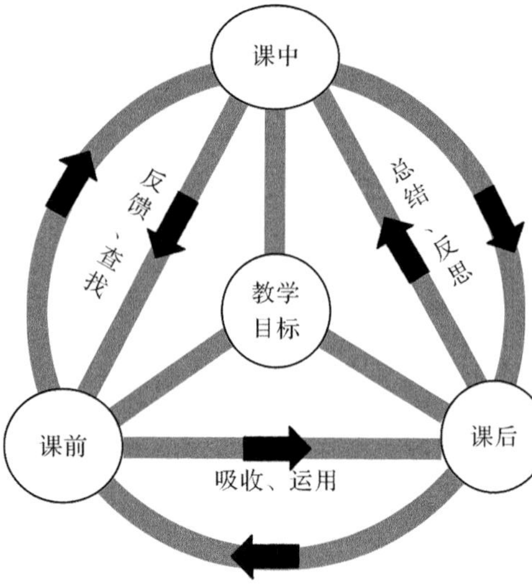

图1 “三环多向”示意图

2017年7月31日，国际电信联盟于日内瓦发布的《2017年信息通信技术事实与数字》报告显示，全球有8.3亿青年上网，占104个国家青年人口的80%以上。同年8月1日发布的全球年度信息通信技术数据再一次显示，15~24岁的青年对互联网的使用持续增长，其中印度和中国有3.2亿年轻人在使用互联网。“低头族”“拇指族”等词汇的兴起也说明网民尤其是学生族获取社会信息从过去的传统方式转变为现在的网络信息方式，网络给予学生知识面、价值取向更多的可能，这一变化向教师提出更大挑战，这关乎教师的知识面、理论储备、时事关注、国际视野等综合素质是否达到向学生答疑解惑的水平。面对纷繁复杂的数据资源，要认清实际，抢占数据资源先机，把握学生思想动向，不能出现“学生走在时代前列，老师匿在书本里面”的尴尬局面，要打破信息壁垒，架起教与学的沟通桥梁，同时，把教材体系转化为教学体系，要用接地气的语言与方式将理论落地。另外，明确教师作为课堂教学主导的同时，要充分发挥学生主体性作用，不能“一刀切”，更不能想当然地作任何自以为好的教学设计和课堂管理，要“坚持主导性和主体性相统一”。

在这样的背景下，大数据不仅意味着挑战，也为我们的实际工作提供了很多契机，帮助完善从课前到课中再到课后的螺旋上升式的教学运行机制。

课前，了解不同的学情为教学设计服务，实现教与学的“第一次碰撞”。完成教学目标不是想当然的灌输与说教，更是启发与引导，坚持“为教学服务、为学生服务”的原则，通过大数据了解学生对知识点的理解及价值判断，让大数据为教学目标的有效设计服务。

要备课、备好课成为首要的问题。首先，运用大数据收集与整理功能，让思政课不局限于教师课堂的理论知识灌输，更能动态广泛地掌握更多数据信息为教学服务。其次，教师在课前大多停留在对学生情况的整体认知上，缺乏针对性和指向性，形成了“我要说”的教师主体局面。问题是教学的起点，学生要知道什么、渴望了解什么等这些问题在一定程度上是被忽视了的；在备课环节可以充分利用大数据对学生的知识面、价值观等情况进行了解，这更加符合教学规律。最后，思政课要特别发挥意识形态教育的主阵地和主渠道作用，要传达主流意识形态，“坚持建设性和批判性相统一”，也要敢于向错误思想亮剑，前提是要走近学生、了解学生。

课中，关注变化的学态为教学运行服务，实现“第二次碰撞”。学态即学生及其学习状况与具体样态，这是动向的、变化着的。大数据的实时动态性与学生的思想动态性之间本身就具有一致性，学生思想动态日日新、时时新，而大数据相较于过去传统数据收集，也具有实时动态性。随着教学的推进，学生从最开始的不了解到逐步了解、到心生疑惑等现象时有发生，大数据可以随机调取数据用于教学与管理。另外，利用数据治理，改变过去传统的单靠教师慧眼识人的局面，更加具有客观性与科学性。

上好课成为这个环节的核心目标。同时，这个环节还要与课前准备相联通，努力反馈与查找，检查课前的预判和课中的实际是否相符，这体现在教学设计、教学方法与手段、教学效果等各方面，从而达成数据共享，实现第一次升华。

课后，评价综合的学况为教学反思服务，实现“第三次碰撞”。学况指一堂课上学生的总体学习情况。课后反思是实现教学目标必不可少的环节，是对前面两个环节的总体评估，主要是针对课中对课前预判的反思和课中实际教学运行情况的综合总结。课后反思会进一步生成数据为下一次教学服务，同时，下次课前吸收、运用。这是第二次数据共享，实现了第二次升华。

“三次碰撞”“两次升华”均以大数据信息技术为辅助，以教学目标为驱动，共同构成“三环多向”协同联动教学数据治理机制。

在完成教学各环节的基础上会形成更庞大的数据群，可尝试建立教学热点难点数据库，进行数据资料的总结与开发，做到先行示范；尝试建立先进典型教师、示范课堂数据库，方便广大师生学习借鉴，为办好思政课营造良好环境，“坚持显性教育和隐性教育相统一”；尝试建立有助于学校思政课整体运行的数据库，涵盖管理与教学两大方面，确保相关资源的共享，形成各环节与各部门协同联动，完善思政课教学管理体制；致力于建设思政课教学科研二级机构，围绕人才培养目标，与其他相关部门共同配合，尤其是推动各类课程与思政课程同向同行，形成协同效应；加强对相关人员的数据素养培训，实现基于数据治理的思政课改革。

参考文献

［1］张瑞敏．大数据时代的高校思想政治教育研究综述［J］．四川理工学院学报（社会科学版），2017（3）：70．

［2］习近平．在中共中央政治局第二次集体学习时强调：审时度势精心谋划　超前布局力争主动　实施国家大数据战略加快建设数字中国［N］．人民日报，2017-12-10（1）．

［3］习近平主持召开学校思想政治理论课教师座谈会强调：用新时代中国特色社会主义思想铸魂育人　贯彻党的教育方针落实立德树人根本任务［N］．人民日报，2019-03-19（1）．

高职思想政治理论课教学信息化建设面临的困境及对策探析

黄振宣*

摘　要：近年来，在高职思想政治理论课（以下简称“思政课”）教学信息化建设快速发展的同时，也面临着思维、制度、实操等方面的诸多困境。正视问题并寻求突破这些困境的策略，有利于将思政课教学信息化建设向全面纵深推进并取得良好成效。

关键词：思政课　教学信息化　困境　对策

伴随着移动互联网、大数据、云计算技术的快速发展，新媒体和新技术对思政课教学方式改进、教学资源共享和教学效果提升等方面发挥的重要作用正在日益凸显，先后涌现出不少新型信息化教学方式，如微课、慕课、云课堂、翻转课堂等。然而，任何教育教学改革都不是一蹴而就的，高职院校在主动顺应“互联网+”时代发展潮流，深入推进思政课教学信息化建设的同时，也需要正视各种困境和挑战，进而寻求解决策略，最终实现现代信息技术与思政课教育教学的深度融合。

一、思政课教学信息化建设面临的困境

（一）思维困境

长期以来，“教师在课堂上讲，学生在课堂上学”已成为思政课教师授课

* 黄振宣：广西机电职业技术学院思政部主任，教授。2005年毕业于武汉大学法学院（刑法学专业，法学硕士），研究方向为思政课信息化建设，主讲“形势与政策”等课程。荣获省部级教学成果奖4项，入选2015年全国高校思政课优秀中青年教师择优资助计划，获评2015年全国高校思政课教师影响力提名人物。

和学生学习的一种固化思维模式，汹涌而至的教学信息化浪潮必将挑战这一思维定式，使师生不断远离传统教学的“舒适区”，经历改革嬗变所带来的种种“阵痛”。不少教师和学生选择对信息化教学采取“冷眼旁观”甚至“拒之门外”的态度，其主要原因在于未从思想根源上把信息化教学作为一种真正能提升教学效果的主流形式。

对于思政课教师而言，普遍缺少将现代信息技术全面、系统地运用到教学中的意愿和动力。有些教师对信息化教学的前景感到悲观，认为“微课”“慕课”“云课堂”等只是不断涌现出来的“泡沫”，不愿意进行探索和尝试。有些教师即使进行过尝试和实践，也是迫于上级和学校的行政指令压力，“浅尝辄止”，内心仍认为思政课教学不适合通过现代信息技术呈现。有些教师并非不相信信息化教学的独特优势和美好前景，但由于新型教学方式通常会加大教师的工作压力和工作量，对教学技能要求也更高，其容易滋生畏难情绪。

对于学生而言，尽管当代大学生是互联网“原住民”，在新媒体新技术应用方面有更多优势和特长，但不少学生对学习的认知仍未脱离“教师教，学生考”的传统思维定式和习惯，突出表现在：“自主学习”“终身学习”“泛在学习”等现代社会学习理念尚未深入人心，在学习意愿和选择上仍表现出较强的被动性和功利性，在学习过程中仍表现出对学校和教师极强的依赖性等。上述问题在思政课中的体现尤为明显。作为一门思想性和理论性都很强的课程，思政课“难教”和“难学”的问题始终存在，不少学生认为，思想政治教育类课程应当交由教师讲授，而非自主学习的过程，因此，对于教师推行的信息化教学模式，包括在网络上布置的自主学习活动和任务，学生完成积极性普遍不高，效果不明显。

观念是行动的先导，教学观念作为对教学的看法和秉持的基本态度，直接决定着教学工作的顺利与否。因此，深入推进思政课信息化教学改革，首先要破除传统观念带来的桎梏和藩篱，使广大师生逐渐走出传统固化思维的困境。

（二）制度困境

教学信息化建设是一项庞大的系统工程，不仅要求加大对基础设施的投入力度，而且要求持续完善相关软件环境特别是支撑教学改革的制度建设。纵观当前思政课教学信息化建设发展现状，信息技术与教育教学的融合仍处在较为初始的阶段，即信息技术只能满足教学的基本要求，但未能发挥其推动教学改革发展的强大作用。究其原因，主要是教学信息化建设的硬件和软件发展极不协调。一方面，许多高校在推进思政课教学信息化建设的过程中，非常注重校园网络、智慧教室、现代化教学设备等基础设施建设，为开展信息化教学改革提供了强有力的支撑；另一方面，许多高校也不同程度地存在信息化教学改革相关制度缺位或滞后等问题，既不能满足现实教学需要，也不能为推动信息化教学改革向纵深发展提供制度保障。

比如，许多学校的信息化教学改革项目缺少调研和论证，常常是为了使用经费而“仓促上马”，未能结合校情和课程特色提前制定发展规划，对教学改革的任务、目标、方向和路径不明晰，在实施的过程中常常迷失方向，“把错误的事情做得很正确”，不仅浪费了人力和物力，而且动摇了下一阶段继续推进信息化教学改革的信心和决心。又如，有些高校虽然积极打造传统课堂和网络课堂“两个课堂”有机结合的混合式教学模式，但并没有建立起系列教学管理制度，无法解决新型信息化教学方式推广应用过程中容易产生的各种新问题和新矛盾。这些新问题和新矛盾主要包括：如何建立常态化的培训体系，有效提高教师对信息化教学的认知水平和应用能力；在工作量剧增的情况下，教师的教学工作量和学生的自主学习学分如何认定；网络课堂的教学管理如何实现、效果如何评估；推动教师和学生积极参与教学改革的有关激励机制如何构建；混合式教学改革背景下如何提供及时有效的信息化教学服务和资源，等等。

总之，制度问题是制约教学信息化建设的关键要素，如不突破此困境，将难以推动高校思政课信息化教学改革的可持续发展。

（三）实操困境

尽管教学信息化建设的前景无限美好，但寄希望于信息技术一经使用，就能解决教学中的“老大难”问题并不现实。事实上，在思政课中推广运用新媒体新技术，实施新型信息化教学方式的过程中，不可避免地遇到许多前所未见的实操性困境和难题。要突破和解决这些困境并不容易，因为这必将直面信息化教学改革无法绕开的“坎”。

一是信息化教学与传统教学有机融合效果不明显。从目前来看，信息化教学与传统教学“两张皮”的现象仍较为普遍，不管是从具体的教学组织实施还是从目标任务实现来看，“两个课堂”融合发展的实效性欠佳，甚至出现要素交叉重复、相互抵消对冲教学效果的现象。哪些教学内容应该坚持传统讲授模式？哪些教学目标可以借助网络课堂更好地实现？网络课堂和传统课堂的界限及有机结合点应该是什么？这些问题一直在困扰着广大教师。

二是现代信息技术在思政课教学中的应用不充分。任何技术只是工具，能够发挥最大效果取决于“谁在用”和“如何用”等因素。就“谁在用”而言，目前，思政课教师对信息技术的掌握程度参差不齐，有些教师不愿意离开传统教学“舒适区”，对现代信息技术持有抗拒或排斥心理。有些教师年纪偏大，对新型信息化教学手段一筹莫展，要求其学习和掌握信息技术方面难度大，部分青年教师对使用信息技术的热情也不高。就“如何用”而言，许多教师不能把握新旧教学方式的差异，对信息技术的认知存在不足或误区，导致技术应用不当，效果适得其反。例如，许多学校在开发和应用微课的过程中，对微课的特点和规律把握不清，对微课的功能定义不当，仅把微课定义成一种教学资源而非教学模式，违背了推广运用信息技术的初衷和目的，其教学应用取得的效果并不理想。

三是思政课教学信息化资源共建共享程度不高。随着信息技术的快速发展和各高校需求的持续提升，各种各样的信息化教学终端和平台如雨后春笋般涌现，目前教育市场上利用率和成熟度较高的主要有“学习通”“微助教”“雨课堂”“蓝墨云课堂”“爱课程”“静思学堂”等。这些终端和平台的不断改版和升级，为推进思政课教学信息化改革与发展提供了良好的支撑和服务。但是，与功能越来越强大和人性化的终端相比，信息化教学资源开发还不够及时充分，远远滞后于教学需要，导致出现“平台虽强大但无资源可用”的尴尬局面。为解决这一问题，许多学校在采购信息化教学终端和平台的同时，也采购了终端和平台相配套的通用性教学资源，如课件、微课、教学视频等，但这些教学资源的适用性和可用性程度通常不高，往往不能支撑教师开展更有针对性和实效性的教学。

与建设信息化教学终端相比，开发和应用信息化教学资源难度更大、周期更长，成本也更高。就开发而言，如果只是仰仗某个团队或学校很难保证质量；就应用而言，耗费大量的人力和物力开发完成的教学资源，如果仅应用于某个团队或学校，则又未免有浪费之嫌。总之，教学资源重复建设，优质教学资源少且利用率不高，是当前思政课信息化教学改革过程中面临的主要问题。此外，信息化教学建设还缺少统一标准，导致高校之间的教学资源共建共享难以实现，大量的“教学资源信息孤岛”因此而产生。

优质资源始终是教学信息化建设的关键，如果仅有教学终端而无优质教学资源，我们很难吸引学生在课余时间舍弃游戏和其他娱乐进行自主学习。当然，思政课信息化教学资源共建共享尽管存在各种难题，但事实上并不难解决。毕竟，作为一门公共课程，思政课的教学目标、任务和内容在全国高校都有一致性，在恰当的政策导向下，这种独特的课程属性决定了整合校际优秀师资，合力共建共享课程教学资源具有更大的可能和空间。

二、突破思政课信息化教学困境的策略

（一）牢固树立以人为本和开放式教学观念，破除思维困境

观念的改变是最难的，但观念的改变往往是最彻底的转变。基于长期以来教学中存在的问题及实效性并不尽如人意的事实，引导广大教师树立“因事而化、因时而进、因事而新”的教育观念，积极投身教学信息化改革实践，这是思政课教学信息化建设取得成效的前提条件。

一方面，要牢固树立以人为本的教学观念。在教学中坚持以人为本，是指围绕学生的成长成才目标，尽可能为学生创造发展和提升的空间与渠道，实现知识体系的建构及综合素质的提升。管理者和一线教师应当认识到，传统教学方式必须要改革，改革不一定会成功，但不改革肯定没有出路。教学信息化建设的尝试不能够解决所有问题，但其所带来的教学管理、教学内容、教学方法的全方位转型升级，必将为学生学习思政课提供更多的学习选择和服务，这是“以人为本”教育观念在教育教学实践层面上相应的体现。

另一方面，要牢固树立开放式教学观念。在教学中坚持开放式教学观念，是指要广泛吸取一切优秀的教育成果和经验为我所用，努力实现教育目标、教育内容、教育方式、教育过程、教育资源和教育评价等各个教育环节的开放性。思政课固然是一门极为特殊的课程，但与其他课程也存在共性，在传统的封闭式教育格局被打破的形势下，构建全方位开放式的新型思政课教学模式同样势在必行。教学信息化建设将改变人们对思政课的传统刻板印象，不仅可为传统课堂增加活力，而且由于这种教学模式强调学生主体性，将更能提高学生思考、发现和解决问题的能力，促进综合素质的全面提升。

牢固树立现代教学观念，凝聚共识，创设人人关心、人人支持信息化教学改革的良好氛围，是一项需要长期坚持的工作，必须要把春风化雨的宣传思想工作和行之有效的激励机制建设有机结合起来。转变思维定式，接纳新生事物虽然需要一个长期过程，但值得乐观的是，“互联网+”时代浪潮正在加速这一进程的实现，不断改变人们对新媒体新技术教学应用的认识。当前，越来越多的思政课教师已经认识到：关键的问题已经不是要不要信息化，而是以何种方式实现信息化。

（二）加快建设信息化教学改革软件环境，破除制度困境

与其他学科和课程相比，思政课教学信息化建设存在软件与硬件建设发展不平衡的突出问题，特别是教学改革相关制度存在缺位或明显滞后现象。补齐这一短板，将是推动教学信息化建设持续发展的关键要素。

首先，必须结合校情研究制定发展规划和具体实施方案。要清楚描绘教学信息化建设的目标、任务、举措和路线图等，特别要精准确定传统课堂和网络课堂如何融合发展的具体路径。强调发展规划和实施方案先行，是因为各校推进教学改革的基础和环境存在差异，盲目照搬照抄其他学校的经验和做法不一定有效，最好的教学改革一定是最适合自己的。

其次，建立完善教学改革配套管理制度。在信息化教学模式下，“教师如何教”“学生如何学”“过程如何管理监控”“效果如何评估考核”都是不断涌现出来的现实问题，更加具体的问题还包括“教师教学工作量如何计算”“学生网络学习学分如何兑换”“如何有效防止学生虚假学习”“如何有效避免信息化教学带来的各种风险”，等等。系统梳理和分析解决这些问题并形成制度成果，将能为思政课教学信息化改革的有效开展与实施提供有力保障。

最后，探索构建思政课信息化教学科学评价体系。科学的评价体系，能够约束和支持教学改革工作，使其能够公平公正、合情合理、深入人心地展开。比如，评价体系能够真实反映教学实际情况，进一步确定改革中的成功经验和存在的不足，以利于教师进行有针对性的调整，进而提高教学改革的有效性。又如，将信息化评价结果纳入教师绩效考核内容和评优评先标准，必然转化为提升教师参与和优化信息化教学的强大动力。

（三）大力培育信息化教学团队，破除实操困境

人是第一要素，抓好师资队伍建设这个“牛鼻子”，大力培育信息化教学团队，是破解思政课教学信息化建设诸多教学困境和难题的关键一招。

一方面，要注重提升思政课教师队伍的信息化教学能力。习近平总书记在2016年全国高校思想政治工作会议上强调指出：“要运用新媒体新技术使工作活起来，推动思想政治工作传统优势同信息技术高度融合，增强时代感和吸引力。”树立信息化教学理念，掌握必备的信息化教学技能，能够熟练运用信息化教学资源提升教学效果，是新时代思政课教师专业成长的内在需要。思政课教师队伍信息化教学能力的提升应当是全方位的，主要

包括：一是开发面向教育教学活动的数字化、电子化、网络化资源的能力；二是将现代信息技术充分应用到课前、课中和课后各个教学环节设计的能力；三是整合运用现代信息技术并有效提升教学效果的能力。在提升教师信息化教学能力的过程中，既要避免陷入“为了信息化而运用信息化”的形式主义误区，也要避免陷入“重现代信息技术轻传统优势”的盲目改革误区。值得注意的是，提升信息化教学能力并非否定语言表达、组织课堂、诊断学情等传统教学能力的重要性，更不是要否定或改变传统有效的思政课教学方式和手段。

另一方面，要积极打造思政课信息化团队和命运共同体。与传统教学模式不同，教学信息化改革更需要坚持共商共建共享共赢的原则和思路，即发挥集体智慧，协同解决各种实操性难题和困境，在提升教学效果的基础上，将成功的教学实践上升为经验或理论，进行更大范围的推广和应用。凝聚共识，汇集最优秀的师资力量，组建校际、省际甚至国家级团队，打造教学信息化建设命运共同体，不但可以解决单个教师、团队、学校、地区无力把教学改革向纵深推进的现状，而且可以有效减少资源投入和浪费，少走弯路，促进技术、平台、资源等方面共享。更重要的是，缺少覆盖整个行业的标准是当前推进高校思政课教学信息化建设的重要阻碍，而协同作战将有利于促进一套具有普遍参考价值的标准与规范的建立，为教学改革实践提供基本遵循，从而提升思政课教学信息化建设的整体水平。2019年以来，中共中央宣传部在全国范围推出“学习强国”APP，这是发挥各方面积极性，齐心协力打造的全国党员学习平台。自2019年1月1日上线以来，由于“学习强国”APP内容权威、特色鲜明、技术先进而广受欢迎，在全国各地掀起了一股学习热潮。目前，“学习强国”APP逐渐取代各地自主开发的平台而成为全体党员干部学习的首选。“学习强国”APP应用的成功实践，可为推进高校思政课教学信息化协同建设提供有益参考和借鉴。

任何一项教学改革都不是一蹴而就的，当前，思政课信息化建设面临诸多困境，效果也未必达到预期，但是，不能因为这些困境的存在就对现代信息技术采取视而不见、敬而远之的态度。相反，树立“因事而化、因时而进、因事而新”的教育观念，对教学信息化建设采取更加开放、包容和理性的态度，努力寻找对策突破困境和解决问题，这才是新时代高校思政课教学改革的应有之义。

参考文献

[1] 柳礼泉，范诚忠，汤素娥. 开放式课堂：思政课教师培训的范式创新 [J]. 思想理论教育导刊，2017 (4)：98-100.

[2] 王旭辉. 高校信息化教学面临的困境及对策探析 [J]. 内蒙古农业大学学报，2019 (4)：65-67.

以“微电影”实践教学形式创新高校思政课的应用研究

王元琨　郑云宏*

摘　要：“微电影”作为深受青年人喜爱的新媒体形式，凭借较高的参与度和简易的制作流程，迅速风靡大学校园，深受“95后”和“00后”的欢迎，同时也为高校思想政治教育带来新的契机。学生在“微电影”中设计人生，演绎自我，以光影铸就梦想，培育坚定的人生理想信念和强烈的社会责任感。可以说，“微电影”实践教学模式，是一种行之有效的、具有时代影响力的创新型高校思想政治理论课（以下简称“思政课”）的全新尝试。

关键词：“微电影”　创新　思政课

* 王元琨：内蒙古机电职业技术学院公共管理系教师。毕业于内蒙古师范大学旅游管理专业，硕士研究生，研究方向为课程思政，主讲“内蒙古导游基础知识”“旅行社计调”与“旅游英语”。曾获得内蒙古自治区职业院校技能大赛一等奖优秀指导教师、内蒙古自治区“创青春”大学生创新创业大赛一等奖优秀指导教师、内蒙古自治区首届思政课程与课程思政教学技能大赛二等奖、内蒙古自治区高校青年教师教学技能大赛二等奖、内蒙古自治区职业院校信息化教学大赛二等奖及第二届全国“我心中的思政课”微电影大赛优秀奖指导教师等12项国家级和自治区奖励。在国家级期刊发表论文12篇，北大核心收录1篇；主持3项国家部委课题，编写教材1部，获批专利2项。

郑云宏：内蒙古机电职业技术学院马克思主义教研部主任，教授。毕业于内蒙古师范大学马克思主义学院思想政治教育专业，硕士研究生，研究方向为党建，主讲“职业生涯与就业指导”“思想道德修养与法律基础”。曾获得内蒙古自治区高校思想政治研究先进工作者称号，创建培育的支部曾获得教育部“全国党建工作样板支部”“内蒙古自治区教育厅机关委员会先进基层党组织”的称号。主持参与内蒙古自治区、地市级社科联项目10余项，撰写论文10余篇，主持编写教材6部。

一、“微电影”概述

（一）“微电影”的概念

“微电影”是具有完整的故事情节、严谨的逻辑结构、鲜明的形象和主题，具备传统电影基本要素和特征的，在较短时间内和休闲状态下，通过移动设备在各类新媒体平台观看的视频短片。

（二）“微电影”的特点

虽然“微电影”具备了传统电影的基本要素，但是在影片时长、投资与制作手段及传播方式等方面，和大银幕电影具有明显的区别。具体来说，“微电影”具有以下四大特点：第一，影片时长短。一般来说，“微电影”的时长在3~10分钟，最长不超过15分钟。第二，制作简单投入少，拍摄成本低。拍摄通常采用手机、相机或DV等设备；后期配音采用录音笔、麦克风等；后期剪辑配乐使用“绘声绘影”“爱剪辑”等入门级视频剪辑软件。第三，播放简便。通过手机、平板和笔记本电脑等移动终端，“微电影”可以在任何地点、任何时间播放。第四，参与性强。“微电影”的内容可以是拍摄者的个人真实生活经历的再现，也可以是创作人员思想价值的体现，制作过程则是工作人员兴趣爱好和能力的集中展现，是一种完全体现自主创作的视频成果形式。

二、以“微电影”形式创新高校思政课的探索路径

引领、鼓励大学生围绕校园生活、青年成长、理想与信念和社会民生等当下热点话题，以社会主义核心价值观为指导，创作、拍摄宣扬爱国主义、民族精神、优秀传统文化和时代特征并贴近生活实际的“微电影”，能够培养学生养成良好道德品质的自觉性，丰富人文情怀，增强社会责任感。不仅如此，在“微电影”的创作过程中，学生们能够充分展示个人的才华，练就分析问题、解决问题的能力；拍摄过程中团队成员的创作思想和灵感的火花碰撞、工作中既竞争又合作的较量关系，以及共同面对难题时激发的团队精神等，都使得学生的创新能力和身心潜能得到了最大程度的发掘。

（一）确定电影主题，选择拍摄题材，组建摄制团队

《普通高校思想政治理论课建设体系创新计划》明确指出："思想政治理论课是进行社会主义核心价值观教育，帮助大学生树立正确世界观、人生观、价值观的核心课程。"在充分发挥实践教学、网络教学的补充作用时，必须以社会主义核心价值观为指导，以"思想道德修养与法律基础""毛泽东思想及中国特色社会主义体系概论""形势与政策"和"中国近现代史纲要"等课程内容为素材，引导大学生从理想信念、励志成才、道德修养、爱国情怀、社会现实、重大历史事件等方面，拍摄反映贴近生活实际的"微电影"。

召集一批思想素质过硬、师德师风高尚、有扎实学识和仁爱之心的教师，组建专业特长、学科背景和职称结构合理的指导教师团队，分阶段、分领域对拍摄工作进行指导，在"微电影"摄制全过程中强化影片价值引领的地位，把控"微电影"的正确方向；结合学生的兴趣特长、个人形象、工作能力和态度等，组建学生团队。提前布置"微电影"拍摄的相关事宜，以便让学生提前熟悉、思考和设计影片内容、撰写剧本及初步统筹安排拍摄和后期制作等工作。

（二）撰写剧本，设计分镜头，编写台词

影片主题和题材确定后，指导教师团队与学生演职人员要根据主题撰写剧本。由于高职学生的写作能力和剧本设计能力有限，学生独立完成剧本难度较大，因此这一阶段，指导教师的作用就十分关键。

首先，要为学生讲授剧本撰写的基本方法：一是在剧本中对画面场景进行描写，根据剧情和角色性格设计主要动作，用"△"进行标注（图1）；二是精简台词量，丰富对白内涵，符合人物身份、年龄和性格；三是对镜头的运用进行详细说明，如镜头从特写切换还是从远景切入、是短镜头的切换还是长镜头的一气呵成及画面的重点人物该如何突出等。

其次，指导教师对剧情进行商榷。要用凝练的语言体现角色鲜明的性格，在最短的时间内给观众强烈的代入感；设计典型的戏剧性矛盾冲突事件，说明人物关系；剧情节奏上松弛有度，有高潮有花絮；还要注意观赏性和教育性于一体，营造轻松幽默的风格的同时符合主流价值观。

<table>
<tr><th>场景</th><th>脚本台词</th><th>镜头运用</th></tr>
<tr><td>场景3
思政课教师组织上课</td><td>思政教师：同学们，大家好！今天我们学习的任务是“人生的青春之问”。“人生的青春之问”，我们应该问什么？问人生？问青春？问人生：人生有太多的问题需要我们来回答，而核心的问题是，人为什么活着？人应该怎样活？什么样的人生才有价值？问青春：就是要问怎样才不虚度青春年华，成就出彩的人生？现在，我先听听大家的想法：你希望自己成为一个什么样的人？拥有什么样的人生？</td><td rowspan="2">镜头拍摄教师站在讲台上授课，背景为智慧黑板。
板书内容体现“思想道德修养与法律基础”课程内容或者教材第一章“人生的青春之问”</td></tr>
<tr><td>场景4
刘杰坐在座位上，随意、漫不经心地回答问题</td><td>刘杰（主动说）：老师，我想拥有的人生就是，“有朝一日剑在手，江湖由哥带你走”。可惜呀，曾经想仗剑走天涯，后来作业太多，没走成。
△（同学们听到答案后捂嘴嘲笑、起哄）
这时学生A说：看人家刘杰，天老大，他老二！真牛！
△刘杰听到有同学起哄，回头示意表示不满</td></tr>
</table>

图1　剧本截图

（三）向专业影视制作团队学习取经，随时调整拍摄方案

剧本完成之后，“微电影”的拍摄和剪辑就成为指导教师和学生团队面临的最大的难题。虽然在剧本创作阶段，师生共同讨论并落实了分镜头脚本，但是专业性较差。因此，指导教师与学生团队负责人需要定期同专业影视制作团队学习和交流，学习脚本的设计和镜头运用的技巧。例如，脚本是拍摄的镜头的提醒，但并不是一成不变的。因此在拍摄过程中，要根据场景、设备和演员状态等调整拍摄方案；长镜头的拍摄难度大，对演员的表演要求较高，但是长镜头在整个影片中对剧情层次起到了“推波助澜”的作用；影片的剪辑主线是旁白，旁白的内容决定了在后期剪辑中选取哪些镜头片段，进而决定了影片的时长和最终风格。

（四）拍摄剪辑设备说明

正如前文中提到，“微电影”具有制作简单投入少的特点，相机、DV、手机均可作为拍摄设备，特别是现阶段国产智能手机的像素和分辨率已经达到较高的水平，因此建议采用的是“智能手机+OSMO手机稳定器”的拍摄方式（图2、图3）。

图2　OSMO手机稳定器

图3　摄影师采用OSMO手机稳定器拍摄

“微电影”的剪辑软件推荐采用入门级的“爱剪辑”“爱拍大师”及“会声会影”等进行“粗剪”，同时配以字幕等效果的合成。若条件技术允许，推荐使用“Adobe Premiere”专业剪辑软件。“Adobe Premiere”的剪辑界面精良专业，可实现画面的“精剪”，转场效果、动画特效丰富（图4、图5）。

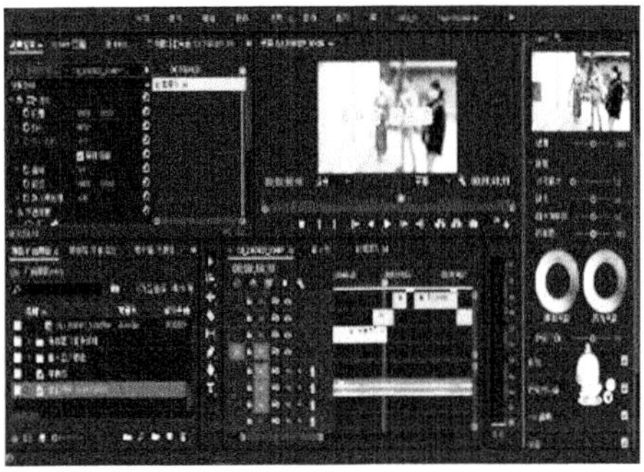

图4　“Adobe Premiere”剪辑界面

图5　后期剪辑工作掠影

（五）召开经验交流会，教师点评，学生总结

影片制作完毕之后，指导教师组织召开分享交流活动，参与“微电影”表演和制作的团队成员分享在电影拍摄制作过程中的收获与感悟。同时邀请专业影视团队负责人、思政课教师一同观看影片，对影片拍摄的技术性和影片的思政教育主旨进行点评。

（六）搭建平台，推广作品

“微电影”作品剪辑为成品后，学生团队要对活动的资料和视频进行整理并撰写文案，设计推送内容版式。将影片的主旨精神和台前幕后工作人员的先进经验与工作精神传递给广大师生，起到榜样宣传作用。

三、以“微电影”形式创新高校思政课的实践意义

（一）以“微电影”创新思政课的形式，能够极大地增强思政教育的感染力

“微电影”的题材多取自学生的真实学习生活场景，集中地反映了当代大学生在校园生活、青年成长、理想与信念等方面的思考和困扰。熟悉的拍摄场景，相似的生活经历，共同面临的青春难题……学生在“微电影”中细细地品味着与主人公经历的相似价值冲突，感慨于主人公获得的人生启示与感悟，从主人公的形象上攫取人生经历和价值观的闪光点……学生的人生、理想和信念的种子慢慢地在“微电影”的形、声、光、色的综合作用下生根发芽。可以说，一部时长10分钟的“微电影”，浓缩了当代校园千姿百态的大学生活，能够引发众多大学生强烈的情感共鸣，给青年学子带来巨大的榜样的力量。

（二）以“微电影”创新思政课的形式，促使学生在创作中完成价值体验，内化理想人格

学生在影片创作过程中，围绕理想信念、励志成才、道德修养、爱国情怀、社会现实、重大历史事件等题材，以弘扬社会主义核心价值观为宗旨，深入理解、思考影片的主旨；在团队讨论、个人独立思考中不断涤荡深化思想道德和价值观领域的体验。不过，电影创作的过程从来不是一蹴而就的，通过对剧情进行反复的“讨论—琢磨—再讨论—完善”的打磨，学生在自己作品的创作过程中接受教育，最终将理论内化为品格、行为锻造成能力。

（三）以“微电影”创新思政课的形式，能够训练、强化学生发现、分析和解决问题的能力

在“微电影”创作中，学生在指导教师的指导下进行剧本的编写、演员的挑选，在充分领会指导教师的安排之后，向指导教师寻求解决问题的原则，制订解决问题的方案，明确工作流程。从遇到问题“不知所措”，再到“轻车熟路”解决问题，学生实现了从“学会”向“会学”及“会解决”的能力提升。影片的后期制作面临大量的难题，如影片素材的选择、画面过渡效果的设计、片头片尾动态视频的设计和字幕的插入等。此时学生需要向专业团队

请教或者自主学习获得解决问题的办法。在解决难题的过程中，学生能深刻地领会“精益求精”“专注投入”和“不畏难题，勇于探索”的职业精神（表1）。

表1 学生在“微电影”创作中培养的职业精神

微电影	培养的职业精神	典型案例分享
关于大学生社会实践的微纪录片（时长5分钟）	精益求精	我将汉语版的旁白交给了其同学，进行蒙古语翻译。由于蒙古语是一种意境语言，很多汉语表达是不能直译的，在翻译过程中也遇到了很多困难。其同学是一位很有责任心，工作认真细致的蒙古族姑娘。她和同学积极探讨，向蒙古族老师请教，多次修改旁白稿。在录音过程中精益求精，一句话或者一个词没有读好，都要重新来一次。 ——指导教师印象最深的一件事
	不畏难题勇于探索	第一次制作蒙古语配音版的微电影，一开始我和老师表达了“无法实现”的想法。因为蒙古语和汉语语速不同，我们几个主创不懂蒙古语，团队中的蒙古族同学不懂技术上的问题。但是后来经过认真分析难点，我们找到了解决问题的关键，很快地完成了蒙古语版的制作。这件事让我觉得，我们认为一件事很难的时候，往往是没有选择最合适的方法。不畏艰难是最难能可贵的。 ——学生团队成员的心得摘录
关于文明旅游的微公益短片（时长2分钟）	专注投入	我们拍摄过程中正巧有一个大型会议的接待也在用这个场地。不过我们并没有受到任何影响，也没有觉得周围有那么多人不好意思。反而我们边拍边讨论，老师也为我们指点应该拍摄哪些素材。我们更多的是关注表演的设计，但是等我们拍摄结束后，才发现周围有好多人在围观我们。 ——学生团队成员的心得摘录

（四）以“微电影”创新思政课的形式，能够帮助学生树立自信，提供实现内心梦想和展示才华的舞台，开拓职业发展新领域

学生演员在剧本要求的基础上，充分发挥个人的表演特长，扮演完全不同的角色，尝试不一样的人生，借助于10分钟的“微电影”，表达自己的思想和诉求，实现自己长期隐藏于内心的梦想。

除此之外，以“微电影”创新思政课的形式为学生提供了开放的、有丰富的可利用资源的学习环境，学生能够发现在课堂上被自己、教师和同学忽略的个人亮点，从而在拍摄过程中重新树立自信，不断发掘自身潜力，重新定位人生目标。

（五）以“微电影”创新思政课的形式，能够拉近师生距离，提高学生管理能力，丰富教师职业能力结构

“微电影”实践教学具有较强的互动性，指导教师的角色也随之发生变化——教师不再仅仅是知识的传播者，还是学生的指导者、合作者和服务者。

当学生工作状态低迷、表演状态不佳时，指导教师需要采用合适的方式方法，耐心帮助寻找工作停滞不前的原因，引导学生寻找表演状态不佳的症结和解决问题的关键；当拍摄进程延缓、成员相互之间配合不顺畅时，教师需要为学生缕清逻辑关系，协调各部门的工作，以确保拍摄的正常进行。

学生是“微电影”拍摄制作的主体，指导教师也要做好服务保障工作。要从学生的立场出发安排拍摄时间，发挥教师个人社会能力联系校外拍摄场地和准备特殊服装道具等，为学生解决后顾之忧。

不仅如此，指导教师还要走进学生内心，发现学生优点、肯定学生的努力和付出，赞美学生取得的进步和成绩，与“00后”学生建立良性互动的师生关系。

四、结语

以“微电影”实践教学形式创新高校思政课的模式，是一种行之有效的、具有时代影响力的创新型高校思政课形式的尝试。所体现出的自身优势和特点也大大促进了实践教学质量的提高，有利于实现学校实践育人的整体目标。可以说，“微电影”作为一种符合时代特征的教学方式必将推动高校思政课的深化改革和创新发展。

参考文献

[1] 龚丹．高校思政理论课“微电影课堂”的实践与探索［J］．产业与科技论坛2016（24）：152-153．

［2］焦小英．微电影背景下高校思想政治教育实效性探析［J］．党史博采，2017（9）：49，63．

［3］马小荣．微电影教学法在高职思政课中的应用研究［J］．船舶职业教育，2017（11）：54-57．

“三模块、四维度、四协同”
——提升高职院校思政课吸引力的创新实践探索

张江伟*

摘　要：思想政治理论课（以下简称“思政课”）作为落实立德树人根本任务的关键课程和铸魂育人的核心课程，是帮助当代大学生树立科学的世界观、人生观和价值观，引导广大青年坚定不移跟党走的主渠道。面对新时代新要求，应从设计的系统性、开展教学的协同性和推进的整体性出发，通过构建“三模块、四维度、四协同”的高职院校思政课新模式不断增强高职院校思政课的思想性、理论性和针对性。

关键词：思政课　高职教育　吸引力

加强和改进学校思政课是党和国家的一项重大战略任务。职业教育与普通教育是两种不同的教育类型，具有同等重要地位。尤其是党的十八大以来，以习近平同志为核心的党中央把学校思政课摆在更加突出的位置，作出一系列重大决策部署。高职院校思政课是落实立德树人根本任务的关键课程，是铸魂育人的核心课程。面对新任务新要求，高职院校思政课要从设计的系统性、开展教学的协同性和推进的整体性出发，不断增强高职院校思政课的思想性、理论性和吸引力、针对性。

一、“三模块、四维度、四协同”思政课创新的靶向目标

日常教学面临的困境是思政课创新的现实土壤，针对目前高职教育领域

* 张江伟：山西经济管理干部学院（山西经贸职业学院）思政部副教授。主要从事思想政治教育、马克思主义中国化研究。主讲课程：“思想道德修养与法律基础”“毛泽东思想和中国特色社会主义理论体系概论”和“形势与政策”。主持完成的思政课教学改革成果分别获得山西省教学成果特等奖和二等奖。

普遍存在重知识技能传授、轻思政教育和职业素养培养的现象，重点聚焦高职院校思政课存在的思政课教育教学内容多而难、课时数少而散、实践教学少而弱，思政课教育教学“配方”比较陈旧、“工艺”比较粗糙、“包装”不那么时尚、学生抬头率不高，思政课教育教学保障机制有待进一步完善的三方面问题，构建“三模块、四维度、四协同”的高职院校思政课新模式。通过连续七年的实践与完善，该模式极大程度地提升了高职院校思政课吸引力和亲和力，实现了思政教育强化、职业素养培育和职业技能提高的“三促进效应”，达到了学生获得感增强、教师幸福感提升、用人单位认可度提高的“三满意成效”。

二、“三模块、四维度、四协同”思政课创新的具体实施

（一）实行高职院校思政课“三模块”教学模式改革

构建以课堂理论教学为基础，以专题讲座教学为补充，以社会实践教学为延伸、内化、检验、运用的“三位一体”教学模式。“三模块”教学模式，就是针对高职学生所必须掌握的理论知识和操作技能，构建相应的课堂理论教学模块、专题讲座教学模块和社会实践教学模块立体教学，突破学科教学的系统性和完整性，强化针对性和有效性。重视培养学生的综合职业能力，以学生为主体，以模块为教学单位，不断提高技术技能型人才的综合素质。

专题讲座教学模块有五个特点：专兼结合，内容精深，形式新活，分层讲座，联系实际。

“专兼结合”是指在选择开设专题讲座的教师时，可以由专任教师与兼职教师相结合。除思政课专任教师以外，可以安排校领导和各部门领导开设有针对性的讲座，还可以邀请一些校外专家、社会成功人士和社会先进人物担任特邀报告员。

“内容精深”是指要求开设讲座的教师在广泛获取信息、精心组织材料的前提下，把问题讲通、讲透，在内容的选择上突出针对性和精深性。

“形式新活”是指教师在确定选题时，有一定的选择自由。在结合社会实际、学生思想实际、教材实际的基础上，以针对性和实效性为标准进行选题。内容和材料的选择都必须是比较新颖的。在讲授方式、提问方式、课堂教学组织形式上，均可灵活多样。

“分层讲座”就是指根据学生在校期间思想发展的轨迹，针对每个阶段学

生可能出现的倾向性问题，设计专题系列讲座。如大学一年级突出如何做个合格高职大学生，解决其适应问题和学习问题；大学二年级突出职业生涯设计，解决专业特征与职业关系问题；大学三年级突出就业指导，解决就业心理与技巧问题。

"联系实际"是要求专题讲座必须结合实际，以解决学生实际思想问题为宗旨，不能为求新而求新，努力做到贴近学生、贴近生活和贴近实际。

社会实践教学模块中形成"康镁模式"，具有"三融六同六对接"的特色。"三融"：就是通过课程实训、生产实训、顶岗实训，使学生在校学习阶段融入企业岗位；通过开展教学活动与生产活动，实现教师与企业工程技术和管理人员的融合；通过开展校企文化交流活动，实现校园文化与企业文化的融合。"六同"：就是共同制订人才培养方案，共同开展专业建设，共同组织教学和生产管理，共同使用双方设备，共同评价培养效果，共同分享培养结果。"六对接"：就是专业建设与企业事业部相结合，促进专业设置与企业发展需求的对接；校内课程体系和企业工作任务相结合，促进教学过程和生产过程对接；培养方向和岗位需求相结合，实现操作技能与就业技能无缝对接；教研与企业课题相结合，促进教学研究与解决企业实际问题对接；学业能力考核与职业技能鉴定相结合，实现学历证书与职业资格证书对接；顶岗实习与就业岗位相结合，实现学生到员工的"零距离"对接。

（二）推进高职院校思政课"四维度"教学要素创新

高职学生、思政教师、教学内容、教学手段作为影响高职院校思政课吸引力的核心要素必须系统结合整体推进。将"学生主体，教师主导"的价值导向贯穿始终，关注学生角色心理，确保学生主体地位，增强学生心理免疫，促进学生主动学习；提升教师素质，坚持持续性学习，树立学科自信，坚定对马克思主义理论的信仰定力，发挥模范作用，加强对学生的正确引导力，以教师的专业魅力乃至人格魅力吸引学生；改革教学内容，在坚持统编教材内容的基础上，重构教学体系，打造更富时代性的教学内容，联系更具现实性的教学内容，以全新的内容吸引学生；创新教学手段，积极推进信息化教学，拓宽学习时空，通过多种多样的教学形式丰富教学过程和吸引学生。

（三）构建高职院校思政课"四协同"教学保障机制

完善"大思政"组织架构，加强组织协同。成立思政课工作领导组，组长由党委书记担任，分管思政工作的党委副书记和分管教学工作的副院长直接主管思政课教学工作，形成“党委统一领导、党政齐抓共管、职能部门紧密配合、思政部具体实施”的体制。完善配套办法，加强制度协同。从宏观、中观和微观三个方面，开展制度的“清废改立”，健全思政课工作制度。明确工作职责，将班主任工作经历列为教师职称评聘的必要依据。加强队伍协同，建立思政课教师队伍、班主任辅导员队伍、专业课教师队伍、党政群团干部队伍协同工作机制。加强环境协同，坚持家、校、社会一体，建立家长联系制度和社会资源开发利用机制。构建学校、家庭、社会和谐互动的育人氛围，确保三种作用力在方向上一致、方式上互补、功能上叠加。

三、“三模块、四维度、四协同”思政课创新的亮点特色

（一）构建并形成了系统育人理念下的高职院校思政课吸引力新体系

坚持系统育人理念，围绕打破应试导向思维，跳出教学关注教育，选择全视域视角，借鉴系统学协同论原理，通过问题导向、目标引领、模式建构、要素突破、机制保障等子系统相互协同作用，构建实施高职院校思政课吸引力“三模块、四维度、四协同”体系。新体系对高职院校思政课教学模式进行了改革，从教学要素出发，探究提升思政课吸引力的具体措施，建立了互相协调配合的教学保障机制，为高职院校思政课教育教学工作提供了一种范式。

（二）探索并实践了高职院校思政课新教学模式

高职院校思政课“三模块”教学模式，实现了思政课的课堂理论教学、专题讲座教学和社会实践教学的有机结合。思政课与专业课联动，思政课突出思想引领和确立价值导向，专业课在知识技能学习中领略知识魅力和激发探究动力。理论学习与职业实践联动，通过顶岗实习、工学结合、校企合作、志愿服务、社会调查和“三下乡”等社会实践，培育学生实践技能和工匠精神，形成的“康镁模式”效果显著，具有“三融六同六对接”的特色。新媒体应用与载体创新联动，树立“互联网+思政教育教学”思维，微信公众号建设应用及云课堂在思政课教学的普遍运用，使思政课教育教学传统优势与信息技术高度融合。

（三）构建并实施了多元协同的体系运行新机制

通过厘清高职院校思政课教学保障机制的协同问题，提高各子系统要素

的协同效应，从组织、制度、队伍、环境四方面改善思政课教育教学系统各要素间的协调配合，让体制原力、机制活力、教育合力实现系统共生。四个协同为优化高职院校思政课教育教学系统的工作机制提供了行之有效的解决方案（图1、图2）。

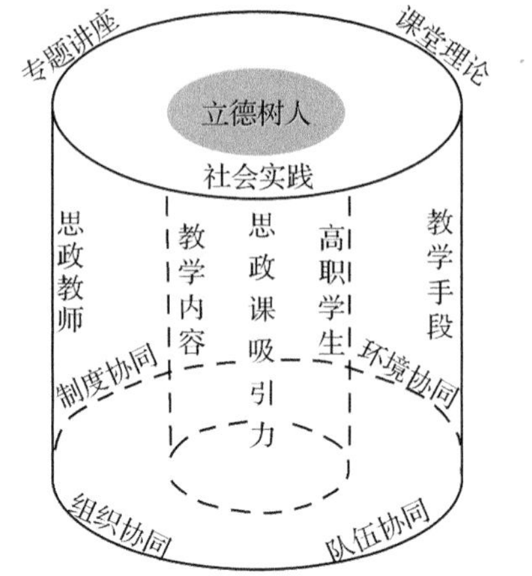

图1　“三模块、四维度、四协同”体系图示

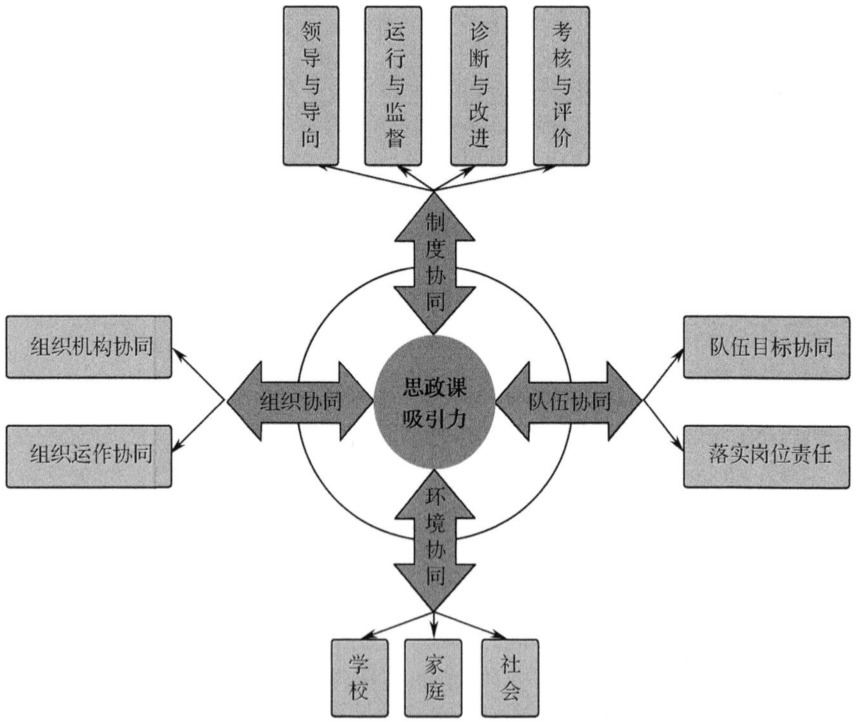

图2　“四协同”图示

四、“三模块、四维度、四协同”思政课创新的应用效果

在连续七年的思政课教育教学改革实践过程中，形成的“三模块、四维度、四协同”提升高职院校思政课吸引力的创新实践研究成果，大大提升了学院思政课吸引力和亲和力，也增强了学生学习的积极性和主动性，教学成果惠及校内学生近2万人，培养了一大批优秀毕业生。同时，该研究成果已得到常州机电职业技术学院、中山火炬职业技术学院、马鞍山职业技术学院、商丘医学高等专科学校、山西省财政税务高等专科学校、山西建筑职业技术学院、山西警官职业学院、山西金融职业学院、山西轻工职业技术学院等25所高职院校的借鉴应用，印证了该成果的实效性。

参考文献

［1］习近平主持召开学校思想政治理论课教师座谈会强调：用新时代中国特色社会主义思想铸魂育人　贯彻党的教育方针落实立德树人根本任务［N］. 人民日报，2019-03-19（1）.

［2］习近平. 在全国教育大会上强调：坚持中国特色社会主义教育发展道路　培养德智体美劳全面发展的社会主义建设者和接班人［N］. 人民日报，2018-09-11（1）.

［3］习近平. 在全国高校思想政治工作会议上强调：把思想政治工作贯穿教育教学全过程　开创我国高等教育事业发展新局面［N］. 人民日报，2016-12-09（1）.

［4］习近平. 决胜全面建成小康社会　夺取新时代中国特色社会主义伟大胜利——在中国共产党第十九次全国代表大会上的报告［M］. 北京：人民出版社，2017.

［5］教育部思想政治工作司. 加强和改进大学生思想政治教育重要文献选编（1978—2014）［M］. 北京：知识产权出版社，2015.

高职学生思政课获得感模型构建及提升路径

黄　燕*

摘　要：本文以思想政治理论课（以下简称“思政课”）获得感提升的一般模型为基础，结合高职学生的具体学情、生情及其与获得感理论模型的关系，构建了高职学生思政课获得感提升的特殊模型。依托该模型，针对高职学生在感知阶段、评价阶段和反馈阶段不同的获得模式，为高职学生思政课获得感提升设计了三条具体路径，从思政课自主学习阶段、导学达标阶段、成果检验阶段提升学生感知阶段的获得感、评价阶段的获得感及反馈阶段的获得感。

关键字：高职　思政课　获得感　模型　路径

高职院校思政课是落实高职院校立德树人根本任务的关键课程，是高职学生提升道德修养、培养理想信念、学做真人的主渠道。学生学习效果好不好，有没有真正地被理论所说服，有没有做到真学真懂真信真用，关键看学生获得感强不强。有学者认为，获得感“是人们对社会资源的获取和占有情况，在某种程度上反映人们对所获取和占有资源的认同状况”。因此，高职学生对思政课的获得感反映了学生对马克思主义理论的获取及认同情况，客观上也反映了学生的思想状况和政治觉悟，反映了学生对“两个维护”的坚持情况和对“四个自信”的坚定程度。因此，教师在教学过程中要以“获得感”为出发点和着力点，在课堂设计和教学活动中围绕学生的合理需求，以学生的心理变化规律和行为养成规律为遵循，形成基于学生“获得感”提升的教学模式。只有学生获得感提升了，才能真正理解马克思主义理论的核心要义、

* 黄燕：重庆城市管理职业学院马克思主义学院教师。主讲“毛泽东思想和中国特色社会主义理论体系概论”和“形势与政策”两门课程。2011年毕业于重庆邮电大学思想政治教育专业，主要从事思想政治教育、马克思主义原理的研究。公开发表相关学术论文10余篇（其中核心期刊2篇），编写专著1本，主持研究省部级项目1项、校级重点项目1项、校级教改项目1项，参与研究国家级项目3项。

精神实质、丰富内涵和实践要求，高职思政课的教学效果才能提升，教学目标才能达成，才能叫上好了一门有温度、有情怀、有担当、接地气的思政课。

一、高职学生思政课获得感理论模型构建

（一）一般思政课获得感理论模型

一般思政课获得感主要经历“感知—评价—反馈”三个阶段。首先，获得感作为一种感受，是从感知开始的。感知即感觉和认知，表现为对思政课讲授知识的感性认识和初步了解。其次，学生评价是获得感产生的发生阶段。思政课是一门系统课程，其学理性较强、知识性较广、理论性较深、批判深刻，兼具科学性与阶级性、实践性与理论性，因此学生评价可以验证学生能否顺利吸收、消化理论，是否能完成从感知到认知的转化，是否有所获得。最后，学生反馈是获得感的外显表现，也是第三个阶段，表现为认同和排斥。学生认同是对思政课高获得感的外显形式，学生排斥则是低获得感的外显形式。当学生对老师满意，对课程价值追求理解时，则是认同的；反之，对老师心理疏离，对课程价值否定时，则是排斥的。基于这三个阶段，一般思政课获得感理论模型构建如图1所示。

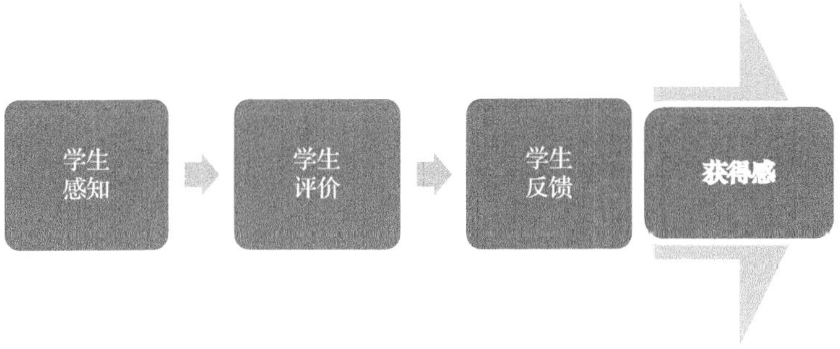

图1　一般思政课获得感理论模型

（二）高职学生的学情特质及与思政课获得感理论模型的关系分析

本文重点考察高职学生思政课获得感的提升，原因在于高职学生特殊的学情特质、个性特点、兴趣爱好、心理感受及行为模式。因此，要提升高职学生思政课的获得感，需要充分考虑这些特殊因素，把握矛盾的特殊性，分析其具体成因，考察这些特殊性同高职学生思政课获得感理论模型构建中各

阶段的关系和影响，为高职学生思政课获得感提升做好前期准备和经验积累。

首先，职业教育肩负着培养多样化人才、传承技术技能、促进就业创业的重要职责。高职教育更加注重技能技术教学和实践教学，高职学生也更加偏爱技能技艺的学习和工学结合的教学模式，而对思政课理论性知识的理解、消化、吸收存在一定的难度。其次，职业教育对职业精神和职业技能的高度关注使得高职学生在获得感的反馈和评价阶段可能会相对模糊、错位和滞后。由于对理论性知识不敏感，对理论性知识理解过程更长，学生在思政课中很容易产生暂时的、不清晰的、无效的评价，甚至还会出现误会性评价。最后，高职学生大多具有动手能力强、思想活跃、表现力强等特点，在反馈阶段更容易放大其获得感的外显性作用效果，形成协同和感染效应，对思政课获得感的提升既带来机遇也带来挑战。

（三）高职学生思政课获得感理论模型

结合高职学生特殊的学情特质、个性特点、心理过程、行为模式及一般思政课获得感理论模型，经过调整、优化，构建高职学生思政课获得感理论模型（图2）。

图2　高职思政课获得感理论模型

该模型的构建将高职学生的学情特征作了具体分析，在感知阶段适当调整知识结构，优化了理论感知、价值感知和教师素质感知之间的比重关系。在评价阶段，通过关注学生的学习期望和思想状态的变化，监测理论的弄懂弄通过程，对有效评价、暂时性评价、模糊评价和误会性评价都予以充分考虑，对学生进行全面引导和纠正。在反馈阶段，思政课教师将具体反馈和反馈效应结合，把握正面效应，注重正能量的传播，适时消解负能量。整个获得感形成过程是一个良性互动机制，各阶段之间的扩散性、协作性加强，使获得感提升的动力机制更加明朗。本文也将结合三个阶段论述其提升路径。

二、高职学生思政课获得感提升路径分析

（一）感知路径提升：增强高职学生思政课自主学习阶段的获得感

感知路径是建立在课堂教学过程中的，要在不断传播思想政治理论知识的基础上，引导学生沿着真理的方向去独立思考、提升认知、认识世界、改变世界，同时教师的道德情操则是最好的教学素材，能强化两种感知的效果，提升教学实效并增强学生思政课自主学习阶段的获得感。

（1）以知识感知为出发点，注重思政课的知识性。思政课是以马克思主义理论学科知识为教授内容的严整且丰富的课程体系，其历史唯物主义和辩证唯物主义系统理论不仅是科学的世界观，更是放之四海而皆准的方法论，从整体上、本质上认识和把握了自然、社会及人类思维变化发展的普遍规律。因此，思政课教学应当帮助学生学懂弄通马克思主义，将马克思主义理论内容、理论品质、科学的世界观和方法论植入学生的头脑。马克思主义理论与中国特色社会主义的伟大实践相结合，形成了指导新时代伟大工程建设的习近平新时代中国特色社会主义思想。思政课教师要把握时代脉搏，紧密联系现实，使广大高职学生全面系统地掌握习近平新时代中国特色社会主义思想，深刻理解中国特色社会主义的伟大实践，牢固树立时代担当感和历史使命感，把“两个一百年”奋斗目标同自己的前途命运结合起来，将国家需要同自己所学结合起来，做到从理论中来，到理论中去，真学真懂真信真用。

（2）以价值感知为落脚点，注重思政课的价值性。思政课是一门富含思想性与政治性的课程，价值引领是其根本的教学目标，因此将价值感知作为学生的落脚点，带领学生在漫漫人生道路中找到方向，在迷茫彷徨时正确抉择，在人生得意时仍然能坚守情怀，这样的人生学生会满意、会热爱，也充满获得感，因此也将大大增强学生对思政课的获得感。“思想政治理论课作为高校思想政治教育主阵地，应从大学生发展需求和新的期待出发，坚持在改进中加强、在创新中提高，在价值引领中增强大学生的获得感，努力让思政课充满活力。”可见，价值感知才是思政课的落脚点，是学生获得感提升的根本遵循。要引领学生尊重人类社会发展规律，坚守人民立场的思想，理解中国特色社会主义制度，强化“四个自信”意识，做德智体美劳全面发展的社会主义合格建设者和接班人。只有顺应历史，服务时代，学生才能成长成才，也才能最终有所获有所得。

（3）注重高职学生的感性特质，以教师的高尚道德情操强化感知效果。感知阶段是获得感提升的感性阶段，因此它还受课堂教授内容以外的感性因素影响，教师自身的感召力无疑是最大的影响因素。同时，由于高职学生的个性特点、对感性认知更加敏感的特质等，教师影响成为感知阶段提升获得感的关键因素。习近平在学校思想政治理论课教师座谈会上强调：“推动思想政治理论课改革创新，要不断增强思政课的思想性、理论性和亲和力、针对性。”因此，高职院校思政课教师一方面应加强师德师风建设，要有高远的理想追求和深厚的家国情怀，为学生树立有信仰、有理想、有担当、有情怀的榜样，用高尚的情操去感化和影响学生，培养学生对思政课的情怀，提升学生对思政课的良性感知；另一方面应加强在思政课教学中的艺术性、针对性和亲和力，从语言、仪态、着装等外在影响开始，加强思政课教学方法的创新、教学设计的优化、教学资源的整合和丰富，使学生在思政课堂上感受到一种愉悦、一种精神的获得，进而促进其行为获得。

（二）评价路径提升：增强高职学生思政课导学达标阶段的获得感

评价路径是建立在高职学生思政课课堂教学结束并形成一定的认知和转变以后的个人化阶段的，其获得感的高低主要基于学生期望与学生价值观两个变量。教师应当一方面适度满足学生对思政课所学所感所得的期望；另一方面对接两种价值观，实现个人价值观与社会价值观的良性互动和融合，帮助学生解决人生疑惑，使学生在思政课导学达标阶段提升获得感。

（1）以两种期望为抓手，注重学生个人的成长进步。学生期望包含横向期望与纵向期望。横向期望是指通过同时间段对比后学生产生的对思政课的期望，纵向期望则是指经过时间推移后学生产生的对思政课的期望。一般而言，根据学生个人生活经历、家庭情况、个性特征的不同等，学生对思政课会产生不同的期望。有的学生期望通过思政课建立知识体系，有的学生期望通过思政课学习解决问题的方法；有的学生注重近期的自我的革新和变化，有的学生又注重长远的发展和方向。因此，思政课教师应当充分了解授课班级的班情、学情，特别是特殊学生、特殊生活经历等，尽量满足学生对思政课的不同期待。正如习近平总书记所说，思政课教师“要坚持统一性和多样性相统一，落实教学目标、课程设置、教材使用、教学管理等方面的统一要求，又因地制宜、因时制宜、因材施教”，提高学生个人期望，提升其评价阶段获得感。

（2）以社会主义核心价值观为引领，引导学生建立健康向上的个人价值观。学生价值观包含社会核心价值观和个人价值观。高职学生由于生活成长环境不同而形成个人的特殊价值观，同时受到社会核心价值观的感染而具有社会主义核心价值观。两种价值观，一私一公，具有矛盾性，而两种价值观又同属于个人，互相融合，具有同一性。思政课作为高职院校价值观传播的主渠道和学生价值取向正向发展的主要影响力，教师应当引导学生破除私欲和狭隘造成的价值观扭曲，帮助学生建立家国情怀，调整个人价值观服从于社会主义核心价值观，以社会主义核心价值观为标准指导自身的学习、成长和突破。价值观对个人的影响巨大又深远，思政课是第一颗“扣子”，也是起头的“扣子”、影响最大的“扣子”。只有帮学生扣好了“扣子”，学生才能走得长远，发展得完善，成长为合格的社会主义建设者和接班人，并终身受益。

（3）端正角色认知，避免学生人生扭曲和错位。正如之前提到的，高职学生本身的学情容易在个人期望与学生价值观之间形成偏差，造成学生在思政课评价中的扭曲和错位，其实质是不良世界观、人生观、价值观导致的人生扭曲和人生错位。因此，高职思政课教师在教学设计环节应当充分考虑学生的特殊群体特征，设计既切合学生实际又具体可行的教授内容与环节；教师在课程讲授中也要充分了解个人期望与价值观之间的偏差，及时调整、适时介入，建立期望与价值观之间的动态平衡；在课程完成以后，持续监控，特别是通过作业、沟通交流等形式了解学生思想政治方面的转变，掌握评价全过程。学生只有对自身角色认知明晰，在思维方式和价值观念上的困惑消除，才能自觉成长为社会发展所需要的全面的人，才能得到自我的认可、他人的认可、党和国家的认可，最终获得自我，走向积极健康的人生。

（三）反馈路径提升：增强高职学生思政课成果检验阶段的获得感

反馈路径是获得感提升路径的最后阶段，主要是针对学生在思政课课堂教学之后产生的变化而引起的思想和行为反馈，或者是学生受到思政课以外隐形环境的影响而发生的思想和行为反馈。通过反馈路径提升高职学生的获得感表现为对正面认同的强化和负面抱怨的消解，最终建立对思政课的信任感和忠诚度，让学生在反馈过程中也能受到引导和帮助，提升高职思政课在成果检验阶段的获得感。

（1）传导主流意识形态，强化学生的正面认同。思政课的教学内容是党和国家对高职学生思想政治状况的基本要求，上好思政课是高职学生执行“两个维护”和实现“四个自信”的外显表现，因此，高职思政课理应弘扬中华传统文化，传导社会主流意识形态，旗帜鲜明地给学生讲政治，推动贯彻习近平新时代中国特色社会主义思想走进学生心理、武装学生大脑，使学生能成为有民族担当感和时代责任感的中国好青年。因此，高职思政课要在学生中构建主流意识形态，让学生在思想上和政治上有依托，在现实反馈中自觉地践行社会主义核心价值观，形成思政课良好的正面认同效应。正面认同与思政课教学之间形成良性互动纽带，教师在正面认同的反馈中形成教育的自豪感，乐于奉献、更好地奉献，学生在教师的良性引导中更有收获，更认同主流价值观，形成爱党爱国爱家的美好氛围。学生的获得感在这个阶段不再是单纯的个人的获得，更是全社会的获得，是一种强有力的获得感。

（2）直面各种错误观点和思潮，消解学生的负面抱怨。近年来，伴随国家综合实力提升和国际地位日益提高，国内外敌对势力把我国的发展壮大视为西方价值观和制度模式的威胁，西方世界对我国意识形态领域的攻击从未消停。历史虚无主义、个人主义、普世价值论等错误思潮，中国经济“唱衰论”“捧杀论”“威胁论”等错误观点此起彼伏，对我国意识形态安全构成了严重威胁。高职思政课一方面要正面回应这些错误观点和思潮，为学生答疑解惑，帮助学生认清这些观点和思潮的攻击性本质和破坏我国社会主义的真实意图；另一方面要艺术地、策略地帮助学生消解这些不良言论带来的负面抱怨情绪。尤其是这些错误观点和思潮大多通过互联网传播，思政课教师也要掌握互联网的工具性，让思政课进入网络，对学生进行有效的全面的引导。只有思政课占领了网络，占领了学生头脑，真正说服了学生，我们的高职学生才能真正走出各种错误思潮和观点的影响，建立充满正能量的情绪，抵制负面情绪和抱怨，增强思政课的获得感，信任思政课的价值和力量。

（3）关照现实，提升学生对思政课的信任度和忠诚感。党的十九大报告指出：“中国梦是历史的、现实的，也是未来的。”高职思政课应具有强烈的历史使命感、时代担当感、现实责任感，要着眼于中国“强起来”的历史现实，着眼于中国特色社会社会主义现代化建设的当代实践，着眼于培养具有工匠精神的社会主义建设者和接班人，关照现实、关注现实，提升学生对思政课的信任度和忠诚感。高职思政课要将理论学习和形势与政策宣讲相结合，将学生的现实需求与祖国的发展大计结合起来，引导学生知理论懂政策、爱小我更爱大家，将个人命运与国家前途紧密结合，积极投身到中国梦的伟大实践当中。真正的信任与忠诚是建立在真懂、真知、真爱基础上的。让学生懂我们当前的伟大工程、知我们当前的形势政策、爱我们社会主义制度，才能真正建立起学生和党、学生和国家、学生和思政课、学生和思政课教师之间的信任与忠诚，才能让学生真正感受到一种坚强的、实在的获得感。

三、总结

提升高职学生思政课获得感，从客观上增强了学生的利益，提升了学生的知识性、理论性，使其人生更加丰富且充满正能量，最终实现其自由全面的发展；从主观上提升了学生对思政课的认同，提升了学生对我们党和国家的指导思想、执政理念的认同，提升了学生对中国特色社会主义的认同。因此，以思政课获得感提升的一般模型为基础，结合高职学生的具体学情、生情构建高职学生思政课获得感提升模型，并以此为思路研究获得感提升路径，这不仅是一个教学实践的问题，更是为了培养德智体美劳全面发展的社会主义合格建设者和接班人，将大大有利于高职院校立德树人育人目标的实现。

参考文献

[1] 孙元太．城市居民社会地位对其获得感的影响分析——基于6省市的调查 [J]．调研世界，2015（9）：18-21．

[2] 习近平就加快发展职业教育作出重要指示 [N]．人民日报，2014-06-24（1）．

[3] 曹文泽．在价值引领中增强大学生获得感 [N]．人民日报，2017-10-13（7）．

[4] 习近平主持召开学校思想政治理论课教师座谈会强调：用新时代中国特色社会主义思想铸魂育人 贯彻党的教育方针落实立德树人根本任务 [N]．人民日报，2019-03-19（1）．

立足新疆高职学情特质，做好概论课专题教学改革

——以“马克思主义中国化及其理论成果”专题课堂教学改革为例

刘　艳*

摘　要：“马克思主义中国化及其理论成果”是“毛泽东思想和中国特色社会主义理论体系概论”（以下简称“概论”）课程的绪论部分，也是上好这门课的基石和关键。本文以分析新疆高职院校学生的学情特质为切入点，以2018版教材为遵循，以2019年概论专题教学指南为指导，分析本专题教学的重点难点并分享对于教学改革的思考。

关键字：马克思主义中国化　新疆　高职　专题教学

概论课是新时代高职院校培育社会主义事业建设者和接班人的核心理论课程，是擦亮高职院校社会主义教育底色的关键课程，上好该课程意义重大。如何适应新疆高职学生的特点，适应时代的变化，提升课程的思想性、理论性和亲和力、针对性是思想政治理论课教师专题教学探索的核心及难点。

从教材结构来看，“马克思主义中国化及其理论成果”是课程的总纲，是课程的开篇之作，更是上好这门课程的基石和关键。如果这部分内容学生不感兴趣、理解不了，那么后面的学习效果就会大打折扣。随着2018版新教材的出版，内容结构有重大调整，重点阐述了马克思主义中国化的最新理论成果——习近平新时代中国特色社会主义思想，其时代性和理论性不断增强。经调整，作为总纲的第一章内容就成了全书绪论，内容简化压缩。经过一年

---

* 刘艳：新疆建设职业技术学院马克思主义学院副院长，讲师。硕士研究生，2009年毕业于新疆大学思想政治教育专业，少数民族地区思想政治教育方向。主讲“毛泽东思想和中国特色社会主义理论体系概论”“形势与政策”等课程。

的教学实践，笔者深感简化总纲教学缩减对高职学生而言，教学效果不佳。在2019年教育部高校思想政治理论课教学指导委员会下发概论专题教学指南的指导下，我们针对新疆高职学生特点，再次强化了第一专题的教学，帮助学生打好学习课程的基础。

一、新疆高职学生学情特质分析

了解学生的学情，是发挥学生主体作用和教师主导作用的前提。教师不仅需要了解教材内容结构，更需要分析学生的认知模式、认知规律、思想特点和思想需求等学情特点，以此准确把握教学重难点，做到有的放矢。新疆高职学生的学情特点既有全国高职学生共性，也有基于地域环境和民族差异带来的特殊性，总体来看，可以概括为以下几个方面。

（1）从学生的认知特点和思想需求来看，矛盾特性突出。新疆高职学生与其他省份的高职学生一样，基本都是“00后”，生长在经济、科技、社会高速发展的时代，社会复杂，思想多元。他们思想观念更新快，同时又处于青少年成长的“拔节孕穗期”，若价值引领偏颇，三观容易歪曲。他们有很强的求知欲，好奇心重，紧跟时尚潮流，喜欢了解社会热点，也愿意通过学习获取他们感兴趣的知识。同时，他们中的部分人又喜欢以自我为中心，推崇非主流，不关心政治，缺乏分析问题的能力，还容易对事物作出简单片面的判断。个别学生学习和生活具有很强的功利性，注重学习是否对就业有帮助，希望学习能够立竿见影地出效果，所以重视专业课程，轻视甚至无视基础课程；重视技能操作，轻视理论学习。基于这些特点，概论开篇的教学就必须以激发兴趣为指针，运用学生熟悉、贴近生活的语言，通过问题链教学打开学生的求知欲和好奇心，逐步引导学生开启理论学习的大门。如果开篇教学没能引起学生的兴趣和关注，学生轻易作出了课程无用的判断，那么后面的学习就失去了应有的效果。

（2）从学生的理论基础来看，政治和历史知识匮乏。总体而言，新疆高职学生理论基础较薄弱。他们往往喜欢听故事，不喜欢听理论；喜欢身临其境的主观体验，不喜欢枯燥的理论灌输；喜欢实践创造，不喜欢被动灌输。基于此，在开篇教学中，我们应将理论内容转化为故事，设置具体生活情境将学生带入其中来理解理论、感悟精髓，充分发挥学生的主体性作用。

（3）从高职思想政治理论课程设置来看，高职开设概论课不同于本科的课程设置，缺少“中国近现代史纲要”和“马克思主义基本原理概论”前导课程的理论铺垫，直接由“思想道德修养与法律基础”过渡而来。高职学生原本理论基础就薄弱，对于马克思主义基本原理和中国近代史的认知模糊。对于新疆少数民族学生而言，特点更加明显。由于新疆各地教育水平参差不齐，少数民族学生所享受的教育资源水平不一，教法各异，课程设置也有差异，部分少数民族学生对中国历史知识了解非常少。学生往往在拿到课本，看完书名和目录就产生畏惧情绪，丧失了学习动力。这就需要我们在开篇教学中增加这部分补充内容，补齐短板，以保障后续教学能顺利进行。

（4）从新疆的地域和民族差异性来看，新疆是多民族聚居地区，除回族和满族外，其他各少数民族均有自己的语言，而新疆开展双语教育尚不足以提升全体少数民族的汉语水平，导致学生使用汉语的水平和能力参差不齐。伴随招生政策的调整，高职院校少数民族学生比例在不断提高，给教育教学带来较大难度，2017年开始新疆通行汉语教学，虽成效显著，但学生之间的语言水平仍有较大差异，这给政治理论教学造成很大难度和困扰。同时，各民族之间的文化差异较大，喜好不同。因此在开篇教学中应避免使用理论性强的政治名词，用通俗易懂的语言来解释理论，同时教学应贴近各少数民族的生活实际，激发他们的学习兴趣。

二、马克思主义中国化专题教学的重难点分析

开展专题教学，既要遵循教材体系又要超越教材体系，根据高职学生的学情特点，将教学重难点与学生关注点紧密结合，通过问题链式的专题教学模式，将本专题的重难点一层层剥开，并深入浅出地展开，逐步将概论的教材体系转化为高职学生能够接受的教学体系。

马克思主义中国化专题是教材总纲，也是课程的问题源头。教学中需要突出以下重难点。

（1）马克思主义基本理论简介。简单介绍马克思主义产生的背景、内容和结构。这是课程问题的源头，也是学生的薄弱点，需要增加学时给学生补齐短板。通过教学使学生掌握马克思主义理论的基本构成，同时让学生明白马克思主义不是枯燥的理论，而是日常所需的方法论，更是我们认识世界和改造世界的金钥匙。这是专题教学的重点，更是教学难点。

（2）中国近代历史进程。简述中国近代发展史的脉络，使学生了解：中国从1840年到现在发生了什么？中国近代的发展分几个历史阶段？有哪些重大事件？这也是补齐学生理论短板的重要内容，如果学生分不清近代历史的

时间节点，讲解后面的理论内容，学生就很难理解其产生的背景，更不能接受其理论的具体内容了。

（3）马克思主义中国化的内涵及原因。重点介绍马克思主义中国化的概念，结合近代历史，讲解马克思主义中国化的原因。这是本专题教学的核心内容，也是难点所在。

（4）马克思主义中国化的历史进程和理论成果。结合历史讲解马克思主义中国化在不同历史时期解决了不同的问题，同时产生了不同的理论成果。其中，要重点介绍马克思主义中国化的两次历史性飞跃成果。难点在于如何阐明成果间的关系，使学生理解马克思主义中国化的理论成果是一脉相承的亲兄弟，从而揭示出马克思主义开放性的理论特质。

明确了专题的教学内容，还需要了解学生的思想需求，他们希望从教学中答什么疑、解什么惑。根据近几年的教学经验总结，学生在学习开篇内容时往往有以下疑问。

（1）马克思主义听名字就很枯燥，到底是什么？为什么要学？和我们有什么关系？我们的生活和学习能否用得上？

（2）中国的过去是什么样的？发生了什么？现在过得挺好的，为什么要学历史？和这门课程有什么关系？

（3）马克思主义中国化是什么意思？马克思主义不是科学吗，为什么还要中国化？

（4）马克思主义中国化产生了什么？对我们的生活有什么作用？

将教学重难点与学生关注点相结合，我们设置了以下教学问题链进行专题教学。

（1）什么是马克思主义？马克思主义对我们有什么用？

（2）近代中国经历了什么？学习中国近代历史对课程、对我们有什么意义？

（3）什么是马克思主义中国化？为什么要中国化？

（4）马克思主义中国化的理论成果有哪些？成果之间有什么关系？

将学生关注点和教学重难点相结合设计问题链，逐层递进，由浅入深，同时按照历史逻辑，将马克思主义中国化的理论成果展现在学生面前，再融入适用的教学方法，合理组织教学内容，学生既感兴趣也能听懂，并能在学习的过程中自觉运用马克思主义的基本方法论来分析问题。

三、马克思主义中国化专题教学方法的使用与思考

高职学生开展专题教学的主旨是要做到以生为本，站在学生立场开展问题链教学，让理论性很强的教材体系转化为贴近学生实际的教学体系；将学生感觉很遥远的理论体系转化为与学生密切相关的信仰体系，内化于心，外化于行；将有限的课堂教学向全方位育人不断延伸，最终提高思想政治理论课的思想性、理论性、针对性和亲和力。因此，在教学设计中我们使用了如下教学方法。

（1）案例教学法。案例教学法是思想政治理论课运用最广泛的一种教学方法。教师选取与课程内容相关的社会热点、经典故事或者学生日常生活中的事物与事件，通过设置问题、案例讲述、互动讨论、启发引导，帮助学生通过案例表象挖掘背后深层次的道理或者理论知识，实现由被动灌输转向主动思考，得出自己的结论。最后由教师进行全过程总结和归纳，作出价值引领，实现价值性与知识性的统一、灌输性与引导性的统一。案例教学方法虽好用，易吸引学生注意力提升兴趣，但也有弊端，课堂教学如过多过频繁地使用案例，容易弱化理论教学，一堂课下来，学生往往听了个热闹，记住了一个故事。所以，专题教学应合理选取案例并作深入挖掘，力争做到一堂课尽量通过一个详细深入的案例引导整个教学过程，逐层递进。同时，案例应该紧贴学生的生活实际。

以本专题第一个问题链教学为例：马克思主义是什么？要讲清马克思主义的理论结构由什么构成，具有什么理论逻辑，对我们有什么用。比如介绍马克思主义哲学的主要知识点：一个根本问题、两大特征、三大规律。名词术语多，从内容上看都很枯燥，学生感觉离自己很遥远。为了能让理论贴近实际，让学生感受到哲学是从生活中总结出来的看待世界的方法，笔者选取了以新疆百姓最熟知的馕为代表的饮食文化作为案例。通过系列设问让学生思考：馕的外观形状，种类有哪些？制作馕的原材料有哪些？馕的制作过程？做一个好吃的馕需要哪些因素相互配合？有没有制作失败的馕？馕对老百姓生活的作用？馕的发展历程？通过学生的讨论回答逐步引导学生认识：世界是由物质构成的，物质决定意识，意识反作用于物质；事物之间是普遍联系又在运动发展变化的；矛盾时时处处都会有，凡事都有正反两个方面；事物发展过程中质变和量变之间的关系及事物发展螺旋上升的规律。贴近生活的案例容易吸引学生的注意力，尤其是激发少数民族学生的学习热情，通过设

问、讨论、分析，引导学生主动思考感受理论知识，揭示哲学原理。更重要的是学生可以感受到这些枯燥的理论就来自我们的身边事，源于我们的生活，从而产生亲近感，最后由教师总结引导，达到学生能自觉运用这些方法分析生活中的日常事物、活学活用的目的。由此，学生感受到马克思主义的理论对我们是有用的，达到教学目的。

（2）情境带入法。情境带入法是在教学中由教师设置具体情境，引导学生想象自己深入其中，感悟角色体验，领悟理论内容。高职学生政治理论基础薄弱，又缺乏历史知识，很难驾驭深奥的内容，通过情境带入，亲身体验，感悟真理。体验的过程也锻炼了自己的分析思考能力。这类教学方法适用于涉及历史知识的纵向逻辑教学。

例如，在讲解马克思主义第二部分的内容——资本主义生产过程时，从商品、商品的生产和交换、价值规律、剩余价值，最终揭示资本主义自身固有的基本矛盾。如果通过理论灌输，学生不感兴趣也听不懂。笔者延用新疆的馕饮食文化，设置情境：假如我在资本主义社会，我是馕的生产商，那么，馕是不是商品？有什么特点？打馕卖馕，是为了干什么？生意好了想不想扩大生产？想不想垄断市场？会有什么问题出现？一系列设问将学生带入资本主义生产过程，逐步揭示相关理论内容，最后说明分工越来越细化的社会生产同私人所有制的矛盾使资本主义必然灭亡的规律。通过情境带入，学生主观体验了资本主义的生产过程，能真正理解马克思主义揭示的两个必然的结论，达到由浅入深、由表及里的效果。

（3）故事讲述法。故事讲述法是以讲故事的方式把理论内容表达出来的一种教学方法。故事讲述不同于案例分析，是将理论内容转化成另一种表达方式，让原本生硬枯燥的理论变得生动有趣，适用于介绍历史背景类的理论内容，无须引导学生作太多的思考和启发。

例如，讲解中国近代历史进程，是高职学生理解马克思主义中国化的重要基础，是理论产生的历史逻辑。如果仅按照时间顺序平铺直叙历史事件，学生不爱听，也记不住那些复杂繁多的内容。我们运用故事讲述法，将近代历史鲜活地演绎出来，使学生感觉如听故事一般，课堂氛围轻松，学生对历史脉络也清晰掌握了，在讲故事的基础上加以总结，划分中国近代历史发展的几个阶段，学生便能轻松理解了。同时，在讲完故事以后还能引导学生思考过去中国衰落的原因，提炼历史对于我们的启示，进而使高职学生明白学习历史的意义何在。

（4）实践教学法。实践教学是思想政治理论课教学的重要组成部分，通过学生动手制作或者组织参加课程相关活动，在实践体验中有所收获，达到辅助教学的目的。实践教学也是对学生开展全方位、全过程育人的重要手段。

对于本专题的教学，受学时限制，课堂内无法将内容讲得面面俱到，需要在课堂外加以补充。我们在专题教学中设置了两项实践教学：一是探寻伟人足迹，感受伟人风采，学习伟人的精神。课后查阅资料，了解马克思的人生传记，选取感受最深刻的一个方面讲述伟人的故事。二是分小组接力朗读《共产党宣言》，制作朗读微视频，感受原著的魅力。

通过这两个实践活动使学生理解伟大的思想家创造了伟大的理论，伟大的理论缔造了伟大的思想家。活动深化了学生对专题内容的理解，也增强了他们的学习兴趣，同时能合理引导学生使用手机，充实课余生活，培养团结意识，最后达到思想政治教育的目的。

综上所述，马克思主义中国化专题教学内容繁多，学生容易缺乏兴趣，科学设置教学问题链并选取合适的教学方法开展教学，是上好专题的关键。上课应遵循由浅入深、由表及里、由低到高的教学原则。而做到这些，对授课老师的要求较高：理论要深，涉猎要广，能突破文字局限，灵活运用多样化的教学方法，还得善于创新。教师只有不断加强理论学习，钻研教学方法，积累教学经验，才能在新时代讲好马克思主义中国化。

参考文献

［1］谭希培．大学生思想热点问题导向——深化思想政治理论课专题教学的一条途径［J］．思想理论教育导刊，2011（1）：63-65．

［2］张晓芳．“毛泽东思想和中国特色社会主义理论体系概论”课程实践教学设计思考——以昌吉职业技术学院为例［J］．黑龙江教育，2018（7）：24-25．

［3］冯秀军，郭红梅．“毛泽东思想和中国特色社会主义理论体系概论”问题链教学详案［M］．北京：中国人民大学出版社，2017．

新时代高职思想政治理论课实践教学评价体系构建研究

——基于CIPP评价模式

胡　华*

摘　要：培养时代新人是当下高校思想政治理论课（以下简称“思政课”）教学的重要使命。实践教学作为思政课教学的重要构成，是巩固理论知识和加深对理论认识、形成正确价值观的有效途径。这决定了高校思政课教学与实践教学的内在关联性。当前，高职思政课实践教学研究主要集中于实践实训教学基地建设、实践教学课程设置与开发、实践教学发展历程阐述及经验启示等层面，实践教学评价体系的相关研究则相对滞后。为此，通过借鉴CIPP评价模式的有益成果，在阐明CIPP评价模式基本内容与特点的基础上，将其引入高职思政课实践教学评价体系研究，将评价主体、评价手段、评价目标等作为评价体系构建切入点，探索建立基于CIPP评价模式的高职思政课实践教学评价体系指标权重及关键观测，有利于提升新时代高职思政课实践教学质量和水平。

关键词：新时代　CIPP评价模式　高职思政课　实践教学　评价体系

习近平总书记在学校思想政治理论课教师座谈会上指出：“要坚持理论性和实践性相统一，用科学理论培养人，重视思政课的实践性，把思政小课堂同社会大课堂结合起来，教育引导学生立鸿鹄志，做奋斗者。”由此可见，实践教学是思政课实现创新发展的时代要求。当前，高职思政课实践教学在不少领域取得了长足发展，但在评价体系构建方面还存在短板。从新时代高校思政课建设创新发展的角度看，当务之急是要反思解决之道：思政课实践教学现状如何？实践教学评价体系构建何以需要，何以实现？

* 胡华：茂名职业技术学院思政部讲师，教研室主任。2012年毕业于广东海洋大学，马克思主义中国化研究专业，研究方向为思想政治教育。主讲课程“思想道德修养与法律基础”。主要学术成就：专著1部，发表论文23篇，主持和参与省部级课题7项，获各类奖项8项。

一、高职思政课实践教学评价体系构建的现实之情

当前，高职思政课实践教学研究主要集中于思政课实践实训教学基地建设、实践教学课程设置与开发、思政课实践教学发展历程阐述及经验启示等层面，关于实践教学评价体系的相关研究则相对滞后，代表性的研究成果更少。相对于国外职业院校实践教学体系形成的较为完备的评价体系而言，我国高职院校实践教学尤其是思政课实践教学的评价体系还处在探索阶段。《国家中长期教育改革和发展规划纲要（2010—2020年）》明确指出，要通过“改进教育教学评价”“探索促进学生发展的多种评价方式”来构建“教育质量评价和人才评价制度”。从高职思政课实践教学现实来看，通过构建行之有效的实践教学评价体系，既可及时调整高职思政课实践教学课程的设置、实践教学内容的完善，也可推进高职院校准确把握思政课实践教学人才培养的供给合理度、实践教学资源的预期吻合度及实践教学效果的学生满意度，并针对上述内容进行有效诊断改进。基于此，在论证CIPP评价模式契合高职思政课实践教学体系的基础上，构建高职思政课实践教学评价体系，有利于高职思政课实践教学质量的不断提升。

二、高职思政课实践教学评价体系构建的现实之需

马克思指出：“全部社会生活在本质上是实践的。”因此，思政课教学没有借口对实践置若罔闻，更不可能跳过它来实现对人的德性教化、发挥思想政治教育引导功能。高校思政课作为贯穿学生学业全过程，系统学习马克思主义理论，塑造正确世界观、人生观和价值观的公共必修课，在实践过程中起着主渠道的重要作用。要打通思政课主渠道的“最后一公里”，引导思政课向实践或对象性活动的有机转化，离不开实践教学评价的全方位实施。

（一）CIPP评价模式的基本内容

CIPP评价模式是由美国著名教育评价学者斯塔弗尔比姆在批判泰勒目标达成教育评价模式的基础上，于1966年在俄亥俄州立大学提出的一种改进导向型评价模式，也称为“决策导向型或改良导向型评价模式”。它由背景评价（Context Evaluation）、输入评价（Input Evaluation）、过程评价（Process Evaluation）、

结果评价（Product Evaluation）四种评价的首个英文字母组合而成。在斯塔弗尔比姆看来，以泰勒为代表的传统教育评价模式过于侧重证实课程教学实施的结果是否达成目标，是一种目标导向的评价模式，这种评价模式对目标本身的规范性尤其是课程教学过程性缺乏必要关注，具有较明显的局限性和片面性。CIPP评价模式的根本要义在于“基于诊断的改进”而非“基于事实结果的证明”，其内涵在于凸显过程评价的价值，力求在不同领域的实践教学类型、实践教学方式、实践教学投入等条件下，通过动态化评价方式对评价内容进行整体性衡量。

（二）CIPP评价模式的基本特征

CIPP评价模式的基本特征体现为两个方面：一是重诊断改进而非目标结果。CIPP评价模式最主要特征在于“关注的重点并非被评对象的结果”。通过引入这一评价模式找出教育教学过程中存在的不足与缺陷，通过专业化、客观化、综合性的诊断改进方式，为教育教学部门和管理决策部门评价各类教学课程提供最优方案，并通过最优方案实施，形成螺旋上升的发展脉络，促进决策和管理顺畅向前推进与落实。二是重多元融通而非单一评价。在CIPP评价模式的四种评价方式中，背景评价属于描述和比较性评价类型，输入评价属于诊断性评价类型，过程评价属于生成性评价类型，结果评价属于终结性评价类型。该评价模式是在深刻剖析泰勒目标导向性评价模式基础上提出来的一种更加全面综合的评价模式，传统评价体系着重强调的结论评价模式只是CIPP评价体系当中的一个环节，多种评价方式的融通运用才是其价值和优势所在。

由此，CIPP评价模式下的高职思政课实践教学评价体系是指与构成CIPP评价模式的四种评价方式相匹配的思政课实践教学评价体系要素。高职思政课实践教学评价体系构建过程应是立足学校人才培养定位与培养目标，以增强大学生政治素养与实践能力为价值归宿，通过对思政课实践教学人力、物力、财力等资源的投入与分配，对思政课实践教学模式、教学设计、教学方案、教学管理进行分析、调整，推进思政课实践教学成效的分析、输入和反馈的动态化评价过程。它着眼于高职院校思政课教育教学、科学研究的互动融合，是新时期高职思政课实践教学提质升级的必然选择。

（三）CIPP评价模式与高职思政课实践教学评价的契合表征

CIPP评价模式从终极目标看“旨在为决策提供依据”。随着互联网时代的到来，高职院校大学生群体的价值取向、思想动态、身心特征随之发生了深刻变化。作为大学生思想政治教育主渠道的思政课，其理论教学和实践教学也应深刻把握这一变化，努力做到“因事而化、因时而进、因势而新”。在此背景下，作为思政课实践教学体系中的评价体系构建就成了提升高校思政课质量的重要突破。思政课实践教学体系构建离不开教学模式和教学方法的创新，而全面、科学的实践教学评价模式又是思政课实践教学体系构建的重中之重。因而，构建高职思政课实践教学评价体系的根本价值在于，检视现有思政课实践教学体系出现的问题与不足，找出思政课实践教学过程中应注意的问题与事项，为思政课实践教学提供评价依据。CIPP评价模式较好地契合了高职思政课实践教学体系构建的内在诉求，尤其是CIPP评价模式中相对独立的过程评价模型的综合运用，更能体现这一诉求。评价主体通过对思政课实践教学方案、计划与效果实施情况的持续跟踪和过程评价，如通过客观记录数据、及时录入数据、动态追踪数据等方式，将有价值的信息准确抓取后及时分析、梳理，形成有价值的参考报告及时反馈到决策层和管理执行层，通过自下而上的反馈和自上而下的引领，不断优化思政课实践教学体系和推进实践教学模式改革创新。

同时，CIPP评价模式有效契合了高职思政课实践教学的基本内涵。高职思政课实践教学基本内涵是指在高职院校思政课教学过程中，在指导教师指引下，以思政课教学内容为基石，通过阅读经典著作、社会实践调查、志愿服务活动、专题研讨调查等教学方式和评价方法，激发学生兴趣，吸引学生参与到实践教学过程中来，以达到学习新知、拓展思维、提升素质、强化能力的教育目标，并将这些目标量化指标后反馈给指导教师与教学管理部门。就现实情况来看，很多高职院校在开展思政课实践教学体系评价时，尤其是过程评价往往缺乏有效、全面、客观、量化的评价标准，如果仅仅依据泰勒目标评价体系，以目标达成作为衡量思政课实践教学效果的评价标准很难全面反映指导教师的施教过程和学生的学习过程。CIPP评价模式则显示出比较明显的优势，它不再以实践教学的实施成效作为思政课实践教学评价的唯一标准，而是将评价活动融通于思政课实践教学体系的前期、中期与后期的每一环节，侧重于过程导向而非目标导向，侧重于多种评价类型融会贯通而非仅仅局限于确定目标是否达成，有利于全面掌握思政课实践教学过程中教师的施教背景、施教过程、施教效果与学生的学习需求、学习过程、学习效果（表1）。

表1　基于CIPP的高职思政课实践教学评价体系指标

一级指标	二级指标
思政课实践教学背景评价指标	思政课实践教学目标设置与调整
	学校人才培养目标与调整
思政课实践教学输入评价指标	思政课实践教学团队建设
	思政课实践教学实习实训基地建设
	思政课实践教学经费投入
思政课实践教学过程评价指标	思政课实践教学内容与课程设置
	思政课实践教学方法与手段改革
	思政课实践教学方式改革
	思政课实践教学管理体系建设
思政课实践教学成果评价指标	思政课教师实践教学活动考核与激励
	学生实践教学考核和激励
	思政课实践教学特色或创新成果

三、高校思政课实践教学评价体系构建的现实之行

“思想政治教育学是一门实践性学科，具有鲜明的实践性特征。”它并非思辨或推理的产物，而是建立在对思想政治教育丰富现实经验研究基础上的实践成果。面对高职思政课实践教学的现实境况和需要，在深化思政课实践教学基本内涵的基础上，完善思政课实践教学评价体系构建已成当务之急。基于CIPP评价模式的高职思政课实践教学评价体系包含实践教学体系构建背景、与思政课实践教学体系输入评价相适应的实践教学体系构建投入、与思政课实践教学体系的过程评价相适应的实践教学体系构建过程、与思政课实践教学体系成果评价相适应的实践教学成果。这四个层面的内容共同构成了高职思政课实践教学评价体系，并将高职思政课实践教学背景评价、输入评价、过程评价和成果评价等指标进行有机融合，确立4个一级指标、12个二级指标及若干关键观测点（表2）。

表2　基于CIPP的高职思政课实践教学评价指标体系权重

一级指标	AHP方法取得的一级指标权重	优化后的一级指标权重	二级指标	AHP方法取得的二级指标权重	优化后的二级指标权重
高职思政课实践教学背景评价指标	0.188	0.2	思政课实践教学目标设置与调整	0.5	0.5
			学校人才培养目标与调整	0.5	0.5
高职思政课实践教学输入评价指标	0.253	0.25	思政课实践教学团队建设	0.455	0.5
			思政课实习实训基地建设	0.311	0.3
			思政课实践教学经费投入	0.234	0.2
高职思政课实践教学过程评价指标	0.345	0.35	思政课实践教学课程设置	0.323	0.35
			思政课实践教学方法与手段改革	0.282	0.3
			思政课实践教学大纲和教学计划改革	0.213	0.2
			思政课实践教学管理体系建设	0.182	0.15
高职思政课实践教学成果评价指标	0.214	0.2	思政课教师实践教学活动考核与激励	0.461	0.5
			学生实践教学考核和激励	0.334	0.3
			思政课实践教学特色或创新成果	0.205	0.2

（一）基于背景评价的高职思政课实践教学背景评价指标构建

高职思政课实践教学体系背景评价侧重于对高职思政课实践教学理念、特征、目标等要素进行评价，其价值在于检视思政课实践教学目标与制订思政课后续实践教学方案。高职思政课实践教学体系背景评价需要解决好如下问题：一是高职思政课实践教学理念是否符合当前国家和政府关于高校思政课建设的基本精神；二是思政课实践教学目标的确定是否充分考量当前大学生思想政治教育面临的新形势及这一群体的新特征。

基于此，可选取“学校人才培养目标及其调整”“思政课实践教学目标设置与调整”两个方面作为高职思政课实践教学背景评价的分指标。其中，“学校人才培养目标及其调整”是高职思政课实践教学外部背景的重要表现，“思政课实践教学目标设置与调整”指标是高职思政课实践教学内部背景的集中体现。“学校人才培养目标及其调整”指标通过“学校人才需求”“培养定位”“思政专业人才培养方案”等观测点来集中体现高职院校开展思政课实践教学活动的基本理念，旨在评价高职思政课实践教学的实施环境与育人氛围；“思政课实践教学目标设置与调整”指标通过“思政课实践教学现状调研报告”“学生实践教学需求报告”“国家与地方有关思政课建设相关政策文件”等观测点来描述高职院校开展思政课实践教学过程中依托的需求导向、学科基础、政策支持，重点针对高职思政课实践教学的国家政策与社会资源进行诊断改进。

（二）基于输入评价的高职思政课实践教学输入评价指标构建

高职思政课实践教学体系输入评价是指针对实践教学体系构建所需要的保障条件和投入资源的评价，其价值在于对投入要素与保障条件的可操作性和效能进行评价，为高职思政课实践教学体系构建选择最优化方案与实效性策略。高职思政课实践教学体系输入评价需要解决好如下问题：一是思政课实践教学实施方案中教学目标、教学内容、教学载体、教学手段等方面的设计是否规范合理；二是在实践教学评价体系过程中“输入的人力、物力、财力是否充裕”。

基于此，可选取“思政课实践教学团队建设”“思政课实习实训基地建设”“思政课实践教学经费投入”三个分指标用于高职思政课实践教学输入的评价。“思政课实践教学团队建设”指标通过“师资队伍结构”“主讲教师情况”“教学名师”及各级别的“教学团队”“信息化大赛”“微课比赛”“教育教学改革项目”“技能型兼职教师项目”等观测点来评价高职院校开展思政课实践教学过程中人力资源的投入程度；“思政课实习实训基地建设”指标通过“校内实践教学基地（数量、模拟设备先进性和管理建设情况）”“校外实践教学基地（数量、质量、运行情况）”等观测点来评价高职院校开展思政课实践教学过程中硬件条件的投入程度；“思政课实践教学经费投入”指标通过“实践教学经费到账情况（校内外实践教学拨款到账情况）”等观测点来评价高职院校开展思政课实践教学过程中资金款项的投入程度，就现实情况来看，经费不足已成为制约高职思政课实践教学的瓶颈，将“实践教学经费到账情况（校内外实践教学拨款到账情况）”作为观测点是评价思政课实践教学体系的理想选择，对增强高职思政课实践教学成效发挥着重要的基础保障作用。

（三）基于过程评价的高职思政课实践教学过程评价指标构建

高职思政课实践教学体系构建过程评价是指通过对思政课实践教学实施情况阐述，建立及时诊断与改进教学过程的评价反馈机制，促使思政课实践教学体系持续完善，行动力持续提升，其本质上是对思政课实践教学培养方案所作的一种形成性评价。思政课实践教学体系过程评价需要解决以下问题：一是思政课实践教学的实施状况如何；二是师生在实践教学环节中的体验感受如何；三是思政课实践教学方案还存在哪些急需改进的方法与内容。

基于此，可选取“思政课实践教学课程设置”“思政课实践教学方法改革”“思政课实践教学环节调整”“思政课实践教学管理”四个分指标用于高职思政课实践教学过程的评价，以体现思政课实践教学课程设置与实践教学管理、实践教学方法改进与实践教学环节优化的有机统一，全面客观地反映思政课实践教学全过程。“思政课实践教学课程设置”是指思政课实践教学课程的课时分配、体系建构。合理的实践教学课程内容符合知识论的运行规律，能够反映本学科的主要知识，是学校人才培养目标在课程计划环节的集中体现，该指标通过“课程体系”“思政课与专业课学时对比”“必修课与选修课比例分配”等观测点来评价高职院校开展思政课实践教学过程中课程规划的合理程度。“思政课实践教学方法改革”是指思政课实践教学采取的有针对性的教学方式，教学方法的有效运用能更好地提升实践教学效果，该指标通过“教学方法运用”“信息技术应用”“网络教学环境资源”“职业教育专业教学资源库”“精品在线开放课程”“规划教材或精品教材”等观测点来评价高职思政课实践教学方法的运用程度。“思政课实践教学环节调整”指标是思政课实践教学从知识学习向实践操作有效转化的重要环节，是培养学生发现问题、分析问题、处理问题能力，增强专业训练和实践锻炼能力的重要步骤。该指标通过“实践教学大纲设计”“实践教学计划设计”“实践教学与理论教学课时比”“实践授课学生满意度”等观测点来评价高职院校开展思政课实践教学过程中教学环节设置的有效程度。“思政课实践教学管理”指标是对思政课实践教学过程信息反馈与监督管控的重要手段，该指标通过“实践教学管理机构”“实践教学管理制度”“实践教学管理档案”等观测点来评价高职思政课实践教学管理的外部保障程度。

（四）基于成果评价的高职思政课实践教学成果评价指标构建

思政课实践教学体系成果评价是通过收集、阐释、评价实践教学体系方案的各项指标数据信息，用于验证、测量实践教学方案的成效及评价者的预期成果，其“实质是一种终结性评价”。高职思政课实践教学体系过程评价需要解决好以下问题：一是思政课实践教学方案实施的状况和效果如何；二是思政课实践教学体系构建后的推广意义如何。

基于此，可选取“思政课教师实践教学活动考核与激励”“思政课学生实践教学活动考核激励”“思政课实践教学特色或创新成果”三个分指标用于高职思政课实践教学成果的评价。“思政课教师实践教学活动考核与激励”指标用来评价思政课教师自觉主动参与实践教学的成效及表现，其评价指标具有多样性特点，可通过“实践教学活动照片”“视频及录音资料”“实践教学环节作业检查”“考核结果和奖项纳入评定职称和绩效工资”等观测点来评价高职思政课实践教学中指导教师的融入程度与作用发挥；“思政课学生实践教学活动考核激励”指标用来评价思政课学生积极参与实践教学的情况及表现，其评价指标具有全覆盖的特性，可通过“实践活动作品”“实践活动优秀学生”“实践活动各环节表现”“考核结果和奖项纳入发展党员、奖学金评定”等观测点来评价高职院校开展思政课实践教学过程中学生的组织协作能力与交流表达能力；“思政课实践教学特色或创新成果”指标用来评价思政课实践教学指导教师实践教学改革创新成果及思政课学生实践教学学习应用能力，可通过“设立教师实践教学创新成果奖”“打造学生实践学术能力平台”“对优秀实践成果科研立项、印刷出版”“激励学生认真完成实践教学活动”等观测点来评价高职思政课实践教学特色或创新成果的显示度和完成度。通过“采用过程评价与结果评价相结合的评价方法，力求更加全面了解和客观评价实践教学效果”（表3）。

表3 基于CIPP的高职思政课实践教学评价指标体系观测点

一级指标	二级指标	观测点
思政课实践教学背景评价	思政课实践教学目标设置与调整	思政课实践教学现状调研报告、学生实践教学需求报告、国家或地方有关思政课建设相关政策文件
	学校人才培养目标及其调整	学校人才需求分析报告、思政专业人才培养方案
思政课实践教学输入评价	思政课实践教学团队建设	师资队伍结构、主讲教师情况、教学名师、教学团队、信息化大赛、微课比赛、高职思政课教育教学改革项目、高层次技能型兼职教师项目等
	思政课实习实训基地建设	校内实训基地（数量、模拟设备先进性和管理建设情况）、校外实习基地（数量、质量、运行情况）
	思政课实践教学经费投入	实践教学经费到账情况
思政课实践教学过程评价	思政课实践教学课程设置	课程体系、思政课与专业课学时对比、必修课与选修课比例分配
	思政课实践教学方法与手段改革	教学方法运用、信息技术应用、网络教学环境资源、考试材料、教研教改项目、职业教育专业教学资源库、精品在线开放课程、规划教材或精品教材
	思政课实践教学大纲与教学计划改革	实践教学大纲设计、实践教学计划设计、实践教学与理论教学课时比
	思政课实践教学管理建设	实践教学管理机构、管理制度、管理档案
思政课实践教学成果评价	思政课教师实践教学活动考核与激励	做好实践教学活动的记录、照片、视频及录音资料保存，结合考察、实践教学环节的作业检查，将考核结果和奖项与评定职称和绩效工资挂钩
	学生实践教学活动考核激励	实践教学环节表现和作业质量考核结果在期末总成绩中比重适当提升，设置“社会实践优秀大学生”等奖项，该奖项与发展党员、奖学金评定、学生干部评定挂钩
	思政课实践教学特色或创新成果	在思政课教师层面设立实践教学创新成果奖，在学生层面为学生打造学术能力锻炼和表现平台，对优秀实践成果采取科研立项、印刷出版等方式，激励学生认真完成思政课实践教学活动

参考文献

［1］习近平主持召开学校思想政治理论课教师座谈会强调：用新时代中国特色社会主义思想铸魂育人 贯彻党的教育方针落实立德树人根本任务［N］. 人民日报，2019-03-19（1）.

［2］国家中长期教育改革和发展规划纲要（2010—2020年）［N］. 人民日报，2010-07-30（13，14，15）.

［3］马克思恩格斯选集：第1卷［M］. 北京：人民出版社，1995：60.

［4］罗美玲. 基于CIPP的高职院校专业评估指标体系构建［J］. 顺德职业技术学院学报，2016（3）：43-47.

［5］赵洪梅. CIPP模式下的高校课程评估［J］. 中国高等教育评估，2014（4）：28-31.

［6］金亚飞. 基于CIPP模型的研究型大学本科实践教学评价研究——以广东省研究型大学为例［D］. 广州：华南理工大学，2012：7.

［7］顾海良. 因事而化 因时而进 因势而新——习近平总书记“7·26”重要讲话体现的理论品格和思想方法［N］. 北京日报，2017-09-25（13）.

［8］陈万柏，张耀灿. 思想政治教育学原理［M］. 武汉：华中师范大学出版社，2009.

［9］侯建军. 基于CIPP评价模式的高职课程评价机制建设［J］. 中国职业技术教育，2015（11）：92-96.

［10］张殿尉，刘佳杰. 基于CIPP模式的高校实践教学评价指标体系研究［J］. 中国成人教育，2016（9）：110-113.

［11］张彦. 新时代高校思想政治理论课实践教学的三大追问［J］. 思想政治教育研究，2019（3）：55-59.

后 记

为了总结高等职业院校思想政治理论课建设中的实践经验，引发更高层次的深入探讨，努力做好新形势下高等职业院校的思想政治理论课教育教学工作，为党和国家培养更多的高素质劳动者和技术技能人才，我们组织编写了本书。本书论文排序先后依照征文公告选题序列而定。

在本书组稿编辑过程中，感谢“青椒论坛”的部分主讲嘉宾和征文参与者对本书编写给予的大力支持。感谢北京高校思想政治理论课高精尖创新中心北京青年政治学院分中心的专项资助，感谢专家评审组对本书编写提出的宝贵意见和建议，感谢知识产权出版社的老师为本书编辑出版付出的辛勤劳动和汗水。

由于时间仓促、编者水平有限，本书编写难免有错漏和不当之处，敬请谅解、指正。

本书编写组

2020年3月